名士风流

许钧译文自选集

许钧 译著

中国出版集团
中译出版社

丛书编辑说明

"我和我的翻译"系列丛书由罗选民教授担任主编,第一辑遴选了12位当代中国有影响力的翻译家,以自选集的方式,收录其代表译著篇目或选段,涵盖小说、散文、诗歌等多种体裁,涉及英、德、法、日、西、俄等多个语种,集中展示了当代翻译家群体的译著成果。

丛书篇目及选段大多是翻译家已出版的经典作品,长期受到读者的喜爱和追捧。每本书的译者不仅是知名翻译家,还是高校教授翻译、文学课程的名师,对译文的把握、注释、点评精辟到位。因此,这套丛书不仅具有一定的文学价值,同样具有较高的收藏价值和研究价值,是翻译研究的宝贵历史语料,也可作为外语学习者研习翻译的资料使用,更值得文学爱好者品读、体会。

书稿根据译者亲自校订的最后版本排印,经过了精心的编辑,主要包括以下几方面的处理:

一、译者及篇目信息

1. 丛书的每个分册各集中展示一位翻译家的译著面貌,文前增添翻译家自序,由译者本人对自己的翻译理念、自选作品的背景和脉络等进行总体介绍。

2. 每篇文章都注明了出处，读者可依据兴趣溯源阅读。

3. 根据各位翻译家对篇目的编排，章前或作品前增添导读，由译者自拟，解析原著内容和写作特色，帮助读者更深入、全面地理解文本。

4. 书后附译著版本目录，方便读者查找对照、进行延伸阅读。

二、译文注释与修改

1. 在译文必要的位置增加脚注，对一些陌生的表述，如人名、地名、书名等做了必要的注释，有助于读者理解术语的文化背景及历史渊源。

2. 遵照各位翻译家的意愿，书中有的拼写仍然保留了古英语的写法和格式，原汁原味。

3. 诗歌部分，考虑其翻译的特殊性，可探讨空间较大，并且具有英文阅读能力的读者较多，特将原文为英文的诗歌，以中英双语形式呈现。

由于编辑水平有限，书稿中肯定还存在一些不足之处，望各位读者批评指正。

丛书总序

百年征程育华章　薪火相传谱新曲

翻译是文化之托命者。翻译盛，其文化盛，如连绵数千年的中华文明；翻译衰，则其文化衰，如早已隔世、销声匿迹的墨西哥玛雅文化、印度佛教文化。文化传承，犹如薪火相传；静止、封闭的文化，犹如一潭死水，以枯竭告终。

翻译是思想的融通、心智的默契、语言的传神。化腐朽为神奇是翻译的文学性体现，化作利器来改造社会与文化乃是翻译的社会性体现。前者主要关注人性陶冶和慰藉人生，个性飞扬，神采怡然；后者主要关注社会变革和教化人伦，语言达旨，表述严谨。在清末的两类译者中，代表性人物是林纾和严复。林纾与他人合作翻译了180余部西洋小说，其中不少为世界名著，尤其译著《茶花女》赢得严复如下称赞："孤山处士音琅琅，皂袍演说常登堂。可怜一卷茶花女，断尽支那荡子肠。"[1] 严复则翻译了大量西方的社会学、政治学、经济学、法学、哲学等方面的著作，是中国近代重要的思想启蒙家，其译著《天演论》影响尤为深远。该书前言中提出的"信、达、雅"翻译标准对后世影响

1　严复，《甲辰出都呈同里诸公》。

很大。严复本人也因此被誉为中国近代史上向西方国家寻找真理的"先进的中国人"之一。

此后百余年,我国出现了一大批优秀文学翻译家,如鲁迅、朱生豪、傅雷、梁实秋、罗念生、季羡林、孙大雨、卞之琳、查良铮、杨绛等。他们的翻译作品影响了一个时代,影响了一批中国现当代文学家,有力地推动了中国现当代文学的创新与发展。

余光中先生有一段关于译者的描述:"译者未必有学者的权威,或是作家的声誉,但其影响未必较小,甚或更大。译者日与伟大的心灵为伍,见贤思齐,当其意会笔到,每能超凡入圣,成为神之巫师,天才之代言人。此乃寂寞译者独享之特权。"[1] 我以为,这是对译者最客观、最慷慨的赞许,尽管今天像余先生笔下的那类译者已不多见。

有人描述过今天翻译界的现状:能做翻译的人不做翻译,不做翻译的人在做翻译研究。这个说法不全对,但确实也是一个存在的现象。我们只要翻阅一些已出版的译书就不难发现词不达意、曲解原文的现象。这是翻译界的一个怪圈,是一种不健康的翻译生态现象。

作为学者、译者、出版者,我们无法做到很多,但塑造翻译经典、提倡阅读翻译经典是我们应该可以做到的事情,这是我们编辑这套丛书的初衷。编辑这套丛书也受到了漓江出版社的启发。该社曾开发"当代著名翻译家精品丛书",出了一辑就停止了,实为遗憾。

本丛书遴选了12位当代有影响力的翻译家,以自选集的形式,收录译文、译著片段,集中反映了当代翻译家所取得的成绩。收录译文

---

1 余光中,《余光中谈翻译》,中国对外翻译出版公司,2002。

基本上是外译中，目前，外国语种包括英语、俄语、法语、德语、西班牙语、日语。每本书均有丛书总序、译者自序，每部分前有译者按语或导读。译丛尤其推崇首译佳作。本次入选的译本丛书可以视为当代知名翻译家群体成果的集中展示，是一种难得的文化记忆，可供文学和翻译爱好者欣赏与学习。

如今，适逢中国面临百年未有之大变局之际，中译出版社的领导高度重视，支持出版"我和我的翻译"丛书，可以视为翻译出版的薪火相传，以精选译文为依托，讲述中国翻译的故事，推动优秀文化的世界传播！

罗选民

2021 年 7 月 1 日于广西大学镜湖斋

译者自序

1975年，我毕业后留校任教，至今已经整整四十五个年头。1976年8月，我被公派去法国学习。两年之后的秋季，我回到了解放军南京第二外国语学校(后更名为解放军南京外语学院，又更名为解放军南京国际关系学院)任教。正是在这一年的年底，党中央召开了十一届三中全会，确定了改革开放的伟大方针。我的教学与研究生涯就在这改革开放的春风中，真正开始了。

(一) 开放的精神引导我走向"他者"

在我学术发展的道路上，去法国学习是个很重要的阶段。我手头还保存有在法国留学时用法语写的几本日记，其中不少记载了我对语言与文化的一些思考。留法期间，我很注意收集有关法语新语言现象的材料，这对我早期的法语研究起到了直接作用。同时，我也很关注法国的文学与文化。留学时间虽然不长，但我读了不少法国经典文学作品，还经常到巴黎塞纳河畔的旧书摊去淘书。那里书很多，品相很好，价格特别便宜。作为国家公派留学生，我们当时在法国的吃住行都是国家按一定标准包的，此外国家每月给我们发十元钱的零用钱。两年下来，我用这点零用钱，竟然买了几十部法国文学名著，像古典主义时期的莫里哀的戏剧作品，启蒙时代的伏尔泰和卢梭的代表作，还有现实主义的巴尔扎克、浪漫主义的雨果、自然主义的左拉、意识流的普鲁斯特等重要作家的小说。虽然我不太喜爱诗歌，但也买了不少本，像雨果的《静观集》，兰波、瓦莱里等伟大诗人的诗集。除了经典作品，我对法国当代的一些具有代表性的作品和文化现象尤其感兴趣，像萨特、加缪的小说，尤内斯库、贝克特的戏剧，最新锐的作家如勒克莱齐奥、图尼埃的作品，我都接触过，似懂非懂地听到了存在主义、荒诞派戏剧、新小说这些流派的名字。对法国太阳剧社的活动，我有过特别的关注，因为我很喜欢，觉得他们的演出离观众很近，与观众有直接互动，觉得还真是用戏剧为人民服务，实在了不起。当初的用心、听过的课、收集过的材料、买过的书、看过的作品，就像埋下的一颗颗种子，遇到好的土地，遇到雨露，尤其是碰上好的季节，迟早会发芽的。我就是这么幸运，两年的学习结束后回到国内，恰逢一个拨乱反正、改革开放的伟大时代的开端。

对于拨乱反正的意义，一个刚刚归国的青年学者不可能有深刻理解，但改革开放这四个字，在我的心里却产生了不小的共鸣，有着一种朴素但强烈的认同。之所以说强烈的认同，是因为我有过到国外留学的经历，在法国学习到了一些新知识，读到了很多我感兴趣的文学佳作，接触到了一些新思想，心里有一种强烈的冲动，想把我的所闻所见、我学到的新东西，讲给我的同行听。国家的改革开放，不仅仅是一种新的国家发展政策,更是一种思想观念的重要转变,一种走出封闭、走向宽阔世界的积极行动。邓小平英明决策,在1975年恢复留学生公派,这也许是一种具有前瞻性、战略性高度的人才培养举措吧。他在1975年出山主持中央日常工作期间,也许就已经在心里有了改革开放的蓝图。改革要从开放做起,没有观念的转变,改革不可能迈出真正的步伐。而对我而言,开放,就意味着向法国这样一些国家的长处学习。从法国留学回来后,我自告奋勇地向我所在的教研室的老师们提出,要就新学到的知识给他们做一个学习汇报。这一次汇报的情景至今难忘,我做了认真准备,就法语近年来出现的新语法现象,讲了一个多小时。我的老师们听了之后,给了我充分的肯定,杨振亚老师还笑着对我说,应该写下来。在他的鼓励下,我真的写了下来,于是有了自己在1979年给《外语教学与研究》杂志投稿并被录用的第一次学术发表经历。如今回想起来,我学术人生的第一次以汇报为名的"讲座",还有学术性小文章的第一次发表,都与我积极开放的心态,与我那种希望交流的强烈动机相关。至今,我还清楚地记得我们单位组织听取党中央十一届三中全会精神传达,后又学习讨论的热烈情状。改革开放,就要像周恩来总理所说的那样,"敢于向一切国家的长处学习,就是最有自信心和自尊心的表现,这样的民族也一定是能够自强的民族"。有了改革开放的决策,我们不仅可以客观地评价外国的长处,还要勇于向一切国家的长处学习。有了这改革开放的春风,我心底埋下的一颗颗种子渐渐发芽了。

最先在中国的土地上生根、发芽、成长的,是我在法国读到的那些文学作品。法国有悠久的文学历史,远的不说,19世纪的文学对中国读者具有强大吸引力，像巴尔扎克、雨果、莫泊桑、左拉的代表作等等。20世纪，法国文学气象万千，各文学流派呈现出鲜明的特质。在1978年前后的一两年，国内几家比较有前瞻性的出版社开始出版发行一些外国文学经典名著，引起了一股外国文学热，常有一本书出版，读者排长队竞相抢购的场面出现。面对当时涌动的外国文学阅读潮，刚刚从法国回来的我，内心有一种莫名的冲动，特别想把自己喜欢的法国当代文学作品翻译出来，介绍给国人。在纪念《外国语》创刊四十周年的文章里，我曾谈到在那个时期，我迷上了翻译。但在那个时候，不像现在，文学作品，尤其是文学名著，不是谁想译就可以译的。那个时期，重印的外国文学经典，都是老一辈翻译家的名译，比如傅雷翻译的巴尔扎克、罗曼·罗兰的作品，李健吾翻译的福楼拜的译本，还有李青崖翻译的莫泊桑的作品。译名著，我想也不敢想。我琢磨着，名著没有资格译，公认的好书轮不着我去译，那我能不能自己去选择法国最新的文学作品，第一时间把它翻译出来？可是，我人在军校工作，除了在塞纳河畔淘到的几十本文学名著，因纪律所限，我没有渠道获得法国最新出版的文学作品。为此，我想到了南京大学的钱林森老师，他是我在法国留学时认识的，当时他在巴黎东方语言学院教授中文，与许多汉学家有很深的交情。当我和他说起翻译法国当代文学作品的想法时，得到了他的鼓励，说会帮助我去寻找好作品。我清楚地记得，是在改革开放的第二年，钱林森老师通过法国友人，得到了法国当年获法兰西学院大奖的一部长篇小说，书名叫《永别了，疯妈妈》。看到书，我如获至宝，真想马上动笔翻译，可是钱老师告诉我，要先读原著，如果觉得有价值，再写出一个一万来字的小说详细梗概，寄给出版社，出版社觉得感兴趣的话，就再试译两三万字，出版社全面审查后才能做出接受不接受此书的决定。照着钱老师的要求，我一一都认真地做了，钱老师修改了梗概，又修改了试译稿。经过两个多月的努力，当我得到出版社的正式答复，同意接受该选题时，感觉自己是天底下最幸福的人。从1980年夏天选题被接受，到1982年译著由湖南人民出版社正式出版，前后经历了两年时间。近四十万字的小说《永别了，疯妈妈》发表后，受到了读者的普遍赞誉，《人民日报》《新华日报》《外国文学研究》《当代外国文学》等主流媒体与重要的学术刊物相继发表评论文章。更让我惊喜的是，我还收到了不少读者给我写的信，表达他们对作品的喜爱和对译者的感激，让我切切实实地感受到了外国文学翻译的重要性。

有了第一次选题被接受的成功经验，我和钱林森老师继续合作，把目光投向当代法国文学的前沿，努力从获奖作品中去选择符合中国读者期待，也与主流意识形态一致的优秀作品。就在同一年，我们又得到了一部新的获奖小说，书名叫《沙漠》，该小说于1980年问世，当年获得了首届保尔·莫朗文学奖。当我拿到小说时，一个非常熟悉的名字映入了我的眼帘——勒克莱齐奥，不就是我在法国留学时读到的那部很怪诞的小说《诉讼笔录》的作者吗？说实话，打开小说的那一刻，我真担心《沙漠》和《诉讼笔录》一样，形式怪诞，难以理解。可是，随着一页页往下读，我读到了一个文字风格完全不同的勒克莱齐奥，小说的故事更是深深吸引着我，小说叙事"跳跃的时空中出现了一个荒凉与繁华、贫乏与豪富兼而有之，对比鲜明、寓意深刻的世界，那怪奇的词语创造出一幅色彩缤纷、变幻无穷的图像，处处透溢出一种超凡脱俗的美"(许钧 2002：273)。我觉得，这部小说，无论在形式的探索上，还是在思想的表达上，都有着重要价值，我坚信出版社一定会接受它，也相信它一定会受到中国读者的喜爱。果然，与我们有过合作经历的湖南人民出版社很快接受了选题，我也很快投入翻译之中。勒克莱齐奥的小说有着独特的个性，给翻译提出了重重难题。与《永别了，疯妈妈》相比，勒克莱齐奥小说的翻译难度明显增大。在翻译过程中，我遇到了不少理解层面的问题，也遇到了很多表达层面的问题。前者的困难，促使我们想方设法，通过出版社与作者勒克莱齐奥取得了联系。勒克莱齐奥不仅认真地一一回答我们提出的问题，帮我们解决了难题，还给了我们惊喜，希望通过我们"寄语中国读者"。勒克莱齐奥的帮助与热情的寄语，给了我很大鼓励，也增强了自己想尽可能忠实翻译原作的决心。然而，理解的问题解决了，在表达层面还是遇到了很大的困难，不但要传达原文的意，还要传达原文的味。文字的鲜明风格，表达的特殊性，如何再现？就在对这些问题的不断思考中，我渐渐地将翻译实践与翻译理论思考结合在了一起，在傅雷、许渊冲等老一辈翻译家论翻译的文章的启发影响下，我渐渐地走上了翻译学术的探索之路。

随着文学翻译实践的不断丰富，我逐渐清醒地意识到，外国文学的翻译，其意义不仅仅表现在文学交流的层面，对中国读者而言，还可以起到开阔视野的作用。我正是在阅读一部部法国当代优秀作品的过程中，感受到了异域的力量，也慢慢懂得了如何去评价一部优秀文学作品的价值。多少年后，我应邀在北京大学做公开讲座，强调一个外国文学翻译者和研究者应该"用自己的眼光去发现一流的作家"(许钧 2018：73)，我想这种观点的产生，与我在改革开放之初密切关注并挑选法国最新的文学作品的经历有着密切联系。

　　坚持用自己的眼光去发现优秀作家，不仅引导我走进一个越来越丰富的文学世界，而且还在思想层面，吸引我自觉地走向他者，走向异域。我慢慢懂得了，这种勇于走出封闭的自我、向他者敞开自身、向他者学习的态度，如伟大的作家歌德所言，"用异域的明镜照自身"，体现的就是"开放"的精神。

（二） 以维护文化多样性为翻译的使命

　　坚持开放的精神，关注法国文学的走向与发展，有意识地选择优秀的文学作品，通过翻译介绍给中国读者，渐渐形成了自觉的意识，也成了一种自觉的行动。在文学翻译实践上，至今我独立或合作翻译了近四十部法国文学优秀作品，其中大多数是法国当代文学作品。随着自己翻译实践的不断丰富，翻译经验的不断积累，有越来越多的国内出版社主动找我翻译法国文学经典名著和公认优秀的当代作品，如得益于国家改革开放而成立的译林出版社，就主动邀请我参加翻译20世纪法国最具影响力的作家普鲁斯特的《追忆似水年华》，后又约我翻译现实主义大师巴尔扎克的《邦斯舅舅》，上海译文出版社约我翻译巴尔扎克的《贝姨》、昆德拉的《不能承受的生命之轻》《无知》等，人民文学出版社也多次邀请我参加《巴尔扎克全集》的翻译工作。更加让我受到鼓舞的，是我在南京大学读研究生期间，法国文学研究的权威柳鸣九先生就给了我充分的信任，邀请我参加他主持的《法国20世纪文学丛书》的翻译，先后把多部法国龚古尔奖作品的翻译重任交给我，如波伏瓦的《名士风流》、图尼埃的《桤木王》、德库安的《约翰·地狱》。当我得知他已经把勒克莱齐奥的《诉讼笔录》列入丛书，我主动请缨，希望能翻译此书。翻译的路，就是一条不断加深理解，不断丰富认识、坚持互动对话的路。

　　随着翻译之路的延伸，我对翻译也有了越来越多的思考。在翻译理论探索中，我觉得自己多年来始终坚持一条基本的原则，那就是理论与实践相结合。改革开放，最重要的是思想的解放。改革开放之后不久发起的那场"实践是检验真理的唯一标准"的大讨论，给了我深刻的启示。我渐渐认识到了，理论探索，不能忽视实践，更不能与实践脱节。翻译理论研究，要重视中国数千年翻译的历史，也要关注当下越来越丰富的翻译实践。实际上，我走上翻译研究之路，把翻译研究确定为自己最重要的学术方向，最直接的原因就是自己在翻译实践中遇到了很多问题，需要去寻求答案，老一辈学者的影响与指导固然重要，但很多问题难以找到现成的答案，必须去探索。比如在翻译《追忆似水年华》的过程中，我就遇到了许多层面的问题。正是针对翻译实践中提出的问题，我进行思考、探索与研究，结合自己对《追忆似水年华》的理解、阐释，写出了系列的研究论文，如《句子与翻译——评〈追忆似水年华〉汉译长句的处理》《形象与翻译——评〈追忆似水年华〉汉译隐喻的处理》《风格与翻译——评〈追忆似水年华〉汉译风格的处理》。我还用法语撰写了《论普鲁斯特隐喻的再现》一文，发表在《国际译联通讯》1992年第4期。此外，用法文撰写的《论文学翻译的审美层次》一文，我提交给了 1993 年在英国召开的第十三届国际翻译家联盟代表大会，并得到了联合国教科文组织的会议资助，该文发表于伦敦尚佩龙出版社于 1993 年 8 月出版的《国际译联第十三届代表大会暨国际翻译理论研讨会论文集》。坚持关注实践问题，在理论上有针对性地加以探讨，使我有了越来越多的收获。我的《文学翻译批评研究》与《文字·文学·文化——〈红与黑〉汉译研究》这两部翻译批评著作，在研究方法的突破上，具有一定代表性，在国际上产生了影响，如翻译研究的重要学术刊物 BABEL 杂志就先后两次刊载学术论文，就《红与黑》汉译讨论的意义与价值、翻译批评的路径等给予了积极评价。法国翻译理论家乌斯蒂诺夫在《翻译》一书中，"将目光投向了中国，以《红与黑》汉译讨论的批评实践与探索为例，说明翻译理论之于翻译评价与批评问题的重要性，该节多次引用了我和袁筱一在 META 发表的论文"（许钧 2017：8）。

　　走理论与实践相结合之路，是我们国家改革开放事业不断发展的重要保证。以我粗浅的理解，只有坚持马克思主义与中国革命实践相结合，才有可能在中国发展马克思主义，才有可能产生具有中国特色的马克思主义理论。四十年来的翻译实践与翻译理论探索，让我越来越自觉地在翻译理论研究中，从翻译实际出发，结合翻译的历史与现实问题，对涉及翻译本质、翻译价值、翻译伦理等具有根本性的问题进行思考与探索。在我的翻译学术之路上，除了在上文中所提及的涉及翻译方法、翻译批评的研究之外，我越来越关注翻译的使命问题。何为译？为何译？译何为？这三个问题密切相连。翻译到底有何为？在全球化语境中应该担当怎样的使命？要回答翻译的使命这个重要问题，必须对翻译是什么、翻译具有怎样的价值做出回答。2000年前后，我对翻译活动进行了比较系统的思考，在努力撰写《翻译论》一书。《翻译论》一书分为翻译本质论、翻译过程论、翻译意义论、翻译因素论、翻译矛盾论、翻译主体论、翻译价值与批评论等七章，是自己对翻译进行的一次具有尝试性的整体思考、系统梳理与学术阐发。该书写作过程中，恰逢南京大学建校一百周年纪念，南京大学迎来了多位重要嘉宾，曾担任过联合国秘书长的布托·加利先生就是其中一位。他在南京大学三天访问期间，我们有过很多的接触和交流，他特别愿意倾听他人，如我对他在南京大学授予他名誉博士学位仪式上的演讲主题，提出过自己的看法，他欣然接受，题目定为"语言多元与文化的多样性"。加利的演讲对我思考翻译的使命问题有重要启示。我特别认同他的观点："语言的多样化是促进一种真正的和平文化的途径，给多语以应有的位置，就应该鼓励人们去学习这些语言。能说多种语言，就赋予了自己向他人和世界敞开的多种途径，就有利于思想交流，就为文化间的对话打开了通道。"(加利 2002：10)他的这次演讲，我担任了口译。结束演讲后，我结合自己对翻译的认识，就翻译与文化多样性的关系与他进行了深入探讨，当他得知我在撰写《翻译论》一书时，主动提出要为我的著作写一句话，这句话是用阿拉伯语与法语写的，充分地体现了他坚持的语言多元的原则。我将他的题词译为汉语："翻译有助于发展文化多样性，而文化多样性则有助于加强世界和平文化的建设。"加利的这一句话，对我而言具有特别的意义：既有对翻译的深刻理解，也有对翻译的正确定位。后来，我对翻译与文化多样性的关系逐渐有了更为深刻的理解，于2004年底撰写了《文化多样性与翻译的使命》一文,在该文中明确提出,翻译应该承担维护文化多样性的历史使命,而"维护文化多样性,建设世界和平文化,需要翻译活动所体现的开放与交流的文化心态。人类的社会始终处于不断发展的状态之中,而人类社会越发展,越体现出一种开放与交流的精神。人类社会想要走出封闭的天地,首先必须与外界进行接触,以建立起交流的关系,向着相互理解、共同发展的目标前进。不同民族语言文化之间的交流,是　种需要。任何一个民族想发展,必须走出封闭的自我,不管你的文化有多么辉煌、多么伟大,都不可避免地要与其他文化进行交流,在不断碰撞中,甚至冲突中,渐渐相互理解,相互交融。而在这样一个过程中,翻译始终起着重要的作用。无论是东方还是西方,一部翻译史,就是一部生动的人类社会的交流与发展史"(许钧 2005:13–14)。

(三) 促进中外文明互学互鉴,中外文化交流共生

从自觉地走向"他者",向他者敞开自身,到明确翻译的使命,把翻译之用提高到促进跨文化交流、维护文化多样性、建设世界和平文化的高度来认识,我对翻译的理解不断加深。正是基于对翻译的这一理解,我认识到翻译事业需要有更多的人来参与。作为高校教师,自己的翻译与研究固然重要,但人才的培养是第一位的。多年来,我一直努力地将自己的翻译思考与探索成果用到翻译教学与人才培养中去。

在实践的层面,我积极引导并鼓励我的同事与学生参与翻译实践,参与到地区或国家重要的文化交流活动中去。南京大学的法语语言文

学学科有着深厚的传统,是国内最早设立的法语博士点,在翻译方面做出过卓越成就。改革开放以来,更是有一批青年翻译家得以快速成长。回顾走过的路,我惊喜地发现,现在国内翻译界已经产生了不小影响的法国文学翻译家,尤其是青年翻译家中,有不少位翻译的第一部作品,都是我主动推荐的,如我的师弟张新木翻译的法国当代作家萨巴蒂埃的《大街》,又如我的学生袁筱一、李焰明翻译的勒克莱齐奥的《战争》,袁莉翻译的加缪的《第一个人》,黄荭参与翻译的杜拉斯的《外面的世界》,刘云虹翻译的乔治·桑的《娜侬》,宋学智翻译的杜拉斯的《副领事》,高方翻译的勒克莱齐奥的《奥尼恰》,等等。他们都已经成长为优秀的翻译家,多位担任了省级翻译协会的负责人,还有多位获得了各类文学翻译奖。仔细算过来,我给我的同事和学生推荐过或直接约请翻译过的法国社科与文学作品,不下一百部。我之所以乐此不疲,如此积极、持续地引导或鼓励身边的人重视翻译、参与翻译,是因为我坚信,在中外文化的交流与发展中,一如季羡林先生所言,"翻译之为用大矣哉!"

在理论研究方面,我也不断地影响身边的人,鼓励他们对翻译进行深入的思考与积极的探索,同时,我对翻译的思考也在不断持续与深入。其中最为重要的一点,就是在新时代,翻译与翻译研究如何回应国家的发展战略。我觉得,新时代的许多重要理论命题和国家战略需求都与翻译密切相关,如文化自信与话语体系建设问题,在不久前《群众》杂志记者对我的一次访谈中,我明确提出"要以开放包容的心态坚持文化自信"。在访谈中,我谈到,中国的发展进入了一个新的时代。习近平新时代中国特色社会主义思想特别强调"自觉"与"自信",

尤其是文化自觉与文化自信。文化是民族之魂,文化自信,在某种意义上,可以说是一种涉及根本,更基础、更广泛、更深厚的自信。这种自信,与道路自信、理论自信与制度自信呈现的是一种互动且统一的关系。中华民族历来有一种开放的、包容的胸怀,善于向别人学习、取他人之长,从而让自己强大起来。考察中华文明的发展历程,我们可以深切地体会到这种学习与借鉴的重要性。改革开放四十年以来,我们的心态更加开放、包容,越来越具有世界意识和人类情怀,越来越主动地走向世界,走向他者,在与他者的接触、交流、借鉴中丰富自身。这种开放的心态,学习的态度,就其根本而言,就是一种自信的表现。具体到翻译工作,我认为,实现中华民族的伟大复兴,就必须要找到自己的文化之根,找回数千年的优秀文化,这是文化自信的一个必要条件。同时,文化交流要双向发展,从以前只是向国外学习,到如今在向别人学习的同时,也主动展示自己,为他者提供参照,提供新思想新文化之源,这就需要通过翻译,把具有中国特色的鲜活思想与优秀文化介绍给全世界。近几年来,就翻译理论探索而言,结合中外文化交流的新变化,我认识到,在中国文化走出去的战略实施过程中,中国文学外译被赋予了新的社会和文化意义,具有重要的文化建构力量。为此,我尽自己的所能,努力推动中国文学的外译与传播,如我应中国作家协会邀请,参加了首届国际汉学家翻译大会,还向中国作家协会积极推荐外国著名翻译家参会,与法国学者和出版社联系,把中国当代的一些优秀作品往外推介,如毕飞宇的《青衣》《玉米》、黄蓓佳的《我要做个好孩子》等。与此同时,我和我的同事密切关注中华典籍与中国文学的外译,对中国古典文学、中国现代文学、中国当代文学在外国的译介与接受展开系统的梳理、考察与研究,还从理论创新的角度,对中国文学外译进行批评性的探索。在中外文化交流方面,我们也做了许多切实的推动工作。在北京大学的一次演讲中,我曾以自己与勒克莱齐奥的交流为例,谈到了如何通过翻译之"姻缘",真正促进中外文化交流的经历,如经过我的努力,诺贝尔文学奖得主勒克莱齐奥与莫言分别在丝绸之路的起点城市西安以及北京师范大学、山东大学与浙江大学进行了四次公开对话,勒克莱齐奥还与毕飞宇、余华等重要作家进行过多次交流。在我看来,组织"这样一些活动不仅可以使勒克莱齐奥对中国有所了解,可以让文学家之间有所交流,更可以让他甚至让我本人对中国古代文化、中国文学的骨脉、中国人的灵魂和追求有所了解。一个学者如果能在翻译的背后去做这些工作,在过程中有所发现、有所研究,对文化有所促进,这就是我们对社会的贡献,对维护文化多样性所做出的贡献"(许钧 2018: 76)。

2018 年暑假,中国翻译协会与全国翻译硕士专业学位教育指导委员会在北京共同举办了翻译师资培训,我在翻译理论研讨班上就新时代的翻译精神与使命,提出了自己的新的认识:在新时代,我们应该进一步加深对翻译的理解,要将我们的翻译、翻译研究与翻译人才的培养与中外文明的互学互鉴、中外文化的交流共生、人类命运共同体的构建紧密结合起来,让翻译在新时代起到更为广泛、深刻与积极的作用。

回顾四十多年自己的翻译实践与翻译理论探索之路,我深刻地体会到,改革开放之路对于我而言,具有特别的意义。我坚信,开放的精神,就是翻译的精神。翻译之路,是一条弘扬优秀文化,丰富世界文明，促进中外交流，拓展精神疆域，驱动思想创新之路。任重道远，我将在翻译与翻译研究之路上继续前行。

参考文献：

[1] 加利. 多语化与文化多样性 [J]. 南京大学学报，2002(3)：8-10.

[2] 许钧. 译事探索与译学思考 [M]. 北京：外语教学与研究出版社，2002.

[3] 许钧. 文化多样性与翻译的使命 [J]. 中国翻译，2005(1)：11-14.

[4] 许钧. 试论国际发表的动机、价值与路径 [J]. 外语与外语教学，2017(1)：1-8.

[5] 许钧. 文学翻译、文化交流与学术研究的互动——以我和勒克莱齐奥的交往为例 [J]. 外语教学，2018(3)：71-77.

目 / 录

丛书编辑说明·······································i
丛书总序·······································罗选民 iii
译者自序·······································许钧 vii

上 编　法国经典作家作品汉译
邦斯舅舅·······································2
贝姨·······································47
海上劳工·······································84
追忆似水年华·······································139

下 编　法国当代作家作品汉译
月神园·······································186
名士风流·······································214
沙漠·······································244
不能承受的生命之轻·······································269

许钧译著年表·······································**304**

上编

法国经典作家作品汉译

邦斯舅舅

导读

《邦斯舅舅》是巴尔扎克的重要作品之一，安德烈·纪德曾这样写道："这也许是巴尔扎克众多杰作中我最喜欢的一部；不管怎么说，它是我阅读最勤的一部……我欣喜、迷醉……"他还写道："不同凡响的《邦斯舅舅》，我先后读了三四遍，现在我可以离开巴尔扎克了，因为再也没有比这本书更精彩的作品了。"二十世纪文学巨匠普鲁斯特也给予《邦斯舅舅》以高度的评价，称赞作者具有非凡的"观察才能"，整部作品"触人心弦"。

巴尔扎克是个公认的天才小说家，具有独特的观察力，在他的小说，如《邦斯舅舅》中，故事是由一个能洞察一切的观察者加以叙述的。在步步深入的叙述过程中，作者善于步步缩小与读者的距离，让读者不由自主地进入他的世界，观作者所观，感作者所感，最终达到认同和共鸣。

《邦斯舅舅》全书约二十九万字。本选集选取了该作品的第一至第四章。第一章写法兰西帝国时代一位遗老的出场，有历史的强烈烘托，有人物的生动描写，仿佛一出大戏，在巴黎拉开序幕。这场具有诱惑力的大戏的主角是钢琴家邦斯，小说的第二、三、四章叙述了他的人生历程与独特才华，一步步揭开了围绕着邦斯的收藏展开的一场美与丑、善与恶的人性搏斗。

第一章　帝国时代的一位自豪的遗老

一八四四年十月的一天，约莫下午三点钟，一个六十来岁但看上去不止这个年纪的男人沿着意大利人大街走来，他的鼻子像在嗅着什么，双唇透出虚伪，像个刚谈成一桩好买卖的批发商，或像个刚步出贵妇小客厅，扬扬自得的单身汉。

在巴黎，一个人志得意满，莫过于这种表情了。街旁那些整天价坐在椅子上，以忖度来往过客为乐的人，打老远看到那位老人，一个个的脸上便露出了巴黎人特有的微笑，这笑含义丰富，有讽刺、嘲弄或怜悯，可巴黎人什么场面没见过，早就麻木了，要让他们脸上露出一点儿表情，那非得碰到活生生的绝顶怪物不可。

这位老人的考古学价值，以及那笑容如回声般在众人眼里传递的原因，恐怕一句话就能解释清楚了。有人曾问那位以逗趣出名的演员雅桑特，他那些惹得满堂哄笑的帽子是在哪儿做的，他这样回答说："那可不是我在哪儿做的，是我留存的！"是的，巴黎大众其实一个个都是做戏的，那上百万的演员中，总碰得上几个雅桑特，他们身上无意中留存了某个时代的全部笑料，看起来活脱脱是整整一个时代的化身，即使你走在路上，正把遭受旧友背叛的苦水往肚里咽，见了也能叫你忍俊不禁。

这位路人衣着的某些细微之处依旧忠实地保留着一八○六年的式样，让人回想起第一帝国时代，但并没有过分的漫画色彩。在善于观察的人眼里，这份精致使类似令人怀旧的风物愈发显得弥足珍贵。然而要辨明这些细小微妙处，非有那些无事闲逛的行家剖析路人的那份专注不可；而这位路人老远就惹人发笑，恐怕必有非同寻常之处，就如俗话说的"很扎眼"，这正是演员们苦心孤诣要达到的效果，想一亮相就博得满堂喝彩。

这位老人又干又瘦，在缀着白色金属扣的暗绿色上衣外，又套着一件栗色的斯宾塞！……一个穿斯宾塞的人，在一八四四年，要知道，那不啻拿破仑尊驾一时复生。

斯宾塞，顾名思义，这是一位英国勋爵发明的，此君恐怕对自己那个优美的身段很得意。早在《亚眠和约》签订之前，这位英国人就已解决了上身的穿着难题，既能遮住上半身，又不至于像那种加利克外套死沉地压在身上，如今，只有上了年纪的马车夫的肩头才搭这种外套了；不过，好身段的人毕竟还是少数，尽管斯宾塞是英国发明的，在法国也没有时兴多久。

四五十岁的男子一见到哪位先生身着斯宾塞，脑中便会为他再配上一双翻口长筒靴，一条扎着饰带的淡青色开司米短裤，仿佛看到了自己年轻时的那身装束！上了年纪的妇人们则会回想起当年情场上的一个个俘虏！至于年轻人，他们会感到纳闷，这个老亚西比德[1]怎么把外套的尾巴给割了。这位过客身上的一切跟那件斯宾塞如此协调，你会毫不犹豫地称他为帝国时代人物，就像人们说帝国时代家具一样；不过，只有那些熟悉，或至少目睹过那个辉煌盛世的人，才会觉得他象征着帝国时代；因为对流行的服饰式样，人们得具备相当精确的记忆才能记清。帝国时代已距离我们如此遥远，可不是谁都可以想象当时那种高卢希腊式的实际景象的。

此人的帽子戴得很朝后，几乎露出了整个前额，一派大无畏的气概，当年的政府官吏和平民百姓就是凭借这种气概与军人的嚣张跋扈抗衡的。再说，这是那种十四法郎一顶的可怕的丝帽子，帽檐的内边被两只又高又大的耳朵印上了两个灰白色的印子，刷子也刷不掉。

丝质面料与帽形的纸板衬总是不服帖，有的地方皱巴巴的，像害了麻风病似的，每天早上用手捋一遍也无济于事。

在看上去摇摇欲坠的帽子底下，是一张平庸而滑稽的脸，只有中国人发明的丑怪小瓷人才有这样的面孔。

这张宽大的脸，麻麻点点，像只漏勺，一个个窟窿映出斑斑黑点，坑坑洼洼，活像一张罗马人的面具，解剖学的任何规则都与它不符。一眼看去，那张脸根本就感觉不出有什么骨架，按脸的轮廓，本该是长骨头的地方，却是明胶似的软塌塌的一层肉，而理应凹陷的部分，偏又鼓起肉乎乎的一个个疙瘩。这张怪模怪样的脸扁扁的，像只笋瓜，加上两只灰不溜秋的眼睛，上方又不长眉毛，只有红红的两

---

[1] 雅典政治家（约公元前450—前404），据说他极其注意仪表，生活奢靡。

道，更添了几分凄楚；雄踞脸部正中的是一只堂吉诃德式的鼻子，就像是漂来的一块冰川巨石，兀立在平原上。塞万提斯恐怕也已注意到，这只鼻子表现出一种献身伟业的禀性，可最终却落得个一场空。这副丑相，虽然已到了滑稽地步，但却没法让人笑得出来。这个可怜人灰白的眼中显露出极度的忧伤，足以打动嘲讽者，使他们咽回溜到嘴边的讥笑。人们马上会想，是造物主禁止这个老人表达柔情，否则，他不是让女人发笑，就是让女人看了难受。不能惹人喜欢，在法国人看来，实在是人生最残酷的灾难，面对这样的不幸，连法国人也缄口不语了！

这个如此不得造物主恩宠的人装束得如同富有教养的贫寒之士，于是富人们往往刻意模仿他的穿着。他脚上穿的鞋子整个儿被帝国禁卫军式样的长筒鞋罩给遮住了，这样他也就可以一双袜子穿上好些日子。黑呢裤泛着灰红色的闪光，裤线已经发白，或者说发亮，无论是裤线的褶子，还是裤子的款式，都说明这条裤子已经具有三年的历史。他的这身衣装虽然宽大，却难以遮掩他那干瘦的身材，他这么瘦应该说是自身体格的原因，而不是按照毕达哥拉斯的方法节食的缘故；因为老头儿长着一张肉乎乎的嘴巴，嘴唇厚厚的，一笑起来便露出了一口白森森的牙齿，绝不比鲨鱼的逊色。一件交叉式圆翻领背心，也是黑呢料，内衬一件白背心，白背心下方又闪出第三层，那是一件红色毛线背心的绲边，让你不禁想起那个身着五件背心的加拉。白色平纹细布的大领结，打得煞是招摇显眼，那还是一八〇九年那阵子一个英俊小生为勾引美人儿而精心设计的打法。可是领结大得淹没了下巴，面孔埋在里边，仿佛陷进了无底洞。一条编成发辫状的丝带,穿过衬衫拴在表上,好像真防着别人偷他的表似的!暗绿色外衣异常洁净,它的历史比裤子还要长三年;可黑丝绒翻领和新换的白色金属扣说明对这身衣着已经爱护得到了再精细不过的地步。

这种后脑壳顶着帽子的方式,里外三层的背心,埋住了下巴的大领结,长筒鞋罩,暗绿色外套上缀着的白色金属扣,所有这些帝国时代的服饰陈迹,与当年那帮标新立异的公子哥儿们卖弄风情的遗风相谐成趣,也与衣褶之间难以言喻的那份精妙,以及整个装束的端庄和呆板协调一致,让人感觉到大卫[1]的画风,也让人回想起雅各布[2]风格的狭长的家具。只要瞧他一眼,就可以看出这是个教养良好但正深受某种难言的嗜癖之苦的人,要不就是个小食利者,由于收入有限,所有开销都控制得死死的,要是碎了一块玻璃,破了一件衣服,或碰上募捐施善的倒霉事,那他整整一个月里的那点小小的娱乐也就给剥夺了。

要是你在场的话,恐怕会觉得纳闷,这张怪模怪样的脸怎么会浮出微笑,平日里,那可是一副凄惨、冷漠的表情,就像所有那些为了争取最起码的生存条件默默挣扎的人们。但是,若你注意到这个奇特的老人带着一种母性的谨慎,右手捧着一件显然极为珍贵的东西,护在那两件外衣的左衣襟下,唯恐给碰坏了,尤其当你发现他那副匆匆忙忙的模样,如同当今闲人替人当差的忙碌相;那你也许会

---

[1] 大卫(1784—1825),是法国新古典主义重要画家,1799年拿破仑掌权后,他成为拿破仑一世的宫廷首席画师。

[2] 雅各布(1739—1814),法国著名的家具工匠,曾为波拿巴及皇后约瑟芬制作家具。

猜想他找到了侯爵夫人卷毛狗之类的东西，正带着帝国时代人物所有的那股急切的殷勤劲头，得意扬扬地带着这件宝贝去见那位娇娘，那女人虽说已经六十岁的年纪，但还是不知道死心，非要他的心上人每天上门看望不可。

世界上唯独在巴黎这座城市，你才可以碰到诸如此类的场景在一条条大街上演着一出出连续不断的戏，那是法国人免费演出的，对艺术大有裨益。

第二章 一位罗马大奖获得者的结局

看这人瘦骨嶙峋的模样,虽然穿着与众不同的斯宾塞,但你也难以把他纳入巴黎艺术家之列,因为这种定型的人物有个特点,跟巴黎城的顽童颇为相似,能在俗人的想象中,激起快意,拿现在又时兴的那句俏皮的老话说,那是最离奇不过的快意。

不过,这个路人可是得过大奖的,在罗马学院恢复之时,第一支荣获学士院奖的康塔塔[1],便出自他之手,简言之,他就是西尔凡·邦斯先生!……他写过不少有名的浪漫曲,我们的母亲都动情地哼唱过,他也作过两三部歌剧,曾在一八一五年和一八一六年间上演,还有几首没有发表的乐曲。后来,这个可敬的人到了一家通俗剧院当乐队指挥。多亏了他的那张脸,他还在几所女子寄宿学校执教。除了薪水和授课酬金,他也就没有别的收入了。到了这把年纪,还得为一点酬劳四处上课!……这般处境,很少浪漫色彩,可却是个谜!

这个如今就剩他还穿着斯宾塞的人,不仅仅是帝政时代的象征,还昭示着一个巨大的教训,那教训就写在里外三层的背心上。他在

---

1 指声乐曲,现泛指声乐与器乐相结合的乐曲。

免费告诉世人，那一称之为会考的害人致命的可恶制度坑害了多少人，他自己就是其中的一个牺牲者，那一制度在法兰西执行了百年，毫无成效，但却仍在继续实施。这架挤榨人们聪明脑汁的机器为布瓦松·德·马利尼所发明，此人是蓬巴杜夫人的胞弟，一七四六年前后被任命为美术署署长。

然而，请你尽量掰着手指数一数，一个世纪以来那些获得桂冠的人当中到底出了几个天才。首先，不管是行政方面，还是学制方面所做的努力，都替代不了产生伟人所需的那种奇迹般的机缘。在生命延续的种种奥秘中，唯此机缘是我们那雄心勃勃的现代分析科学最难以企及的谜。其次，据说埃及人发明了孵小鸡的烘炉，可要是孵出了小鸡，却又不马上给它们喂食，那你会对此做何感想呢？可是，法国人的情形恰恰如此，她想方设法用会考这只大暖炉制造艺术家；但一旦通过这一机械工艺造出了雕塑家、雕刻家、画家、音乐家，她便不再把他们放在心上，就像到了晚上，花花公子根本就不在乎插在他们衣服饰孔里的鲜花。

真正的才子倒是格勒兹、华托、弗利西安·大卫、帕尼西、德同、奥贝尔、大卫(德·昂热)或欧仁·德拉克洛瓦那些人，他们才不把什么大奖放在眼里，而是在被称为天命的那轮无形的太阳照耀下，在大地上成长。

西尔凡·邦斯当初被派往罗马，国家本想把他造就成一位伟大的音乐家，可他却在那儿染上了对古董和美妙的艺术品的癖好。

无论是对手工的还是精神的杰作，他都十分内行，令人赞叹不已，包括对近来俗语所说的"老古董"，也一样在行。

这个欧忒耳珀[1]之子在一八一〇年前后回到巴黎，简直是个疯狂的收藏家，带回了许多油画、小塑像、画框、象牙雕和木雕、珐琅及瓷器等等；在罗马求学的那段时间里，买这些东西的花费，再加上运价，花去了他父亲的大部分遗产。

罗马留学三年期满后，他去了意大利旅行，又以同样的方式花光了母亲的遗产。

他很情愿这样悠闲自得地逛逛威尼斯、米兰、佛罗伦萨、布洛涅和那不勒斯，在这每一座城市逗留一番，像梦幻者，像哲学家，也像艺术家那样无忧无虑，凭自己的才能生活，就像妓女，靠的是自己的漂亮脸蛋吃饭。

在这次辉煌的游历期间，邦斯可谓幸福之至，对于一个心地善良，感情细腻，但却因为长得丑，拿一八〇九年那句流行的话说，讨不到女人欢心的人来说，这确是可以获得的最大的幸福了；他觉得生活中的东西总不及他脑中的理想典型，不过，对他的心声和现实之间的不协调，他已经不以为然。在他心头保存的那份纯洁而又热烈的美感无疑是产生那些奇妙、细腻和优美的乐曲的源泉，在一八一〇年至一八一四年间，这些乐曲给他赢得了一定的声誉。

在法国，凡是建立在潮流，建立在时髦和风靡一时的狂热之上的名声，往往造就邦斯这类人物。世界上没有哪个国家对伟大的东西如此严厉，而对渺小的东西如此不屑与宽容。邦斯很快被淹没在德国的和声浪潮和罗西尼的创作海洋之中，如果说一八二四年，邦

---

[1] 希腊神话中九位缪斯女神之一，司悲剧和音乐。

斯还是一个讨人喜欢的音乐家,而且,凭他最后的那几支浪漫曲,还有点名气的话,那么,请设想一下到了一八三一年他会落到怎样的地步!就这样,在一八四四年,他开始了默默无闻的生命悲剧,西尔凡·邦斯落到了像个诺亚时代大洪水之前的小音符,已经没有什么身价;尽管他还给自己的那家剧院和附近的几家剧院上演的几部戏配乐,赚几个小钱,可音乐商们已经全然不知他的存在了。

  不过,这位老人对我们这个时代赫赫有名的音乐大师还是很拜服的;几首卓绝的乐曲,配上精彩的演奏,往往会令他落泪。可是他还没有崇拜到像霍夫曼小说中的克莱斯勒那样几近痴迷的地步,而是像抽大烟或吸麻醉品的人那样,在心中怡然自乐,而无丝毫的表露。

  鉴赏力和悟性,这是能使凡夫俗子与大诗人平起平坐的唯一品质,可在巴黎十分罕见,在巴黎,形形色色的思想就像是旅店的过客,所以,对邦斯,人们还真应该表示几分敬意呢。这位老先生事业无成,这一事实也许让人觉得奇怪,可他天真地承认自己在和声方面存在着弱点,因为他忽视了对位法的研究;如果再重下一番功夫,他完全可以跻身于现代作曲家之列,当然不是做个罗西尼,而是当个埃罗尔德,可现代配器法发展到了失控的地步,他觉得实在难以入门。

  虽然荣耀无求,但他最终在收藏家的乐趣之中得到了巨大的补偿,如果非要他在自己收藏的珍品和罗西尼的大名之间做出抉择的话,信不信由你,他准会选择他那满橱的可爱珍品。这位老音乐家实践着施纳瓦德的那句公认名言,此人是位博学的名贵版画收藏家,他曾断言，人们欣赏一幅画，无论是雷斯达尔、霍贝玛、霍尔拜因的，还是拉斐尔、牟利罗、格勒兹、塞巴斯蒂亚诺的，或是乔尔乔涅、丢勒的画，如果不是只花五十法郎买来的，那就无乐趣可言。

邦斯绝不买一百法郎以上的东西；要他掏钱花五十法郎，这件东西恐怕得值三千法郎才行；在他看来，价值三百法郎的旷世珍品已经没有了。机会诚然难得，可他具备成功的三个要素：雄鹿一样的腿，浪荡汉的闲工夫和犹太人的耐心。

四十年来，在罗马和巴黎施行的这套方法结出了硕果。自打罗马回国后，邦斯每年花费近两千法郎，收藏了密不示人的各种宝物，藏品目录已达惊人的1907号。

在一八一一年至一八一六年间，他在巴黎四处奔走，当时花十法郎弄到的东西如今可值一千至一千二百法郎，其中有他从巴黎每年展卖的四万五千幅油画中挑选出来的油画，也有从奥弗涅人手中购得的塞夫勒软瓷；奥弗涅人可都是些黑帮的喽啰，他们常常从各地推来一车车蓬巴杜式的法兰西神品。

总之，他搜集到了十七、十八世纪的遗物，很欣赏那些才气横溢，独具个性的法国派艺术家；那些不为人所知的大家，如勒波特、拉瓦莱-普桑之类的人物，是他们创造了路易十五风格、路易十六风格，那宏丽的作品为当今艺术家的所谓创造提供了免费的样板，这些人整天弓着腰，揣摩着制图室的那些珍品，以巧妙的手法，偷梁换柱，搞所谓的创新。邦斯还通过交换得到了很多藏品，交换藏品，可是收藏家们难以言述的开心事！

出钱买奇品的乐趣只是第二位的，头等的乐趣，是做这些古董交易。邦斯是收集烟壶和微型肖像的第一人,早于多斯纳和达布朗先生,可他在玩古董这一行中却没有名气,因为他不常去拍卖行,也不在那些有名的店家露面,所以,他的那些宝物在市面上到底值多少钱,他一无所知。

已故的杜·索姆拉德生前曾想方设法接近这位音乐家;可那位老古董王子未能进入邦斯的收藏馆就作古了,邦斯收藏的东西,是唯一可以与赫赫有名的索瓦热藏品相媲美的。

在邦斯和索瓦热先生之间,确有某些相似之处。索瓦热先生跟邦斯一样,都是音乐家,也没有多少财产,收藏的方式、方法如出一辙;他们同样热爱艺术,也同样痛恨那些名声显赫的有钱人一大橱一大橱地搜罗古董,跟商人们展开狡诈的竞争。邦斯跟他的这位敌手、对头、竞争者一样,对任何手工艺品,对任何神奇的制品,无不感到一种难以满足的欲望,那是一位男士对一位美丽的恋人的爱,因为这些,守斋者街的拍卖行里,那伴随着估价员的当当击锤声的拍卖在他看来实在是亵渎古董的罪孽。他拥有自己的收藏馆,以便时时刻刻都可以享受,生就崇尚伟大杰作的心灵都有着名副其实的恋人的高尚情操;无论是今朝,还是昨日,他们总是兴味盎然,从不厌倦,幸而杰作本身也都是青春永驻。可见,他像慈父般护着的那件东西准是失而复得的一件宝物,携带时怀着几多情爱,你们这些收藏家们想必都有体会吧!

看了这一小传的初步轮廓,大家定会惊叫起来:"嗨!这人虽然丑,却是天底下最幸福的人!"确实,人一旦染上了什么癖好,就给自己的心灵设置了一道屏障,任何烦恼,任何忧愁都可抵挡。你们这些人再也不能把着自古以来人们所说的欢乐之盅痛饮，不妨想方设法收藏点什么(连招贴都有人收集!)，那准可以在点滴的欢乐中饱尝一切幸福。

所谓癖好，就是升华的快感！不过，请不要羡慕老先生邦斯，若你产生羡慕之心，那跟类似的所有冲动一样，恐怕都是误会的缘故。

这人感情细腻，充满生机的心灵永不疲惫地在欣赏着人类壮丽的创造，欣赏着这场与造化之工的精彩搏斗，可他却染上了七大原罪中恐怕上帝惩罚最轻的一桩：贪馋。他没有钱，又迷上了古董，饮食方面不得不有所节制，这可苦坏了他那张挑剔的嘴巴，开始时，这位单身汉天天都到外面去吃请，也就把吃的问题给解决了。

在帝政时代，人们远比我们今天更崇拜名流，也许是当时名人不多，而且也很少有政治图谋的缘故。要当个诗人、作家或者音乐家什么的，用不着花什么气力！而当时，邦斯被视作可与尼科洛、帕埃尔和贝尔顿之流相匹敌的人物，收到的请帖之多，不得不逐一记在日记簿上，就像律师登记案子一样。况且，他一副艺术家的派头，不管是谁，只要请他吃饭，他都奉上自己创作的抒情小曲，在主人府中弹奏几段；他还经常在人家府上组织音乐会；有时甚至还在亲戚家拉一拉小提琴，举办一个即兴小舞会。

那个时期，法兰西的俊美男儿正跟同盟国的俊美男儿刀来剑往；根据莫里哀在著名的埃利昂特唱段中颁布的伟大法则，邦斯的丑貌可谓新颖别致。当他为哪位漂亮的太太做了点事，有时也会听到有人夸他一声"可爱的男人"，不过，除了这句空话之外，再也得不到更多的幸福。

　　从一八一〇年至一八一六年，前后差不多六年时间，邦斯养成了恶习，习惯于吃好的喝好的，习惯于看到那些请他做客的人家不惜花费，端上时鲜瓜果蔬菜，打开最名贵的美酒，奉上考究的点心、咖啡和饮料，给他以最好的招待。在帝政时代，往往都是这样招待来客的，巴黎城里不乏国王、王后和王子，多少人家都在效法显赫的王家气派。当时，人们热衷于充当帝王，就像如今人们喜欢模仿国会，成立起会长、副会长、秘书长等一大串的名目繁多的协会，诸如亚麻协会、葡萄协会、蚕种协会、农业协会、工业协会等等。甚至有人故意寻找社会创伤，以组建一个治国良医协会！一只受过如此调教的胃，自然会对人的气节产生影响，而且拥有的烹调知识越高深，人的气节就越受到腐蚀。嗜欲就潜伏在人的心中，无处不在，在那儿发号施令，要冲破人的意志和荣誉的缺口，不惜一切代价，以得到满足。对于人的嘴巴的贪欲，从未有人描写过，人要活着就得吃，所以它便躲过了文学批评；但是，吃喝毁了多少人，谁也想象不到。就这而言，在巴黎，吃喝是嫖娼的冤家对头，从另一个方面来说，吃喝是收入，嫖娼是支出。

　　当邦斯作为艺术家而日益沦落，从常被邀请的座上宾落到专吃白食的地步时，他已经离不开那席席盛筵，而到小餐厅去吃四十苏一餐的斯巴达式的清羹了。可怜啊！每当他想到自己为了独立竟要做出这么大的牺牲，不禁浑身直打寒战，感到自己只要能够继续活个痛快，尝到所有那些时鲜的果瓜蔬菜，敞开肚子大吃（话虽俗，但却富有表现力）那些制作精细的美味佳肴，什么下贱事都能做得出来。

邦斯活像只觅食的雀鹰,嘴巴填满了便飞,啁啾几声就算是答谢,他觉得像这样让上流社会花费,自己痛痛快快地活着,还有那么几分滋味,至于上流社会,它也有求于他,求他什么呢?无非是几句感恩戴德的空话。凡是单身汉,都恐惧待在家中,常在别人府上厮混,邦斯也是这样,对交际场上的那些客套,那些取代了真情的虚伪表演,全已习以为常,说起恭维话来,那简直就像是花几个小钱一样方便;至于对那些人嘛,他只要对得上号就行,从不好奇地去摸人家的底细。

这个阶段勉强还过得去,前后又拖了十年。可那是什么岁月!简直是多雨之秋!在那些日子里,邦斯到谁府上都变着法子卖力,好不花钱保住人家饭桌上的位置。后来,他终于落到了替人跑腿当差的地步,经常顶替别人看门,做用人。由于常受人遣使跑买卖,他无意中成了东家派往西家的间谍,而且从不掺假。可惜他跑了那么多腿,当了那么多下贱的差,人家丝毫也不感激他。

"邦斯是个单身汉,"人家总这么说,"他不知道怎么打发时间,为我们跑腿,他才乐意呢……要不他怎么办呢?"

不久后,便出现了老人浑身释放的那股寒气。这股寒气四处扩散,自然影响了人的感情热度,尤其他是个又丑又穷的老头。这岂不是老上加老?这是人生的冬季,鼻子通红、腮帮煞白、冻疮四起的严冬。

从一八三六年至一八四三年间,难得有人请邦斯一回。哪家都已不像过去那样主动求他,而是像忍受苛捐杂税那样,勉强接待这个食客；谁也不记他一分情，就是他真的效过力，也绝不放在心上。

在这些人府上，老人经历了人生的沧桑；这些家庭没有一家对艺术表示多少敬意，它们崇拜的是成功，看重的只是一八三〇年以来猎取的一切：巨大的财富或显赫的社会地位。而邦斯既无非凡的才气，又无不俗的举止，缺乏令俗人敬畏的才情或天赋，最后的结局自然是变得一钱不值，不过还没有落到被人一点儿瞧不起的地步。

尽管他在这个社会中感到十分痛苦，但像所有胆小怕事的人一样，他把痛楚闷在心里。后来，他渐渐地又习惯了抑制自己的感情，把自己的心当作一个避难所。对这种现象，许多浅薄之人都叫作自私自利。孤独的人和自私的人确实很相似，以致那些对性格内向的人说三道四的家伙显得很在理似的，尤其在巴黎，社交场上根本无人去细加观察，那儿的一切如潮水，就像倒台的内阁！

就这样，邦斯舅舅背后遭人谴责，担着自私的罪名抬不起头来，人家如要非难什么人，终归有办法定罪的。可是，人们是否知道，不明不白地被人冷落，这对怯懦之人是何等的打击？对怯懦造成的痛苦，有谁描写过？

这日益恶化的局面说明了可怜的音乐家何以会一脸苦相；他如今是仰人鼻息，活得很不光彩。不过，人一有了嗜好，丢人在所难免，这就像是一个个绳索，嗜好越强烈，绳索套得就越紧；它把所做的牺牲变成了一座消极但理想的宝藏，其中可探到巨大的财富。

每当邦斯遭人白眼，看到哪位呆头呆脑的有钱人投来不可一世的恩主目光时，他便会津津有味地品呷着波尔多葡萄酒，嚼着刚品出味来的脆皮鹌鹑，像是在解恨似的，在心底自言自语道：

"这不算太亏!"

在道德家的眼里,他的这种生活中有不少值得原谅的地方。确实,人活着,总得有所满足。一个毫无嗜好的人,一个完美无缺的正人君子,那是个魔鬼,是个还没有长翅膀的半拉子天使。在天主教神话中,天使只长着脑袋。在人世间,所谓正人君子,就是那个令人讨厌的格兰迪逊,对他来说,恐怕连十字街头的大美人也没有性器官。

然而,除了在意大利游历期间,也许是气候起的作用,邦斯有过稀罕的几次庸俗不堪的艳遇之外,从来就没有看见哪个女人朝他笑过。许多男人都遭受过这种不幸的命运。邦斯生来就是个丑八怪。他父母到了晚年才得了这个儿子,他身上于是刻下了这一不合时令的印记,那肤色像尸首一般,仿佛是在科学家用以保存怪胎的酒精瓶里培育出来的。

这个天生感情温柔、细腻、富于幻想的艺术家,不得已接受了他那副丑相强加给他的脾性,为从来得不到爱而感到绝望。对他来说,过单身汉生活与其说是自己喜欢,不如说是迫不得已。于是,连富有德行的僧侣也不可避免的罪过——贪馋向他张出双臂;他连忙投入这一罪孽的怀抱,就像他投入到对艺术品的热爱和对音乐的崇拜之中。美味佳肴和老古董对他来说就是女人的替身;因为音乐是他的行当,天下哪有人会喜欢糊口的行当!职业就像是婚姻,天久日长,人们便会觉得它只有麻烦。

布利亚·萨瓦兰以一家之见,为美食家的乐趣正名;可是,他也许没有充分强调人们在吃喝中感受到的真正乐趣。

消化耗费人的体力,这构成了一场体内的搏斗,对那些好吃喝的人，它无异于做爱的莫大快感。他们感觉到生命之能在广泛扩展，大脑不复存在，让位于置在横膈膜之中的第二个大脑，人体所有机能顿时停止活动，由此而出现迷醉的状态。吞吃了公牛的巨蟒总是这样沉醉不醒，任人宰割。人一过了四十，谁还敢一吃饱饭就开始工作？……正因为如此，所有伟人的饮食都是有节制的。对大病初愈的人，人们总是规定其饮食，而且数量少之又少，他们往往吃到一只鸡翅，就能陶醉半天。

明智的邦斯的一切欢乐全部集中在胃的游戏之中，他往往处在大病初愈之人的陶醉状态：他要美味佳肴尽可能给他以各种感受，至此，每天倒也能如愿以偿。天下没有人会有勇气与习惯决裂。许多自杀者往往在死神的门槛上停下脚步，因为他们忘不了每天晚上都去玩多米诺骨牌的咖啡馆。

第三章　一对榛子钳

　　一八三五年,命运意外地为备受女性冷落的邦斯复了仇,赐给了他一根俗语所说的老人拐杖。这位生下来就是个小老头儿的老人在友情中获得了人生的依靠,他成了亲,社会也只允许他这桩婚姻:他娶了一个男人,这人跟他一样,也是一个老头儿,一位音乐家。

　　要不是已有了拉封登的那篇神妙的寓言,这篇草就之作本可以"两个朋友"为题。可是,这岂不是对文学的侵犯,是任何真正的作家都会回避的亵渎行为?我们的寓言家的那篇杰作,既是他灵魂的自白,也是他梦幻的记录,自然拥有永久占有那个题目的特权。诗人在榜额刻下了"两个朋友"这四个大字的那部名篇是一笔神圣的财产,是一座圣殿,只要印刷术存在,世世代代的人们都会虔诚地步入这座殿堂,全世界的人都会前来瞻仰。

　　邦斯的朋友是位钢琴老师,他的生活及习惯与邦斯的是如此和谐,以致他不禁大发感慨,说与邦斯相见恨晚,因为直到一八三四年,他们才在一家寄宿学校的颁奖仪式上初次谋面。在违抗上帝的意志,发源于人间天堂的人海中,也许从来没有过如此相像的两个生灵。没过多少时间,这两个音乐家便变得谁也离不开谁。他们彼此都很信任,一个星期之内就像两个亲兄弟一般。总之,施穆克简直不相信世上竟还会有一个邦斯,邦斯也想不到世上还会有一个施穆克。

对这两个老实人,这番描述恐怕已经足够了,但是,并不是所有的聪明人都欣赏简明扼要的概括。对那些不肯轻信的人们,实在有必要再略做一番说明。

这位钢琴家,像所有钢琴家一样,也是个德国人,如伟大的李斯特和伟大的门德尔松是德国人,施泰贝尔特是德国人,莫扎特和杜塞克是德国人,迈耶是德国人,德勒是德国人,塔尔贝格是德国人,德赖肖克、希勒、利奥波德·梅耶、克拉默、齐默尔曼和卡尔克布雷纳是德国人,又如赫尔兹、沃埃兹、卡尔、沃尔夫、皮克西斯、克拉拉·维克,这一个个也都是德国人一样。施穆克虽说是个大作曲家,但是,一个天才要在音乐上有不凡表现,必须要有胆略,而他的脾性却与这种胆气相斥,所以,他只能当一个演奏家。

许多德国人都不能保持天真的天性,到时便就枯竭了;若上了一定年纪,他们身上还剩有几分天真的话,那么就像人们从河渠中引水一样,那几分天真准是从他们青春的源泉中汲取的;而且他们总是利用这点天真,消除人们对他们的疑惑,为他们在科学、艺术或金钱等各方面获得成功提供便利。在法国,某些狡猾的家伙则以巴黎市侩的愚笨来取代德国人的这种天真。可是,施穆克则完全保留了儿时的天真,就像邦斯无意中在身上保存下了帝政时代的遗迹。这位真正的德国贵人既是演员又是观众,他演奏音乐让自己欣赏。他住在巴黎,就像一只夜莺栖在林中,二十年来一直是独自歌唱,直到遇到了邦斯，发现了另一个他。

邦斯和施穆克一样，他们的内心和天性中都有着德国人表现特别明显的那种神经兮兮的孩子气：比如特别爱花，爱自然效果，迷到把一只只大瓶子插在自己花园里，把眼前的风景微缩成小小的景观来欣赏；又如那种凡事都要探个究竟的脾性，它往往使一个日耳曼学者不惜绑着护腿套，跋涉数百里，去查寻一个事实，可那个事实明明就伏在院子素馨花下的井沿上，拿他当傻瓜讥笑；还如他们对任何微不足道的创造都非要赋予精神意义，因而产生了让-保尔·里克特的那些无法解释的作品，霍夫曼的那些印制成册的胡话，以及德国围绕那些再也简单不过的问题用书修筑的护栏，那些简简单单的问题被钻成不可测知的深渊，可那底下，准是个德国人在作怪。

他们俩都是天主教徒，两人一起去望弥撒，履行宗教义务，而且都和孩子一样，从来没有什么要向忏悔师说的。他们坚定不移地认为，音乐这一天国语言之于思想与感情，就像思想与感情之于说话，他们因此而以音乐进行相互交流，就这方面的问题进行不尽的交谈，就像恋人那样，以向自己表明，心中是充满信念的。

施穆克有多么心不在焉，邦斯也就有多么专注留神。如果说邦斯是个收藏家，那么施穆克就是梦幻家；后者钻研精神之美，前者则抢救物质之美。邦斯细细打量着一只瓷杯想要购买，施穆克则动手擤起鼻涕，想着罗西尼、贝利尼、贝多芬、莫扎特的某一动机，在感情的世界里寻找何处有可能是这一乐句的本源或重复。施穆克操理钱财总是那么漫不经心，而邦斯则因嗜癖染身而大肆挥霍，最终两人都落得个同样的结局：每年的最后一天，钱袋里总是空无一文。

若没有这份友情，邦斯恐怕早已忧郁而死；可一旦有了倾诉衷肠的对象，他的日子也就勉强能过了。他第一次把内心的痛楚往施穆克心中倾倒时，那位善良的德国人便劝他，与其付出那么大的代价到别人家去吃那几顿饭，还不如搬来跟他一起生活，跟他一起吃面包，吃奶酪。可惜邦斯没有勇气对施穆克实说，他这人的心和胃是对头，心受不了的，胃却能感到舒坦，他无论如何得有一顿好饭吃，就像一个风流男子总得有一个情妇……调调情。

施穆克是个地地道道的德国人，不像法国人那样具有快速的观察能力，所以日子长了，他才了解了邦斯，并因此而对他多了几分怜爱。要让友情牢固，最好是两个朋友中的一位自以为比另一位高一等。当施穆克发现他的朋友食欲那么强，不禁喜在心头，直搓双手，要是天使看到他这种表情，恐怕也无可指责。果然，第二天，善良的德国人便亲自去买了好吃的，把午餐办得丰盛些，而且打这之后，每天都想方设法让他的朋友尝到新的东西，因为自从他们结合以后，两人总是在家吃午饭。

千万不要错看了巴黎，想象这两个朋友逃脱了巴黎的讥讽，巴黎可是向来对什么都不留情面的。施穆克和邦斯把他们的财富和苦难全都合在了一起，进而想到要节俭地过日子，两人干脆一起合住，于是便在马莱区僻静的诺曼底街的一座清静的房子里租了一套住房，共同承担房租。由于他们经常一起出门，两人肩并肩地老在那几条大街上走，居民区里那些逛马路的闲人便给他们起了一个绰号：一对榛子钳。有了这个绰号，倒省了我在这儿来描写施穆克的长相了，他之于邦斯，恰如梵蒂冈的那尊著名的尼俄柏慈母像之于立在神殿的维纳斯像。

那幢房子的门房茜博太太是这对榛子钳家庭运作的轴心；不过，她在这两位老人最终遭受的生命悲剧中扮演的角色太重要了，还是等到她出场的时候再对她做一描写为好。

有关这两个老人的心境还有待说明的一点，恰正是最难让一八四七年的百分之九十九的读者理解的东西，其原因恐怕是铁路的修建促使金融有了惊人的大发展。这事情虽然不大，但却很说明问题，因为这可以让人对这两颗心灵过分敏感的境况有个印象。

让我们借用一下铁路的形象加以说明，哪怕算是铁路当初借我们的钱，现在作为偿还吧。今天，当列车在铁轨上飞速行驶时，往往把那些十分细小的沙砾碾得粉碎。要是把这些旅客看不见的细沙尘吹到他们的肾脏里，那他们便会患最可怕的肾结石病，剧痛难忍，最后死亡。那么，对我们这个以列车的速度在铁道上飞驰的社会来说，它根本不经意的那种看不见的沙尘似的东西，那种被不断吹进那两个生灵的纤维组织中的沙尘，无时不在使他们的心脏经受结石病似的侵蚀。

他们俩的心肠特别软，看不得别人痛苦，往往为自己无力救助而悲伤。至于对自己经受的痛苦，他们更是敏感得到了病态的地步。年老也罢，巴黎上演的连续不断的悲剧也罢，都没有使这两颗天真纯洁、年轻的心变硬。他们俩越活下去，内心的痛苦越剧烈。可怜那些贞洁的人，那些冷静的思想家和那些从没有极端行为的真正的诗人，都是如此。

自从这两位老人结合以来，他们做的事情差不多都很相似，渐渐形成了巴黎拉出租马车的马儿特有的那种情同手足的风格。

无论春秋还是冬夏，他们都在早上七点钟光景起床，用完早餐，便分头去他们的学校授课，需要时也互相代课。中午时分，如有排练需要他，邦斯便去他的戏院，其他的空闲时间，他便全用来逛马路。然后，到了晚上，他们俩又在戏院相聚，是邦斯把施穆克安插进戏院的，下面是事情的来龙去脉。

邦斯认识施穆克的时候，刚刚得到了一柄指挥无名作曲家的元帅权杖，一支乐队指挥棒！这个位置他并没有去求，而是当时的大臣博比诺伯爵赐给他这个可怜的音乐家的。原来那个时候，这位七月革命的资产阶级英雄动用了特权，把一家戏院许给了他的一位朋友，这是个暴发户见了脸红的朋友。那一天，伯爵坐马车，在巴黎城碰巧瞥见了他年轻时的一位老相交，看他一副狼狈不堪的样子，身着一件褪得说不清什么颜色的礼服，脚上连鞋套也没有，像是忙着在探几笔大生意做，可惜资本承受不了。

这个朋友原是个跑生意的，名叫戈迪萨尔，以前为博比诺大商行的兴旺出过大力。博比诺虽然封了伯爵，做了贵族院议员，又当了两任部长，可丝毫也没有忘了杰出的戈迪萨尔。不仅没有忘了他，博比诺还要让这个跑生意的添上新的衣装，让他的钱袋也鼓起来；因为政治也好，平民宫廷的虚荣也罢，倒没有让这位老药品杂货商的心变坏。戈迪萨尔是个见了女人发狂的家伙，他求博比诺把当时一家破产的戏院特许给他，大臣把戏院给了他，同时还注意给他派了几位老风流，他们都相当有钱，足以合伙办一家实力强大的戏院，可他们迷的是紧身演出服遮掩的东西。邦斯是博比诺府上的食客，便成了那家许出去的戏院的陪嫁。

戈迪萨尔公司果真发了财,到了一八三四年,还想在大街上实现宏图大略:建一座大众歌剧院。芭蕾舞剧和幻梦剧有音乐,这也就需要一个勉强过得去,并且能作点曲子的乐队指挥。戈迪萨尔公司接替的那个剧院经理部早已到破产的地步,自然雇不起抄谱员。

邦斯于是把施穆克介绍到剧院,做一名专职抄谱员,干这个行当虽然默默无闻,却要求具有真正的音乐知识。施穆克在邦斯的指点之下,和剧院专管乐谱的头目的关系搞得很融洽,所以不必做那些机械性的工作。施穆克和邦斯这两人搭配在一起,效果不凡。施穆克和所有德国人一样,在和声学方面造诣很深,邦斯写了曲子之后,就由他精心做总谱的配器。有那么两三部走红的戏,戏中伴乐的某些新鲜段落很受行家们的欣赏,可他们把这归功于"进步",从来不去理会到底谁是作者。所以,邦斯和施穆克被埋没在了辉煌之中,就像某些人淹死在自己的浴缸里。在巴黎,尤其自一八三〇年以来,谁要是不 quibuscumqueviis[1],用强硬的手腕把众多可怕的竞争对手挤垮,那就出不了头;因此,腰板子要很硬,可这两位朋友心脏长了结石,限制了他们做出任何野心勃勃的举动。

平常,邦斯都在八点钟左右上他那家戏院,好戏一般都在这个时候上,戏的序曲和伴奏需要极其严格的指挥。大部分小剧院在这方面比较宽松;而邦斯在跟经理部的关系上从来都是表现出无所求的态度,所以相当自由。再说,需要时,也有施穆克代他。

---

[1] 拉丁文,意为"想方设法"。

随着时间的推移，施穆克在乐队的地位站住了脚跟。杰出的戈迪萨尔也看出了邦斯这个合作者的价值和用处，只是不明说而已。那时候，得像大剧院一样，他们不得不给乐队添了一架钢琴。钢琴放在乐队指挥台的旁边，施穆克心甘情愿坐上这把临时交椅，义务弹奏钢琴。当大家了解了这个善良的德国人，知道他既没有野心，也没有什么架子，也就被乐队所有的音乐师接受了。经理部以微薄的酬金，又让施穆克负责摆弄街道的那些小剧院见不到但却常又不能少的乐器，诸如钢琴、七弦竖琴、英国小号、大提琴、竖琴、西班牙响板、串铃以及萨克斯人发明的那些乐器。德国人虽说不会要弄自由的伟大器具，但一个个天生都会演奏所有的乐器。

这两位老艺人在剧院极受爱戴，他们在那儿如同哲人，与世无争。他们眼里像是上了一层厚膜，对任何一个剧团都不可避免的弊病视而不见，比如，迫于收入需要，剧院的芭蕾舞团里往往混杂着一帮男女戏剧演员，这种可怕的大杂烩自然会惹出种种麻烦，让经理、编剧和音乐家们大伤脑筋。善良谦逊的邦斯很尊重别人，也很珍重自己，这为他赢得了众人的敬重。再说，在任何阶层，清白的生活，完美无瑕的德行，即使心灵再邪恶的人，也会对它产生某种敬意。

在巴黎，一种美的德行就如一颗大钻石，一个珍奇的宝物一样受欣赏。没有一个演员、一个编剧、一个舞女，哪怕她多么放肆，敢对邦斯或他的朋友耍什么手腕，或开恶毒的笑话。邦斯有时也到演员休息室走走，可施穆克只知道戏院门外通往乐队的那条地下甬道。当善良的德国老人参加某场演出，幕间休息时，他也壮着胆子瞧一瞧剧场里的观众，常向乐队的首席笛手——一个生在斯特拉斯堡但原籍为德国凯尔镇的年轻人,打听那包厢里几乎总是挤得满满的人物为什么那么怪。

施穆克从笛手那儿受到了社会教育,对轻佻美女那传奇般的生活,形形色色的非法的婚姻方式,红角儿的花天酒地,以及剧院引座女郎的非法交易,他那个天真的头脑渐渐地也相信了。在这位可敬的人看来,正是这种罪孽的所谓无伤大雅,最终导致了巴比伦的堕落。他听了总是笑笑,仿佛是天方夜谭。聪明人当然明白,拿句时髦的话说,邦斯和施穆克是受剥削者;不过,他们失去了金钱,但却赢得了敬重,赢得了别人善良的对待。

剧院有一出芭蕾舞剧走红,戈迪萨尔公司转眼间赚了大钱,事后,经理部给邦斯送了一组银质的雕像,说是切利尼[1]的作品,其价值惊人,成了演员休息室里的谈话资料。这套雕像可花了一千二百法郎。可怜的老实人非要把礼物退回去,戈迪萨尔费了多少口舌才让他收下。

"啊!"戈迪萨尔对合伙人说,"要是有可能,就找些他这样的演员来!"

两位老人的共同生活,表面上是那么平静,可却被邦斯染上的那个癖好给搅乱了,他怎么也抵挡不了要到外面去用餐的欲望。因此,每当邦斯在换衣服,而施穆克恰好又在家里,这位善良的德国人就会对这种不好的习惯感叹一番。

"要是吃了能长胖那也行!"他常常这么说。

---

[1] 切利尼(1500—1571),意大利佛罗伦萨金匠、雕刻家,1542年由法国国王批准入了法国籍。

于是，施穆克梦想有个办法，给朋友治好这个害人的恶癖。真正的朋友在精神方面都是相通的，和狗的嗅觉一样灵敏；他们能体会朋友的悲伤，猜到他们悲伤的原因，并总放在心上。

邦斯右手的小拇指上一直戴着一只钻石戒指，这在第一帝国时代是可以的，可到了今天就显得滑稽可笑了，他这人太具行吟诗人的气质，纯粹是法国人的性格，不像施穆克，虽然人丑得可怕，但眉宇之间有股超凡脱俗的安详之气，相貌的丑陋也就不那么显眼了。德国人看到朋友脸上那种忧伤的表情，心里也就明白了，眼下困难越来越多，吃人白食这个行当是越来越混不下去了。确实，到了一八四四年，邦斯能去吃饭的人家为数已经十分有限。可怜的乐队指挥最后只能在亲戚家里跑跑，下面我们就要看到，他对亲戚这个词的含义也用得太广了。

以前获过大奖的邦斯是在布尔道德街上做丝绸生意的富商卡缪佐先生前妻的堂兄弟。邦斯小姐是宫廷刺绣商，赫赫有名的邦斯兄弟之一的独生女，而音乐家邦斯的父母就是这家刺绣行的合伙老板。这家刺绣行是在一七八九年的大革命前设立的，到了一八一五年，由卡缪佐的前妻经手卖给了利维先生。卡缪佐十年前离开了商界，一八四四年当上了厂商总会委员、国会议员。邦斯老人一直受到卡缪佐家的热情接待，所以自以为也是丝绸商后妻生的孩子的舅舅，尽管他们之间根本谈不上有什么亲戚关系。

卡缪佐的后妻是卡尔多家的千金，邦斯以卡缪佐家亲戚的身份又进了人丁兴旺的卡尔多家族，这也是一个资产者家族，通过联姻，形成了整整一个社会，其势力不在卡缪佐家族之下。卡缪佐后妻的兄弟卡尔多是个公证人，他娶了希弗雷维尔家的千金。显赫的希弗雷维尔家族是化学大王，跟药材批发行业有了联姻，而昂塞尔姆·博比诺早就是这个行业的头面人物，大家知道，七月革命又把他抛到了王朝色彩最浓的政治中心。就这样，邦斯跟着卡缪佐和卡尔多进了希弗雷维尔家，接着又闯进了博比诺家，而且始终打着舅舅的招牌。

通过老音乐家上述这些关系的简单介绍，人们便可明白他为何到了一八四四年还能受到亲热的招待：招待他的第一位是博比诺伯爵，法兰西贵族院议员、前任农商部部长；第二位是卡尔多先生，以前做过公证人，现任巴黎某区的区长、众议员；第三位是卡缪佐老先生，众议员、巴黎市议会会员、厂商总会委员，正往贵族院努力；第四位是卡缪佐·德·玛维尔先生，老卡缪佐前妻的儿子，因此是邦斯真正的，也是独一无二的堂外甥。

这个卡缪佐为了跟他父亲以及他后母所生的兄弟有所区别，给自己的姓氏加上了自己那处田产的名字：玛维尔。在一八四四年，他是巴黎国家法院下属的庭长。

老公证人卡尔多后来把自己的女儿嫁给了自己的接班人贝尔迪埃，邦斯作为家庭负担的一部分，自然善于保住在这家吃饭的地位，拿他的话说，这个地位可是经过公证的。

这个资产者的天地，就是邦斯所谓的亲戚，他在这些人家极其勉强地保留了用餐的权利。

在这十个人家中，艺术家理应受到最好招待的是卡缪佐庭长家，邦斯对这家也最最尽心。可不幸的是，庭长夫人，路易十八和查理十世的执达官、已故蒂利翁大人家的这个千金，从来就没有好好待过她丈夫的舅舅。邦斯千方百计想感化这个可怕的亲戚，为此花了不少时间免费给卡缪佐小姐上课，可他实在没有办法把这个头发有点发红的姑娘培养成音乐家。

而此时，邦斯用手护着珍贵的东西，正是朝当庭长的外甥家走去，每次一进外甥的家，他总觉得像置身于杜伊勒利宫，那庄严的绿色帷幔、淡褐色的墙饰、机织的割绒地毯，以及严肃的家具，使整座房子散发着再严厉不过的法官气息，对他的心理有着巨大的压力。

可奇怪的是，他在巴斯杜朗巴尔街的博比诺府上却感到很自在，恐怕是因为摆在屋里那些艺术品的缘故；原来这位前部长进入政界之后，便染上了收藏美妙东西的癖好，也许这是为了跟政治抗衡，因为政治总是在暗中搜罗最丑陋的股份。

第四章　收藏家的千种乐趣之一

　　德·玛维尔庭长家住汉诺威街，那幢房子是庭长夫人在十年前，她的父母蒂利翁夫妇过世后买的，二老给女儿留下近十五万法郎的积蓄。

　　房子朝街道的一面，外表相当阴暗，正面朝北，可靠院子的一边朝南，紧挨院子，有一座相当漂亮的花园。法官占了整个二层，在路易十五时代，这层楼上曾住过当时最有势力的金融家。第三层租给了一位富有的老太太，整幢住房看去显得恬静、体面，与法官身份恰好相配。德·玛维尔那份丰厚的田产还包括一座城堡，那是一处壮丽的古迹，如今在诺曼底还能见到，还有一个很好的农场，每年收入一万两千法郎，当初置这处田产时，法官动用了二十年的积蓄，以及母亲的遗产。城堡周围，是一大片地，足有一百公顷。这么大的规模，如今可说是王侯派头，每年要耗费掉庭长一千埃居，因此整个田产差不多只能有九千法郎的净收入。这九千法郎，再加上他的俸禄，庭长差不多有二万法郎的进项，这看去还是相当可观的，尤其是他还可望得到父亲遗产中理应属于他的那一半，因为他母亲就生了他一个；可是，在巴黎生活，再加上他们的地位，不能有失体面，所以德·玛维尔夫妇差不多要花掉所有的收入。直到一八三四年，他们生活都比较拮据。

德·玛维尔小姐已经二十三岁，尽管有十万法郎的陪嫁，而且还经常巧妙地暗示将来可望得到诱人的遗产，但也枉然，至今还没嫁出去，其原因，上面算的那笔账就可说明。五年来，邦斯舅舅老听庭长夫人抱怨，她看着所有的代理法官一个个都结了婚，法院来的新推事也都做了父亲，虽然她在年轻的博比诺子爵面前曾一再炫耀德·玛维尔小姐将来少不了会有份遗产，可也毫无结果，子爵几乎毫不动心。这位子爵就是药材界巨头博比诺的长子，拿伦巴弟居民区那些嫉妒的人的话说，当年闹七月革命，好处尽让博比诺得了，至少与波旁王族的第二分支得的好处不相上下。

邦斯走到舒瓦瑟尔街，准备拐进汉诺威街时，一种莫名的惶恐感觉陡然而起，这种感觉往往折磨着纯洁的心灵，给他们造成巨大痛苦，就像是恶贯满盈的歹徒见到宪兵似的，可追其原因，只不过是邦斯拿不准庭长夫人该会怎么接待他。那颗撕裂了他心脏纤维的沙砾从来就没有给磨平过；相反，那棱角变得越来越尖，这家的下人也在不断猛扎那些尖刺。由于卡缪佐他们不怎么把邦斯舅舅放在眼里，邦斯在他们家越来越没有位置，这自然影响到他们家的仆人，致使他们也瞧不起邦斯，把他看作穷光蛋之类。

邦斯主要的冤家对头是一个叫玛德莱娜·威维的老姑娘，这人长得又干又瘦，是卡缪佐·德·玛维尔太太和她女儿的贴身女仆。

这个玛德莱娜的皮肤像酒糟的颜色，恐怕正是因为这种酒糟皮色和长得像蟒蛇似的那个长腰身的缘故,她竟然打定主意,要当邦斯太太。玛德莱娜一个劲儿地在老单身汉的眼里炫耀她那两万法郎的积蓄,可枉费心机,邦斯拒绝接受这份酒糟味太浓的幸福。这个狄多[1]似的女仆,想当主人的舅母不成,便处处对可怜的音乐家使坏,手段极其邪恶。每次听到老人上楼梯的声音,玛德莱娜就大声嚷叫,故意让他听到:"啊!吃人家白食的又来了!"若男仆不在,由她侍候用餐的话,她总是给她的受害者杯里倒很少的酒,再掺上很多的水,把杯子斟得快溢出来,使得老人端杯往嘴边送时,十分费劲,生怕把酒给碰泼了。她还常常忘了给老人上菜,存心让庭长夫人提醒她(可那是什么口气!……舅舅听了都脸红!)。要不,她就把调味汁碰洒在他的衣服上。反正这是下级向一个可怜的上司挑起的战争,他们知道是不会受到惩罚的。

玛德莱娜既是贴身女仆,又是管家,自卡缪佐夫妇结婚起,就一直跟随着他们。她见过主人当初在外省时过的穷日子,那时,卡缪佐先生在阿郎松法院当法官;后来,先生当上了芒特法院院长,并于一八二八年来到巴黎,被任命为预审法官,又是玛德莱娜帮他们夫妇俩在巴黎过日子。她跟这个家庭的关系太密切了,自然会有些让她忌恨的事情。庭长夫人生性傲慢,野心勃勃,玛德莱娜想以庭长舅母自居,对她耍弄一番,这种欲望恐怕就隐藏着憋在肚子里的某种怨恨,而那些激起怨恨的小石子足以造成泥石流。

"太太,你们的邦斯先生来了,还是穿着那件斯宾塞!"玛德莱

---

[1] 希腊传说中迦太基著名的建国者,维吉尔在其著作《埃涅阿斯纪》卷四中有记载。

娜向庭长夫人禀报说，"他真该跟我说说，这件衣服保存了二十五年，他到底用的什么方法！"

卡缪佐太太听见大客厅和她的卧室之间的小客厅响起一个男人的脚步声，便看看女儿，肩膀一耸。

"你给我通报得总是那么巧妙，玛德莱娜，弄得我都没有时间考虑该怎么办。"庭长夫人说。

"太太，让山门了，我一个人在家，邦斯一打门铃，我就给他开了门，他跟家里人差不多，他要跟着我进门，我当然不能阻拦他：他现在正在脱他的斯宾塞呢。"

"我可怜的小猫咪，"庭长夫人对女儿说，"我们这下可完了！我们只得在家吃饭了。"看见她心爱的小猫咪那副可怜相，庭长夫人又补充说道："你说，我们该不该彻底摆脱他？"

"啊！可怜的人！"卡缪佐小姐回答说，"让他又少了吃一顿晚饭的地方！"

小客厅响起一个男人的咳嗽声，那是假咳，意思是想说："我在听着你们说话呢。"

"那么，让他进来吧！"卡缪佐太太一抬肩膀，吩咐玛德莱娜说。

"您来得可真早哇，舅公。"塞茜尔·卡缪佐装出可爱的讨喜的样子，"我母亲正准备穿衣服呢，真让我们意外。"

庭长夫人一抬肩膀的动作没有逃过邦斯舅舅的眼睛，他心里受到了极其残酷的一击，连句讨好的话都找不到，只是意味深长地答了一句："你总是这样迷人，我的小外孙女！"

说罢，他朝她母亲转过身，向她致意道："亲爱的外甥女，我比平常来得早一点,您不会见怪吧,您上次要的东西,我给您带来了……"

可怜的邦斯每次管庭长和庭长夫人叫外甥、外甥女时,他们实在受不了,这时,他从上衣的侧口袋里掏出一只雕刻精美,长方形的圣卢西亚木小盒子。

"噢!我都给忘了!"庭长夫人冷冷地说。

这一声"噢"不是太残忍了吗?这不是把这位亲戚的好意贬得一文不值了吗?这个亲戚唯一的过错,不就是穷吗?

"可您真好,舅舅。"她接着说道,"这件小东西,我又该给您很多钱吧?"

这一问在舅舅的心头仿佛引起了一阵惊悸,他本来是想送这件珍宝,来算清过去吃的那些饭钱的。

"我以为您会恩准我送给您的。"他声音激动地说。

"那怎么行!那怎么行呢!"庭长夫人继续说,"可我们之间,用不着客气,我们都很熟了,谁也不会笑话谁,我知道您也不富裕,不该这么破费。您费了那么多神,花那么多时间到处去找,这不已经够难为了吗?"

"我亲爱的外甥女,您要是给这把扇子出足价钱,恐怕您就不会要了。"可怜人经这一激,回击道,"这可是华托的一件杰作,两个扇面都是他亲手画的;可您放心吧,我的外甥女,我出的钱,都不足这把扇子的艺术价值的百分之一呢。"

对一个富翁说"您穷",那无异于对格拉纳达大主教说他的布道毫无价值。庭长夫人对她丈夫的地位,玛维尔的那份田产,以及她自已经常受邀参加宫廷舞会，向来都觉得很了不起，如今一个受她恩惠的穷音乐家，竟然说出这种话，她听了不可能不像触到痛处。

"那些卖您这些东西的人，就都那么笨？……"庭长夫人气呼呼地说。

"巴黎可没有笨的生意人。"邦斯几乎冷冰冰地回答道。

"那就是您很聪明呗。"塞茜尔开口说道，想平息这场争论。

"我的小外孙女，我是很聪明，我识郎克雷、佩特、华托、格勒兹的货；可我更想讨你亲爱的妈妈的欢心。"

德·玛维尔太太既无知，又爱虚荣，她不愿意让人看出她从这个吃白食的手中接受任何礼物，而她的无知恰好帮了她的大忙，她根本没听说过华托的名字。收藏家的自尊心自然是最强的，向来与作家的不相上下，如今邦斯竟敢和外甥媳妇对抗，可见这种自尊心已经强烈到了何种程度，二十年来，邦斯可是第一次有这份胆量。邦斯也为自己这么大胆感到吃惊，连忙显出和悦的样子，拿着那把珍奇的扇子，把扇骨上那雕刻的精美处一一指点给塞茜尔看。但是，要想完全解开这个谜，了解这位老人心底何以如此惶惶不安，有必要对庭长夫人略做一番描写。

德·玛维尔太太本来是矮矮的个子，金黄的头发，长得又胖又滋润，到了四十六岁，个子还是那么矮，可人变得干巴巴的。她的脑门往前凸，嘴巴往里缩，年轻时凭着肤色柔嫩，还有几分点缀，如今那种天性傲慢的神态变了样，像是对什么都厌恶似的。在家里，她绝对霸道，这种习惯使她的面目显得很冷酷，让人见了极不舒服。年纪大了，头发由金黄变成刺眼的栗色。两只眼睛还是那么凶狠逼人，显示出司法界人士的一种傲气和内心憋着的那种妒意。确实，在邦斯常去吃饭的那些资产阶级暴发户中，庭长夫人几乎可以说是穷光蛋。她就不饶恕那个有钱的药材商，以前不过是个商业法庭的庭长，后来竟一步步当上了众议员、部长，封了伯爵，还进了贵族院。她也饶不了她的公公，竟然牺牲自己的长子，在博比诺进贵族院那阵子，让人给封了个区议员。卡缪佐在巴黎当差都十八个年头了，她一直还指望丈夫能爬上最高法院推事的位置，可法院都知道他无能，自然把他排斥在外。一八三四年，卡缪佐终于谋了个庭长职位，可到了一八四四年，司法大臣还后悔当初颁发了这一任命。不过，他们给他的是检察庭的位置，在那里，凭他多年的预审法官经历，还真做了不少判决，出了不少力。

这一次次失意，让德·玛维尔庭长夫人伤透了心，对丈夫的才能也看透了，脾气变得很可怕。她性子本来就暴，这下更是糟糕。她比老太婆还更乖戾，存心那么尖酸、冷酷，就像把铁刷子，让人害怕，别人本不想给她的东西，她非要得到。刻薄到这种极端的地步，她自然就没有什么朋友。不过，她确实很吓人，因为她身边总围着几个她那种模样的老太婆，相互帮腔。可怜的邦斯跟这个女魔王的关系，就像是小学生见了只让戒尺说话的老师。所以，邦斯舅舅突然这么大胆，庭长夫人实在不明白这是什么原因，因为她不知道这份礼物的价值。

"您从哪儿找到这个的？"塞茜尔仔细看着那件珍宝，问道。

"在拉普街一家古董铺里，是古董商不久前刚从德勒附近奥尔纳拆掉的那座城堡里弄到的，从前梅纳尔城堡还没有盖起来的时候，蓬巴杜夫人曾在那儿住过几次；人们抢救了城堡里那些最华美的木器，真是美极了，连我们那个大名鼎鼎的木雕家利埃纳尔也留下了两个椭圆框架作模型，当作艺术之最。那里有的是宝贝。这把扇子是我的那位古董商在一张细木镶嵌的叠橱式写字台里找到的，那张写字台，我真想买下来，要是我收藏这类木器的话；可哪能买得起……一件里兹内尔的家具值三四千法郎！在巴黎，人们已经开始认识到，十六、十七和十八世纪的那些赫赫有名的德法细木镶嵌大家制作的木器，简直就是一幅幅真正的图画。收藏家的功绩在于首开风气。告诉你们吧，我二十年来收藏的那些弗兰肯塔尔瓷品，要不了五年，在巴黎就有人会出比塞夫尔的软瓷器贵两倍的价钱。"

"弗兰肯塔尔是什么呀？"塞茜尔问。

"是巴拉丁选侯瓷窑的名字；它比我们的塞夫尔窑历史还悠久，就像著名的海德堡公园一样，不幸比我们的凡尔赛公园更古老，被蒂雷纳[1]给毁了。塞夫尔窑模仿了弗兰肯塔尔窑很多地方……真该还给德国人一个公道，他们早在我们之前就已经在萨克斯和巴拉丁两个领地造出了了不起的东西。"

母亲和女儿面面相觑，仿佛邦斯在跟她们讲中国话，谁也想象不出巴黎人有多么无知和狭隘；他们就知道一点别人教的东西，而且只有他们想学点什么的时候，才能记住。

"您凭什么辨得出弗兰肯塔尔瓷器呢？"

"凭标记！"邦斯兴奋地说，"所有那些迷人的杰作都有标记。弗

1　法国元帅，1673年率兵摧毁了海德堡公园的一部分。

兰肯塔尔瓷器都标有一个 C 字和一个 T 字 (是 Charles-Theodore 的缩写),两个字母交叉在一起,上面有一顶选侯冠冕为记。老萨克斯瓷品以两柄剑为标记,编号是描金的。万塞纳陶瓷则标有号角图案。维也纳瓷器标着 V 字样,中间一横,呈封闭型。柏林瓷器是两道横杠。美茵茨瓷器标着车轮。塞夫尔瓷器为两个 LL,为王后定烧的标着 A 字,代表安托瓦内特[1],上面还有个王冠。在十八世纪,欧洲的各国君主在瓷器制造方面相互竞争,谁都在挖对手的烧瓷行家。华托为德雷斯顿瓷窑绘过餐具,他绘的那些瓷品现在价格惊人(可得会识货,如今德雷斯顿瓷窑可在出仿制品、冒牌货)。那时造的东西可真妙极了,现在是再也做不出来了⋯⋯"

"是吗?"

"是的,外甥女!有的细木镶嵌家具,有的瓷器,现在是再也做不出来了,就像再也画不出拉斐尔、提香、伦勃朗、冯·艾克、克拉纳赫的画!⋯⋯呃,中国人都很灵活,很细巧,他们今天也在仿制所谓御窑的精美瓷品⋯⋯可两只古御窑烧出来的大尺寸花瓶要值八千、八千、一万法郎,而一件现代的复制品只值两百法郎!"

"您在开玩笑吧!"

"外甥女,这些价格让您听了吃惊,可根本算不了什么。一整套十二客用的塞夫尔软质餐具,还不是瓷的,要价十万法郎,而且还是发票价格。这样一套东西到一七五〇年在塞夫尔卖到五万利弗尔。我见过原始发票。"

---

1 法国国王路易十六之妻,死于断头台上。

"还是说说这把扇子吧。"塞茜尔说,她觉得这件宝贝太旧了。

"您知道,自您亲爱的妈妈抬举我,问我要一把扇子以后,我便四处寻找。我跑遍了巴黎所有的古董铺,也没有发现一把漂亮的;因为我想为亲爱的庭长夫人弄一件珍品,我想把玛丽·安托瓦内特的扇子弄到给她,那可是所有名扇中最美的。可昨天,看到这件神品,我简直被迷住了,那准是路易十五定做的。拉普街那个奥弗涅人是卖铜器、铁器和描金家具的,可我怎么到了他那儿去找扇子的呢?我呀,我相信艺术品通人性,它们认识艺术鉴赏家,会召唤他们,朝他们打招呼:'喂!喂!……'"

庭长夫人瞧了女儿一眼,耸耸肩,邦斯未能发觉这个快速的动作。

"我可了解他们,那些贪心的家伙!'莫尼斯特洛尔老爹,有什么新东西吗?有没有门头饰板什么的?'我开口便问那古董商,每次收集到什么东西,他总是在卖给大商人之前让我先瞧瞧。经我这一问,莫尼斯特洛尔便跟我聊开了,说起利埃纳尔如何在德勒的小教堂替国家雕刻了一些很精美的东西,又如何在奥尔纳城堡拍卖时,从那些只盯着瓷器和镶嵌家具的巴黎商人手中抢救了一些木雕。'我没有什么了不起的东西,'他对我说,'可凭这件东西,我的旅费就可以挣回来了。'说着,他让我看那张叠橱式写字台,真是绝了!那分明是布歇的画,给嵌木细工表现得妙不可言!……让人拜倒在它们面前!'噢,先生,'他对我说,'我刚刚从一只小抽屉里找到了这把扇子,抽屉是锁着的,没有钥匙,是我硬撬开的!您一定会问我这把扇子我能卖给谁呢……'说着,他拿出了这只圣卢西亚木雕的小盒子。

　　'瞧！这扇子是蓬巴杜式的，与华丽的哥特体相仿。''啊！'我对他说，'这盒子真漂亮，我看这挺合适！至于扇子，莫尼斯特洛尔老爹，我可没有邦斯太太，可以送她这件老古董；再说，现在都在做新的，也都很漂亮。如今画这种扇面的，手法高妙，价格也便宜。您知道现在巴黎有两千个画家呢！'说罢，我不经意地打开扇子，抑制住内心的赞叹，表情冷淡地看了看扇面上的两幅画，画得是那么洒脱，真妙不可言。我拿的是蓬巴杜夫人的扇子！华托为画这把扇子肯定费尽了心血！'写字台您要多少钱？''噢！一千法郎，已经有人给我出过这个价！'我于是给扇子报了个价钱，相当于他旅行需要的费用。我们俩瞪着眼睛相互看着，我发现我已经拿住这个人了。我遂把扇子放进盒子，不让奥弗涅人再去细瞧；对盒子的做工，我一副看得入神的样子，那可真是一件珍宝。'我买这把扇子，'我对莫尼斯特洛尔说，'那是因为这盒子，您知道，是它让我动了心。至于这张叠橱式写字台，远不止一千法郎，您瞧瞧这铜镶嵌得多细！简直是样品……可以好好利用一下……这可不是复制的，独一无二，是专为蓬巴杜夫人做的……'我那个家伙只顾得为他那张写字台兴奋，忘了扇子，再加上我又给他点出了那件里兹内尔家具的妙处，作为报答，他几乎把扇子白送给了我。事情经过就是这样！不过，要做成这种买卖，得要有经验才行！那简直是在斗眼力，犹太人或奥弗涅人的眼力可厉害啦！"

　　老艺术家谈起他如何以自己的计谋战胜了古董商的无知，那种精彩的神态，那股兴奋的劲头，完全可成为荷兰画家笔下的模特儿，可对庭长夫人和她的女儿来说，那全都白搭，她们俩交流着冷漠而又傲慢的眼神，像是在说：

"真是个怪物……"

"您就觉得这事这么有趣？"庭长夫人问。

这一问，邦斯的心全凉了，他真恨不得揍庭长夫人一顿。

"我亲爱的外甥媳妇，"他继续说，"寻宝物，这可是像打猎！要跟对手面对面地斗，可他们护着猎物不放！那就得斗智了！一件宝物到了诺曼底人、犹太人或奥弗涅人手中，那就像是童话里的公主被妖魔给守住了！"

"那您怎么知道那就是华……您说华什么来着？"

"华托！我的外甥媳妇，他是十八世纪法国最伟大的画家之一！瞧，您没看见这手迹？"他指着扇面的一幅田园画面说，那画的是一群伪装的农女和贵人装扮的牧羊人跳圆舞的场面，"多么欢快！多么热烈！多棒的色彩！真是一气呵成！像是书法大师的签名，感觉不到丝毫雕琢的痕迹！再看另一面，是在沙龙里跳舞的场面！是冬春结合！多妙的装饰！保存得多好啊！您瞧，扇环是金的，两头还各饰一颗小红宝石，我把上面的积垢剔干净了。"

"要是这样，舅舅，我就不能接受您如此贵重的礼品了。您还是拿去赚钱吧。"庭长夫人说道，可她巴不得留下这把华美的扇子。

"邪恶手中物早该回到德善之手了！"老人恢复了镇静，说道，"要经历百年才能实现这个奇迹。请相信，即使在宫里，也没有哪个公主会有跟这件宝物相媲美的东西；因为很不幸，人类就惯于为蓬巴杜夫人之流卖力，而不愿为一位德高望重的皇后效劳！"

"那我就收下了。"庭长夫人笑着说,"塞茜尔,我的小天使,快去看看,让玛德莱娜备好饭,别亏待了舅公……"

庭长夫人想把这笔账一笔勾销。她如此大声地吩咐,实在有别于正常的礼节礼貌,听去仿佛是结账之后再赐给几个小钱,邦斯脸霍地红了,像个做了错事当场被人逮住的小姑娘。这颗沙砾未免太大了些,在邦斯心里翻滚了一阵。棕红头发的塞茜尔,虽然年轻,但一举一动都好卖弄,既摆出庭长的那种法官式的威严,又透出母亲的那种冷酷,她一走了之,抛下可怜的邦斯去对付可怕的庭长夫人。

贝姨

导读

　　世界公认的巴尔扎克研究专家、前苏联的奥勃洛米耶夫斯基认为，在巴尔扎克十九世纪四十年代的作品中，《贝姨》应该作为最优秀的长篇小说之一受到重视。这部小说于一八四六年动笔，同年十、十一、十二月发表在《宪政报》上，一八四七年至一八四八年间出过单行本，一八四八年被收入《人间喜剧》第十七卷《巴黎生活场景》。

　　小说《贝姨》围绕于洛·德·埃尔维男爵一家的命运展开。小说的主要人物贝姨感叹上帝不公，从小就在心底埋下了复仇的种子。其性格十分复杂，善良的外表与仇恨的内心在她身上形成了鲜明的对照。她对克勒维尔那种会心的微笑，给玛纳弗太太出谋划策的那份殷勤，对艺术家万赛斯拉斯近乎母性的爱（虽然十分霸道），对于洛元帅的百般照顾，无不是为她最终复仇做一种铺垫。然而，可悲的是，眼看着自己的元帅夫人梦就要实现的时刻，铁杆的共和派、拿破仑的一代骁将于洛元帅却因胞弟的丑闻暴露而自杀，最后贝姨一病不起，撒手人寰。贝姨梦想的破灭，在某种意义上，是她精心编织的一个复仇网在整个资产阶级社会的现存秩序中的毁灭。

本选集选取了该作品开篇的八章。小说以生动而深刻的笔触,描写了于洛·德·埃尔维男爵一家所遭遇的悲剧,其中交织着情欲、贪欲、仇恨和腐朽。

情归何处

一八三八年七月的月中，一辆四轮双座轻便马车行驶在大学街，这种车子是新近在巴黎街头时兴的，人称"爵爷车"，车子载着一位男子，此人中等个子，身体肥胖，身着国民自卫军上尉军服。

都说巴黎人风雅至极，可他们中竟还有人以为身着军装比便服要神气得多，心想女人们趣味都相当怪，一见到高顶饰羽军帽和一身戎装，准会为之心动，顿生好感。

这位第二军团上尉的脸上，流露出一副志满意得的神态，红通通的肤色和胖乎乎的脸膛愈发显得神采奕奕。仅靠做买卖发的财投在歇业老板额头上的那圈金光，人们便可猜到这准是个巴黎飞黄腾达的红人，至少当过本区的区长助理。不用说，在他像普鲁士人般傲然高挺的胸间，自然少不了荣誉勋位的那条绶带。

这位身佩勋饰的男子傲气十足地坐在爵爷车的一角，朝行人投去游离的目光，在巴黎，行人们常能捡到可人的媚笑，可那是献给不在身旁的美人儿的。

爵爷车行至贝尔夏斯街和布尔高涅街中间的一段，停在一座大宅前，这座房子是在一家旧府邸的院子里新建的。旧府邸附有花园，原初的布局丝毫未动，坐落在被占去了一半的院子深处。

单凭上尉下车时受车夫伺候的模样，一眼便可看出此人已经年过半百。明显笨手笨脚的举止就像出生证一样，泄露了人的年龄。

上尉又把黄手套戴上右手，没有向门房打听一声，便径自朝府邸底层的台阶走去，那神气仿佛在说："她是我的！"

巴黎的门房都有非凡的眼力，只要是佩戴勋饰、身着蓝色制服、步履沉稳的人，他们从不阻挡；反正，凡是有钱人，他们都辨认得出。

府邸的整个底层住着于洛·德·埃尔维男爵老爷一家，在共和时代，男爵曾任军费审核官，也当过军需总监，如今是陆军部一个最重要的部门的头儿，又是国务参事，获得荣誉团二等勋位……

于洛男爵以自己的出生地德·埃尔维为姓氏，以示与他兄弟的区别，其兄是赫赫有名的于洛将军，曾任帝国禁卫军掷弹兵上校，一八〇九年那场战役后，被皇帝封为德·福兹海姆伯爵。

后被封为伯爵的长兄有义务照顾弟弟，他似父亲一般存有远虑，早早将其弟安插进一个军事机构，由于兄弟俩共同效力，最终男爵得到了拿破仑皇上的恩宠，不过，他对此也问心无愧。早在一八〇七年，于洛男爵便当上了远征西班牙大军的军需总监。

国民自卫军上尉按过门铃，身上的制服被鼓得像只梨子似的大肚子绷扯得前翻后卷，他费尽力气，想把衣服整理服帖。一个身着号衣的仆人一见到他，立即请他入府，于是，这位神气活现、威风凛凛的男子便随着仆人往里走，仆人一边打开客厅大门，一边通报道："克勒维尔先生到!"

这名字跟主人的模样实在般配,令人叫绝。[1]一听到这个名字,一个高身材、金头发、保养有方的女子像是受了电击一般,猛地站起身来。

"奥丹丝,我的小天使,跟你的贝姨到花园去吧。"那女子急忙朝在她身旁几步远的地方刺绣的女儿说道。

奥丹丝·于洛小姐仪态优雅地给上尉行了礼,领着一个干瘪瘪的老姑娘从落地窗走出客厅,老姑娘看上去比男爵夫人还苍老,虽说实际年龄要小五岁。

"事关你的婚姻大事。"贝姨凑近小外甥女奥丹丝的耳朵说道,看她的样子,对男爵夫人刚才根本不把她当一回事,随便把她们俩打发出门,好像并不生气。

贝姨的穿着,也许可以说明她何以受到如此随意的对待。

老姑娘身着一条美利奴羊毛裙,裙子呈科林斯葡萄干的颜色,老掉牙的款式和镶绦都是王政时代的,一条绣花布领恐怕只值三个法郎,一顶缝着蓝缎结的草帽,四周镶着草绳,在中央菜市场卖菜女的头顶也常可看到。一双山羊皮鞋,看那式样,准是出自末流的皮匠之手,一个外人见了确实会有顾虑,不敢把贝姨当作主人的亲眷给她行礼,因为她活脱脱一个做散活的女裁缝模样。不过,老姑娘出门时,还是很亲热地跟克勒维尔先生打了个招呼,克勒维尔先生会心地点了点头。

---

[1] 克勒维尔的法文为"Crevel",与"creve"音相近,"creve"有"胖得要命"的意思。

"费希小姐，您明天一定会来的，是吧?"他问道。

"府上没有别的客人?"贝姨反问了一声。

"就我的几个孩子，还有您。"克勒维尔先生答道。

"好，我一定去。"她回话说。

"行了，太太，现在听您吩咐。"自卫军上尉又给于洛男爵夫人行了个礼，说道。

说罢，他朝于洛太太瞟了一眼，活像伪君子塔丢夫朝爱弥尔飞去的眼风，在普瓦提埃或吉坦斯城，外省的戏子演这个角色时，总觉得非这样瞟一眼，才能表现出角色的内心。

"请跟我来，先生，在那儿谈事比在客厅要方便得多。"于洛太太一边指了指隔壁的房间，一边说道，按房子的布局，那准是间打牌用的小客厅。

大小客厅只隔了薄薄的一层板壁，小客厅的窗户正对花园。于洛太太让克勒维尔先生稍等片刻，觉得应该先把小客厅的门和窗户关严，以免有人在那儿听到什么。她甚至还多了个心眼，把大客厅的落地窗也关上了，一边朝女儿和贝姨望了望，只见她们俩一起坐在花园深处的一座旧亭子里。她走回小客厅，顺手把小客厅的门打开，这样，若有人进来，可以听见大客厅开门的声响。

男爵夫人就这样出出进进，没有旁人留意她，任自己的整个心思都挂在脸上；若有人看见她这副焦躁不安的样子，恐怕会大吃一惊。不过，当她关上大客厅的门回打牌用的小客厅时，脸上马上蒙起一道持重的面纱，显得神秘莫测，凡是女人，哪怕是最直露的，好像随时都可换上这副面孔。

男爵夫人就这样忙乱了一番，至少让人觉得有点奇怪，国民自卫军上尉独自待在小客厅里，打量着里面的陈设。

丝绸窗帘原本是红色的，给阳光照得已经发紫，窗帘用的年代已经很久，连褶裥都磨破了；一块地毯褪得不见了颜色；几件家具金漆剥落，上面铺的大理石花纹丝绸面子污迹斑斑，有的地方也已磨得一丝一丝。一看到这一切，上尉那张发迹的老板庸俗乏味的脸遂不加掩饰地流露出高傲、自得，继又充满希望的神色。

一个帝政时代式样的座钟上方有面镜子，上尉照着镜子，着实自我端详了一番，这时，传来一阵丝裙的窸窣声，向他通报男爵夫人就要进门。

他连忙摆好了姿态。

男爵夫人进屋坐在了一张双人沙发上，沙发小巧玲珑，在一八〇九年那阵子，当然还是很漂亮的，她指了指一把椅子，让克勒维尔坐下，椅子的扶手尽头饰着斯芬克斯头像，上面青铜色的油漆一块块剥落，有的地方已经露出了里面的白木。

"太太，您这样小心提防，像是个好兆头，是在接待……"

"接待情人。"男爵夫人张口打断了自卫军上尉的话。

"这个词还不够劲。"他说道，一边把右手放在心口，转动着两只眼睛，这副表情，要是哪位女人冷眼看了，十有八九会见笑的。"情人！情人！说的是神魂颠倒的情人吧？"

两亲家

"听着，"克勒维尔先生男爵夫人正经有余，哪能笑得出声，她继续说道，"您今年五十，比于洛先生小十岁，这我知道；可到了我这个年纪，一个女人再要发疯，总得有点理由，比如对方英俊、年轻、有名望、有功绩，有点什么辉煌的东西，能一时迷住了我们，让我们忘了一切，甚至记不得自己有多大年纪。虽然您每年都有五万利弗尔的入账，可您的年纪把您的财富给抵消了；说到底，一个女人要求有的，您可是一件也没有……"

"可爱情呢？"自卫军上尉站起身子，走上前去说道，"爱得都……"

"不，先生，那是一厢情愿！"男爵夫人连忙打断了他的话，想结束这个荒唐的场面。

"对，是一厢情愿，也是爱，"他继续说道，"不过，也有更强的东西，我有权利……"

"权利？"于洛太太嚷了起来，一脸鄙夷、蔑视、愤慨的神态。"哼，这种口气，我们永远也没个完，"她继续说道，"我让您到这儿来,可不是为了谈过去的那件事,想当年,尽管我们是亲家,为了那事,您可是不得再登我家门的……"

"我以为……"

"又来了!"她说道,"先生,什么情人,什么爱情,所有那些对一个女人来说再也麻烦不过的事情,您看我提起时那副轻松、超脱的样子,难道就不明白我是真个儿铁了心,永远做一个守德的女人吗?我什么也不怕,我关着门,跟您在一起,也不在乎别人怀疑什么。这种操行,难道一个软弱女子会有吗?您完全清楚我为什么请您来!……"

"不,太太。"克勒维尔摆出一副冷冷的面孔,答道。

他抿紧了嘴唇,摆好了平常的姿势。

"那好!我说几句话就完,免得我们俩都遭罪。"于洛男爵夫人看着克勒维尔说。

克勒维尔行了个礼,充满了讽刺意味,要是内行看了,准能认出那是一个旧跑街的姿态。

"我们家的儿子娶了你们家的女儿……"

"要是能反悔就好了!……"克勒维尔说。

"这门亲事放在现在,恐怕就办不成了。"男爵夫人接过话说道,"不过,您也没有什么好抱怨的。我儿子不仅是巴黎一个第一流的律师,而且一年前还当上了议员,在国民议会的头儿开得相当精彩,可以推测,不久就可当个部长。维克托朗已经先后两次被任命为重要法案的报告人,若他愿意,现在就可当上高等法院的代理检察长。要是您还跟我说什么您女婿一没有财产……"

"一个我不得不接济的女婿,"克勒维尔说道,"这在我看来更糟糕,夫人。给我女儿的五十万法郎的陪嫁中,有二十万已经没了,天知道都用到哪儿去了!……拿去还您公子的债了,花钱把屋子装修成那种怪样子,一座房子花了五十万法郎,可一年勉强只有一万五千法郎的收入,因为屋子最漂亮的那部分他留着自己住了,如今还欠二十六万……收入差不多只能抵销债务的利息。今年,我已经给了我女儿两万法郎,好让她把日子将就着过下去。至于我女婿,据说他在法院有三万法郎的收入,可他却要为国会而看轻法院……"

"这嘛,克勒维尔先生,又是节外生枝,跟我们谈的话题扯远了。不过,还是把话说完吧,要是我儿子当上部长,授给您荣誉团二级勋位,任命您为巴黎市参议员,您这个原来做化妆品生意的,该不会再有什么抱怨的吧……"

"啊!说到这事,太太。我是个卖杂货的,开过铺子,卖过杏仁膏、葡萄牙香水,还有头油,别人肯定会觉得我很荣幸,能给我的独生女攀上于洛·德·埃尔维男爵老爷的公子,我女儿日后可是男爵夫人呀。这可是摄政王,是路易十五,是王家的派头!好极了……我喜欢塞莱斯蒂娜,对独养女,谁都是这样喜欢的,我太喜欢她了,都没有想给她添一个兄弟姐妹,在巴黎,鳏居可不容易(而且还正当壮年,太太),那苦头我也忍了,可是,您要清楚,尽管我对女儿爱得发疯,我也决不会为您儿子动我的财产,在我这个以前做过买卖的人看来,他的花销可是不明不白……"

"先生,此时在商业部,您就能见到博比诺先生,那个原来在隆巴尔街开药铺的。"

"那是我朋友，太太！……"歇业的化妆品商说道，"因为本人，塞莱斯坦·克勒维尔，曾是塞撒·比洛托老爹的大伙计，我后来买下了比洛托的整个营业资产，那人就是博比诺的岳父，当时博比诺在店里是个普通伙计，这事还是他跟我说起的，他这个人呀（得说句公道话），对那些办事规矩，每年有六十万法郎进账的人，并不是那么傲气十足。"

"哎呀！先生，您刚才说什么摄政王派头，用这个词形容的观念已经不入时了吧？如今可是以个人的价值来论人的。您当初把女儿嫁给我儿子，走的就是这一着……"

"您才不知道那门亲事是怎么定下的！……"克勒维尔高声道，"啊！该死的单身汉生活！要不是我一时越了轨，我的塞莱斯蒂娜如今早是博比诺子爵夫人了！"

"不过，我再说一遍，早就成了的事，我们就别再挑剔了。"男爵夫人口气坚决地说，"还是谈谈您干的缺德事吧，您不近人情把我给气死了。我女儿奥丹丝的婚事本来能成的，那完全取决于您，我一直以为您这人宽宏大量，对一个心里头只挂念着她丈夫的女人，我想您一定会公正对待。一个有可能损害她名誉的男人，她实在不能接待，她不得不这样做，我想您也会明白，我还以为看在亲家的分上，您会热心地促成奥丹丝跟勒巴参议员的婚事……而您呢，先生，您却存心毁了这门亲事……"

"太太，"老化妆品商回答道，"我那样做，纯粹是个正派人。他们来向我打听，问准备给奥丹丝小姐的二十万法郎陪嫁会不会兑现。

我回答的原话是这样的：'我不能担保。于洛家让我女婿出那笔嫁妆，可他自己都背了一身债，我觉得要是于洛·德·埃尔维先生明天离世，他的寡妇就没有吃的了。'就这话，美丽的夫人。"

"要是我为了您而失了妇道，先生，您还会说那种话吗？……"于洛太太双眼紧盯着克勒维尔，问道。

"那我也许就没有权利那样说了，亲爱的阿德丽娜，"怪里怪气的情人打断了男爵夫人的话，高声说道，"因为那样一来，就能在我的钱袋里得到那份陪嫁了……"

肥胖的克勒维尔话必有据，他说着跪倒在地，亲吻了于洛太太的手，见她默不作声，还以为她心里犹豫不决呢，可这是被他那番话气的。

"为了买我女儿的幸福，代价是……啊！起来，先生，要不我按铃了。"

老化妆品商费了很大劲才站起身。这种场面使他怒火中烧，他连忙又摆好了架势。凡是男人，大都会拿架子，自以为可以借此突出自然赋予他们的各种优势。克勒维尔的所谓架势，就是像拿破仑那样双臂一叉，脑袋侧过四分之三，如画家给拿破仑画像时安排的那样，把目光投向天边。

"守德，"他装出很气愤的样子，说道，"守德，为了一个放荡的……"

"是为了丈夫，先生，一个值得我这样做的丈夫。"于洛太太连忙打断克勒维尔的话，不让他把那个她不愿听到的词说出口。

"听着，太太，您写信让我来，您想要知道我那样做到底是为了什么,看您这副皇后的神气,这副傲慢,蔑……蔑视的架子,把我逼得无路可走!莫不是说我是个黑鬼吧?我再给您说一遍,请相信我,我有权向您……向您求爱……因为……噢,不,我太爱您了,不能不说……"

"说吧,先生,再过几天我就四十八岁了,我还不至于傻到假正经的地步,什么话我都可以听……"

"那么,您能否以您作为一个正派女人的名义来保证……唉,对我来说真不幸,您确实是个正派的女人,您能否保证绝不说出我的名字,说是我告诉您这个秘密?……"

"若这是道出秘密的条件,那我发誓,等会儿您告诉我的,哪怕是天大的事,我也绝不对任何人,包括对我丈夫,说出是从谁那儿听来的。"

"我相信,因为这事关您和他……"

于洛太太脸色刷地发白。

"啊!要是您还爱着于洛,那您就要受苦了!您想我说还是不说?……"

"说吧,先生,因为在您看来,事关重大,是要向我表白您为什么对我说那番离奇的鬼话,又为什么死缠着要折磨一个像我这把年纪的女人,折磨一个只想把女儿嫁出去,就……就可安心死去的女人!"

"您瞧,您是不幸吧……"

"我,先生?"

"对,漂亮而又高贵的人儿啊!"克勒维尔高声道,"你是太苦了……"

"先生，闭嘴，出去！要不就规规矩矩地跟我说话。"

"太太，您知道于洛老爷和我是怎么相识的吗？……是在我们的情妇家，太太。"

"噢！先生……"

"在我们的情妇家，太太。"克勒维尔用夸张的语气又重复了一遍，并变换了他的姿态，用右手打了个手势。

"那好！后来呢，先生？……"男爵夫人说道，口气冷静，令克勒维尔惊讶不已。

用心卑鄙的诱奸小人永远也理解不了伟大的灵魂。

若赛花

"我呀,那时已经当了五年鳏夫,"克勒维尔继续说道,就像是要讲故事一般,"考虑到我所钟爱的女儿的利益,我不想再结婚,当时,我在外面有一位很漂亮的售货女郎,我不愿意在家里有什么瓜葛。于是,我弄了一处备有家具的房子,就像人们所说的,供养了一个小女工,只有十五岁,长得美丽极了,简直是个奇迹,得承认,我爱她爱得像丢了魂似的。后来,太太,我把亲姨(是我母亲的亲姊妹)从老家请了来,让她陪我那个迷人的小精灵一起住,看着她,好让她安于那种,怎么说呢?那种……妙不可言……噢不,那种没有名分的生活,尽可能乖乖的!……小精灵明显有音乐天赋,先后请了几位教师,接受教育(也得让她有事忙呀!)。再说,我想同时做她的父亲和恩人,也当,就明说了吧,也当她的情人;反正是一举两得,既做了好事,也得了个好朋友。我就这样过了五年的幸福日子。小精灵天生有副好嗓音,那简直可以让一家戏院发财。我无法形容她,除了说她是女儿身的杜普雷[1]。仅仅为了让她发挥歌唱家的天赋,每年就花了我两千法郎。她弄得我迷上了音乐,我在意大利人大戏院给她和我女儿租了个包厢。我每天都去,一天跟塞莱斯蒂娜,一天陪若赛花。"

"怎么,就是那个走红的女歌唱家?……"

"是的,太太,"克勒维尔骄傲地说,"那个了不起的若赛花的一切全靠了我……后来到了一八三四年,小精灵满二十岁,我以为已经永远拴住了她的心,对她我也实在太宠爱了,我想让她开开心,让她出门去会一个漂亮的女戏子,那小姑娘叫贞妮·凯迪娜,命运跟若赛花有些相似。那个女戏子的一切也都是亏了一个靠山,是那靠山一点点栽培了她。那靠山就是于洛男爵。"

"这我知道,先生。"男爵夫人说道,声音平静,没有丝毫变化。

"啊!咳!"克勒维尔愈发惊讶,嚷叫道,"好!可您知道贞妮·凯迪娜才十三岁,您那个魔鬼男人就养了她?"

"噢!先生,后来呢?"男爵夫人问道。

"贞妮·凯迪娜跟若赛花结识那一年,"老化妆品商继续说道,"她们俩都是二十岁,早在一八二六年,男爵就玩起了路易十五跟德·洛曼小姐玩的角色,那个时候,您比现在可要年轻十二岁……"

"先生,我自有理由让于洛先生自由。"

"这种谎话,太太,它无疑足够把您犯过的罪孽一笔勾销,给您打开天堂之门。"克勒维尔反唇相讥,一脸狡猾的神色,男爵夫人顿

---

[1] 杜普雷(1806—1896),法国男高音歌唱家,1837—1847年间是巴黎歌剧院的头牌演员。

时红了脸。"高贵而又可敬的太太,这话跟别人说去吧,可不要骗克勒维尔老爹,您要清楚,他跟您那个恶鬼丈夫花天酒地,四个人一起混的时间可是太多了,不会不知道您的价值所在!一杯酒下肚,他会责备起自己来,跟我细说您的那些美德。噢!我太了解您了:您是个天使。在一个芳龄二十的姑娘和您之间,一个好色之徒会动摇,我可不会犹豫。"

"先生!……"

"好,我不说了……可要知道,崇高的圣女,当丈夫的一旦喝醉了,都会在情妇面前说太太的事,什么都往外抖,笑破她们的肚子。"

几颗羞耻的泪珠从于洛太太美丽的睫毛间流出,国民自卫军军官戛然打住,一时忘了再摆好姿势。

"我再往下讲,"他说道,"多亏我们那两个妖精,男爵和我交上了朋友。男爵和所有色鬼一样,和蔼可亲,真的是个老好人。噢!这个怪家伙,真让我喜欢。不,他鬼心思可不少……算了,过去的事,就别提了……我们成了好兄弟……这个恶鬼,完全是摄政时代的习气,想方设法把我往坏里引,在女人方面,向我宣扬圣西门主义的那一套,灌输一些观念,什么大老爷啦,什么风流啦;可是,您知道,我当时爱着我那个小宝贝,恨不得娶了她,若不怕有孩子的话。我们这两个做爸爸的,又是……那么好的朋友,您说我们怎么不会想结个亲家呢?他家公子跟塞莱斯蒂娜成亲三个月后,于洛(我不知道怎么称呼他,卑鄙的小人!他把我们俩都给骗了,太太!……),哼,那个卑鄙的小人把我的小若赛花给夺走了。当时,贞妮·凯迪娜越来越走红,很招摇,那个混账清楚自己在她心中的位置已被一个年轻的参议员和一个艺术家(真绝!)所取代,于是,偷走了我可怜的小情人,她多漂亮可爱啊!您肯定在意大利人歌剧院见过她,她就是靠那个混账的面子进了那个戏班子。您家男人不如我那么有分寸,我呀,就好比一张五线谱那样,约束着自己(他已经为贞妮·凯迪娜破费了不少,每年差不多要花三万法郎)。噢!您要明白,他为了若赛花,终于弄了个倾家荡产。太太,若赛花是个犹太女子,她姓弥拉伊(实际上是把伊拉弥颠倒过来用),这是个犹太人的标记,以便别人能够辨认,因为她是个弃婴,小时候被丢在德国(据我的调查,证实了她是一个富有的犹太银行主的私生女)。那个戏班子,特别是贞妮·凯迪娜、舍恩兹夫人、玛拉嘉和卡拉比娜之流教给了我的小宝贝对待老头子的那一套,在她身上激起了她的老祖宗希伯来人喜欢金银珠宝,崇拜金犊偶像的本性!在这之前,我一直管束着她,她走的是条规矩的道,而且也不多挥霍。可这个名歌女,后来变得贪得无厌,一心想要富,想很富很富。这样一来,别人为她挥霍的钱,她一个子儿也不乱花。她拿于洛老爷开刀,把他剥个精光,噢!说是剥,那叫刮!那条叫怜虫,跟凯莱家的一个兄弟,还有德·埃斯格里尼翁侯爵斗了一阵,这两个家伙当时都迷着若赛花,且不提那些崇拜她的无名鼠辈了,后来又出了个有钱有势、保护艺术的公爵,眼睁睁地把她夺了去。那个公爵,您叫他什么来着?……一个侏儒?啊!叫德·埃鲁维尔公爵。那个大老爷想一人独霸若赛花,风月场上的人议论纷纷,可男爵却一无所知。他呀,不管是风流事,还是在别的方面,都是这个德性:这种事,情夫和当丈夫的一样,总是最后一个明白。现在,您理解我说的权利了吧?美丽的太太,是您丈夫夺走了我的幸福，夺走了我鳏居以来唯一的欢乐。是的，若不是我倒霉撞上了那个老色鬼，若赛花现在还会在我手里。您知道，我这人是决不会让她进戏班子的，她一辈子会默默无闻，安分守己，只跟着我。噢！要是您八年前见到她，瞧那模样，苗条的身段、活泼的性格、金黄的肤色，就像人们说的美如安达卢西亚女子，乌黑闪亮的头发似锦缎一般，褐色的长睫毛，眼睛闪闪发光，优雅的举止，像个公爵夫人，人虽穷，但朴实，规矩，像头野鹿那样可爱。全怪十洛老爷，她的那些魅力，那份纯洁，全都成了诱狼的陷阱，吞钱的暗窟。小丫头如人们所说，成了淫荡之母。如今，她是满嘴荤腥，可以前她是什么也不开窍，连这个说法也不懂！"

这时，老化妆品商眼里噙着泪水，他抹了抹。这实实在在的痛苦对于洛太太起了作用，她从恍惚中醒了过来。

化妆品商顿起恻隐之心

"唉！太太，人活到五十二岁，能再得到这种宝贝吗？到了这个年纪，爱是要代价的，每年三万法郎，我是通过您丈夫知道这个数目的，至于我，我太爱塞莱斯蒂娜了，不想让她给毁了。您招待我们的第一个晚会上，我一见到您，心里真不明白那个恶鬼于洛怎么还要养一个贞妮·凯迪娜……您的风韵，宛若皇后……那时，您还不到三十岁，太太，"克勒维尔继续说道，"在我眼里，您年轻，又漂亮。说实话，那一天，我整个心都被触动了，我对自己说：'要是我没有若赛花，既然于洛老头把他妻子抛在一边，那她对我来说岂不正合适，就像手套一样合手。'（啊！对不起！这是我过去当生意人时用的比喻。我不时会露出化妆品商人的本性，就是这毛病断了我当议员的念头。）在我们这样两个老怪物之间，朋友的情人应该是神圣的，所以，当我蒙受了男爵如此卑鄙的欺骗之后，我发誓一定要把他妻子夺到手。这叫公道。男爵绝没有什么好说的，我们俩就算扯平了。可是，我刚一开口向您倾诉衷肠，您就把我当作一条癞皮狗，撵出了门。可这一点，您加倍激起了我的爱，要是您愿意，也可以说是一厢情愿,您一定会属于我的。"

"为什么?"

"我不知道,但会的。您要明白,太太,一个做化妆品买卖的(已经不干了!),虽说愚蠢,可脑子里要是只有一个死念头,可比一个有千百个主意的聪明人更厉害。我是迷上您了,而且我那个仇,非在您身上报不可。这就等于我有了双倍的爱。我是铁了心了,跟您敞开心窝说明话吧。就像您对找说:'找绝不会是你的。'我跟您说话,也是一样冷静。反正,像俗话说的,我是把牌明摊在桌上打。是的,您迟早一定会是我的……噢!您即使到了五十岁,也一定会做我的情妇!一定会的,因为我在等着呢,您丈夫什么都做得出来……"

于洛太太朝这个精于算计的老板投去惊骇的目光,那目光直定定的,他以为她疯了,连忙打住话头。

"您这是存心找的,您一点儿也瞧不起我,总跟我作对,我说白了吧!"刚才那几句话实在太毒,他觉得有必要辩白一下。

"噢!我的女儿,我的女儿啊!"男爵夫人喊叫道,听她那声音,就像要死了似的。

"啊!我真的什么也弄不明白了!"克勒维尔继续说道,"把我的若赛花给夺走的那一天,我就像是只被抢走了虎子的母虎……噢,我就像我现在看到您的这副样子。您女儿!对我来说,那可足把您弄到手的一个工具。是的,我存心毁了您女儿的婚事!……您若不要我的帮助,她这一辈子就嫁不出去!不管奥丹丝小姐有多漂亮,她总得有份陪嫁……"

"唉!是呀!"男爵夫人抹了抹眼睛,说道。

"那好！您试一试，向男爵要一万法郎。"克勒维尔又摆好姿态，继续说道。

他停了片刻，就像是个演员刻意一顿。

"要是他有，也只会给若赛花之流的某个女人！"他故意提高了他那男中音，说道，"走上他这条道，会停得下来吗？首先，他是太好色了！（如我们的国王所说，凡事都有个度。）其次，又掺杂有虚荣心！真是个了不起的男人！为了自己作乐，他会把你们都弄到睡草垫的地步。再说，你们已经走上去济贫院的路了。瞧瞧，打从我不踏您家门之后，您客厅里的家具再也没能换过。遮家具的布套上那些镶边，无不在诉说'拮据'两个字。体面人家穷起来，那是最可怕的，见了这没遮盖好的穷家底，哪个女婿会不吓得往外跑？我当过店老板，我很在行。巴黎的商人只要瞧一眼，就能看出真的富还是面子上富……您是没钱了。"他低声说道，"这从什么上都能看得出来，连在您仆人的衣服上也看得出。您要我给您揭开一直瞒着您的可怕的秘密吗？……"

"先生，"于洛太太泪水流得把手绢都要湿透了，说道，"别说了！别说了！"

"唉！我女婿把钱给了他父亲，这就是我开始说您儿子的所谓开销时，想告诉您的。可我一直照看着我女儿的利益……您放心吧。"

"啊！女儿一嫁出去，我就去死！……"可怜的女人完全失去了控制，她这样说道。

"好吧！这就给您出个主意？"克勒维尔问道。

于洛太太看着克勒维尔，双眼充满期待，脸上的表情也跟着变了，仅凭这一转眼间的变化，恐怕也应该使克勒维尔生出一丝恻隐之心，放弃他那荒唐的计划。

如何才能把没有家财但漂亮的女儿嫁出去

"再过十年,您还会很漂亮,"克勒维尔摆好架势继续说道,"只要您对我好,奥丹丝准能嫁出去。我刚才跟您说过,于洛给了我这个交易的权利,没什么好客气的,他也不能生气。三年来,我的资本增了值,因为我虽然放荡,但也是有节制的。除了家产之外,我总共有三十万法郎的进账,全归您……"

"出去,先生,"于洛太太说道,"出去,再也不要在我面前出现。要不是您逼得我非要弄个水落石出,弄清您在奥丹丝的婚事上都干了什么卑劣的勾当……是的,是卑劣……"她见克勒维尔做了个手势,紧接着说道,"不然,怎么会转而对一个可怜的姑娘,一个漂亮无辜的孩子下毒手呢?……要不是做母亲的心头像挨了一刀,非要弄个明白,您今天绝对不可以再跟我说话,再踏进我的家门。一个女人十二年的名分和忠贞,绝不会毁在克勒维尔先生的手下……"

克勒维尔含讥带讽地接过话说道:"鄙人为老化妆品商,塞撒·比洛托的继任,圣奥诺雷街的'玫瑰王后'店老板,前区长助理,国民自卫军上尉,荣誉勋位团骑士勋章得主,跟我的前任绝对一样……"

"先生，"男爵夫人继续说道，"二十年的忠贞不贰之后，于洛先生有可能厌倦他的妻子，这只关我自己的事；可是，先生，您瞧，他对自己的不忠行为掩饰得实在好，因为我一点儿也不知道是他取代了您在若赛花小姐心间的位置……"

"噢！"克勒维尔嚷了起来，"是以金钱为代价，太太……两年来，那只小莺可花了他十万多法郎。啊！您还没到尽头呢……"

"别说这些了，克勒维尔先生，我决不会为了您而放弃一个母亲问心无愧地拥抱孩子时感受到的幸福，放弃家人对我的敬重和爱戴，我要清清白白地把我的灵魂还给上帝……"

"阿门！"克勒维尔说道，一副恶毒而又苦涩的神态，凡是贪色之徒，如在这种场合一再受挫，都会摆出这种神色。"等他到了最后一步，您不知道会吃什么苦头，受辱……名誉扫地……我好心想让您明白，想救您，救您和您女儿！……好吧！浪父这个现代寓言，您可是要从头到尾，一点点尝尽它的苦味。您的泪水和您的自尊令我感动，因为看一个心爱的女人在流泪，让人受不了！……"克勒维尔坐了下来，说道，"我可以向您承诺的，亲爱的阿德丽娜，只是决不难为您，也决不坏您丈夫的事；可决不要差人来我门上求救。就这些！"

"可这怎么办呀？"于洛太太高声道。

至此，男爵夫人勇敢地承受了克勒维尔这番解释对她心灵的三重折磨，因为她要经受作为女人、作为母亲和作为妻子这三方面的苦难。确实，当她的儿子的丈人表现得傲气十足、咄咄逼人时，她还能找到力量抵挡住这个店老板的蛮横无理；但是，当他表现出一副失意的情人、屈辱的自卫军英俊上尉的模样，愤怒中忽又大发善心时，她那绷得快要断裂的神经即刻便松开了,她拧着双手,泪水止不住往外流,整个人都垮了,恍惚中任跪在面前的克勒维尔吻她的双手。

"我的上帝啊!这可怎么办呀?"她抹着泪水,又嚷叫道,"一个做母亲的,怎么能有那么硬的心肠,眼睁睁看着女儿毁了呢?那么漂亮的一个姑娘,在母亲身边规规矩矩地生活,又有着非同一般的天赋,到头来会是什么命运啊!有的日子,她独自一人在花园里散步,一脸忧伤,不知为了什么,我见她眼里含着泪水……"

"她都二十一岁了。"克勒维尔说。

"有必要把她送到修道院去吗?"男爵夫人问道,"到了这种危机的关头,宗教对天性也往往无能为力,连受到最虔诚的教育的姑娘也会失去理智!……可您起来,先生,您就不明白我们之间现在已经全都了结了,您让我憎恶,您破灭了一个母亲的最后一线希望!……"

"若我再升起这一线希望呢?……"他说道。

于洛太太看了克勒维尔一眼,那错乱的神态令他心里一动,可他遂把怜悯压在心底,为的是"您让我憎恶!"这句话。道德之神往往率直有加,不知表现细腻的感情和突出的个性,而人处在虚伪的境地,总会利用这一切,迂回地达到自己的目的。

"如今没有陪嫁是嫁不出去女儿的,哪怕像奥丹丝小姐那么漂亮,"克勒维尔又板起面孔说道,"您女儿太漂亮了,都让做丈夫的害怕;就像一匹名贵的马,照料起来太破费,不会有太多买主的。胳膊上挽着这样一个丽人,出门能走路吗?所有的人都会瞧着你们俩,在后面跟着,打您夫人的主意。这么惹眼,会让很多人担心的,他们可不愿跟一个个情敌去决斗,因为,说到底,要决斗的绝不是一个。

根据您目前的处境，要把女儿嫁出去，只有三条路：一是让我帮助，可您不愿意！再就是找一个六十岁的老头，很有钱，没有子女，但想要孩子，这很困难，但也可碰到，眼下就有不少老头正养着若赛花、贞妮·凯迪娜之流，为什么就碰不到一个以合法的手段来干这种蠢事的呢？……要是我没有塞莱斯蒂娜和两个外孙，我就会要了奥丹丝。这是其二！最后一条是最容易办的……"

于洛太太抬起头，焦急不安地看着老化妆品商。

"巴黎这座城市，凡是有胆魄的，都自动汇集于此，就像野生的树苗，在法兰西的土地上自然生长，他们中间聚了众多的能人，无家可归，但有的是胆量，什么都敢，也敢发财……噢！那些单身的汉子……（鄙人当初就是其中的一个，还认识不少！……二十年前，杜·迪莱有什么？博比诺有什么？……他们俩都在比洛托老爹的店里熬呢，除了发迹的欲望，别无资本，可在我看来，那欲望是最棒的资本！……资本可以吃掉，可志气吃不掉！……当初我有什么，我？有的是发财的欲望，有的是胆量。杜·迪莱如今跟再大的人物相比都不逊色。小博比诺，是隆巴尔街最富有的药店老板，如今成了议员，当上了部长……）哎呀！那些合伙做生意的，耍笔杆的，或者画画的，像俗话所说，在巴黎，就这些不要命的家伙中才会有人去娶一个没钱的漂亮姑娘，因为他们有的是各种胆量。博比诺先生娶了比洛托小姐，从来没有指望得一个子儿的陪嫁。那些家伙全都是疯子！他们相信爱情，就像他们相信自己能发财，相信自己无所不能！……找一个能爱上您女儿的有胆魄的家伙吧，他会根本不顾眼前，把她娶过去。您得向我承认，作为一个仇人，我可不算不宽宏大量吧,因为这个主意本身对我是不利的。"

"啊!克勒维尔先生,要是您愿意当我的朋友,那就放弃这些荒唐的念头吧!……"

"荒唐?太太,您可别这样自暴自弃,看看您自己吧……我爱您,您一定会是我的!我等到那一天一定要对于洛说:'你夺走了我的若赛花,我得到了你妻子!……'这就是古代法律中所谓的同等报复!我会继续实施自己的计划,除非您会变得丑不忍睹。我会成功的,理由如下。"他说着又摆好了姿势,眼睛盯着于洛太太。

上尉吃了败仗

"无论是老头，还是相信爱情的小伙子，您都不会碰上的，"他停顿片刻，继续说道，"因为您太爱您女儿了，不会拱手把她交给一个老风流鬼，任他摆弄的，于洛男爵夫人，统率旧禁卫军掷弹兵团的老将军的弟媳妇，您也不会心甘情愿地随便找一个胆大妄为之徒的，因为他有可能是个打工的，就像今日的某个百万富翁，十年前不过是个普普通通的机械修理工、监工或哪家厂子的工头。眼看着女儿到了二十岁，年纪不饶人，有可能让您丢脸，您会对自己说：'这脸还不如我自己来丢；要是克勒维尔先生愿意给我守住秘密，我就跟这个死皮赖脸的老化妆品商……克勒维尔老爹，花十年时间挣个二十万法郎，挣够我女儿的陪嫁！……'我让您厌恶，我跟您说的这些太不道德了，是吗？可一旦您让某种不可抵挡的欲望钩住您的心，您会给自己寻找种种理由来依我的，有爱心的女人都这样……是的！奥丹丝的利益一定会让您的良心投降的……"

"奥丹丝还有一个舅公呢？"

"是的，是费希老爹？……他正在收拾自己的烂摊子呢，还是由于男爵的错,他的那只钱耙子,凡是刮得着的钱箱,一个也不放过。"

"那于洛伯爵……"

"噢!太太,您丈夫早已把老将军积蓄的那点钱糟蹋光了,都给那个歌女买家具、装饰房子了。瞧瞧,您是想让我没有一点儿希望就走吧?"

"永不再见面,先生。像我这个年纪的女人,要有什么欲望,也很容易消除的,您也会从善的。上帝保佑不幸的人……"

男爵夫人站起身来,逼着上尉往后退去,一直把他逼到了大客厅。

"美丽的于洛太太哪能在这堆破烂中住着?"他说道。

说罢,他指着一盏旧灯,一座金漆剥落的分枝吊灯,指着磨得露出了织纹的地毯和形形色色的破烂玩意儿,原本金、红、白三色相间的大客厅成了帝政时代盛大场面的一处废墟。

"先生,这上面无不闪耀着道德之光。我没有欲望要什么豪华的家具,把您借给我的这个漂亮场所变成诱狼的陷阱,吞钱的暗窟。"

上尉咬了咬嘴唇,听出了他方才大骂若赛花贪得无厌时用的字眼。

"您这样死心塌地到底为了谁?"他问道。

此刻,男爵夫人已经把老化妆品商逼到了门口。

"为了一个色鬼!……"他俨然一副百万富翁、正人君子的派头,撇了撇嘴,接过自己的话补上一句。

"要是您说得对,先生,那我这样守节倒也值得称颂,就说到这里吧。"

她像打发一个不速之客,向上尉草草行了个礼,把他丢在那儿,便急忙反身,没看见他最后又摆了个姿势。

她进屋把方才关上的门一一打开，未能发现克勒维尔跟她告辞时打的那个吓唬人的手势。她的步履自尊而又高贵，好似古罗马竞技场上的落难斗士。然而，她已经精疲力竭，瘫坐在蓝色小客厅的沙发上，像是个就要病倒的女人，可两只眼睛却直瞅着已成废墟的小亭子，她女儿跟贝姨还在里面不停地说着什么。

自从新婚之日到现在，男爵夫人一直爱着自己的丈夫，就像约瑟芬到死还爱着拿破仑，带着那份令人赞叹的爱，那份母性之爱，那份卑怯的爱。虽说她对克勒维尔刚刚跟她端出的细节一无所知，但心里却很清楚，二十年来，于洛男爵经常对她不忠；然而她遮住了自己的双眼，独自默默地流泪，在她嘴里从来没说出过一句责备的话。以这天使般的柔情，她博得了丈夫的敬重，周围的人对她有着对上帝一般的敬意。

一个妻子对丈夫的柔情和妻子因此而博得的敬重，在一个家庭里往往是有感染力的。奥丹丝一直以为她父亲是夫妻恩爱的一个典范。至于儿子于洛，从小就敬佩男爵，把父亲视作辅助拿破仑大业的巨将之一，知道自己有今天的位子，完全是靠了父亲的姓氏、地位和名声。再说，孩提时代的印象有着深刻的影响，他至今还惧怕自己的父亲呢；因此，即使他对克勒维尔揭露的荒唐事有所察觉，但对父亲敬畏至极，也不敢抱怨什么，总会以男人看待此类事情的惯常方式，找到谅解的理由。

这位美丽而高贵的妇人，何以如此忠贞不贰，现在有必要做一解释，下面便是她这一生的简要历史。

美好的女人生活

在洛林州边境尽端的孚日山脚下，有一个村庄，村里有户人家有三兄弟，姓费希，都是普普通通的农民，后来共和政府征兵，三兄弟都加入了莱茵军团。

一七九九年，三兄弟中的老二，名叫安德烈，也就是于洛太太的父亲，由于妻子故世，把爱女托给了长兄皮埃尔·费希，长兄在一七九七年受了伤，不能再服役。老二在军事运输中做了几桩小交易，这当然是多亏了军费审核官于洛·德·埃尔维的庇护。

一个相当自然而又偶然的机会，于洛来到斯特拉斯堡，见了费希一家。当时阿德丽娜的父亲和叔叔都在阿尔萨斯州干供应草料的差使。

阿德丽娜那年十六岁，可与赫赫有名的杜·巴莉夫人相媲美，杜·巴莉夫人和她一样，也是洛林州的女儿。

这是一个完美无瑕的美人儿，见了让人丢魂，属于塔利安夫人一类，是造物主特意造就的，被赋予了最为珍贵的天质：高贵、端庄、风雅、细腻、秀逸，与众不同的肌肤，自然天成的色泽。

这类美女彼此都很相似。比昂卡·嘉佩拉利肖像为布龙齐诺[1]的杰作之一，大名鼎鼎的迪雅娜·德·普瓦提埃是让·古戎[2]的名作《维纳斯》的原型，奥林比娅夫人的肖像藏于多利亚画廊，还有尼侬、杜·巴莉夫人、塔利安夫人、乔治小姐、莱嘉米埃夫人等，所有这些女子，纵然上了年纪，纵情放荡，仍然风韵依旧，她们漂亮的身段、骨骼和性情，都惊人地相像，仿佛在代代相传的人之海洋中，美神阿佛洛狄忒在弄潮，在同一片浪花间，诞生了这一个个维纳斯。

阿德丽娜·费希是美神之族中最美丽的一位，她品格高贵，线条柔曲，冰肌玉肤，宛若天生的王后。她有着上帝传给人类之母夏娃一般的金黄秀发，皇后般的身段，尊贵的气派，外表高洁的轮廓和朴素的乡野风骨，只要她一出现，便会勾住所有男子的目光，如同鉴赏家被拉斐尔的画所迷住。因此，一见到她，军费审核官便迫不及待，法定期限一过，就娶了阿德丽娜·费希小姐为妻，令向来崇拜上司的费希兄弟喜出望外。

长兄是一七九二年的老兵，在进攻维森堡一战中身负重伤，他崇拜拿破仑皇帝和与拿破仑大军有关的一切。

安德烈和若翰谈起受到皇上庇护的军费审核官于洛时，总是充满敬意，他们能走运，的确也是多亏了他。当初，弟兄俩在部队运输粮草，于洛·德·埃尔维见他们天资聪明，且为人诚实，遂把他们摆

---

[1] 布龙齐诺（1503—1572），意大利佛罗伦萨画派画家与诗人，尤以擅长肖像画著称。

[2] 让·古戎（约 1510—1568），法国文艺复兴时期的雕刻家，代表作有《六仙女浮雕像》等。

升为紧急供应站的主管。在一八〇四年那场战役中，费希兄弟立了战功。战后，于洛为他们俩谋得了负责阿尔萨斯地区粮草供应的位子，没想到自己后来被遣派到斯特拉斯堡，为一八〇六年的战役做准备。

对于一个农家女来说，这桩婚事无异于一步升天。美丽的阿德丽娜一脚便从村庄的烂泥中踏进了皇宫天堂。

不错，正是在这一时期，后勤部中最为廉洁而又最为能干的军费审核官被封为男爵，继又被召到皇帝身边，编入了帝国禁卫军。美丽的农家女出于对丈夫的爱——确实，她疯一般地爱着丈夫——勇敢地完成了自我教育。

再说，军费审核主管是美女阿德丽娜的男性翻版。他属于美男子中的佼佼者。他个子高大，身材结实，体态优雅，棕头发，蓝眼睛，目光如火，富于变幻而又表达细腻，令人无法抗拒，在道尔塞、弗尔班、乌弗拉尔那类骏马中间，总之在帝国美男子队伍中，也是令人瞩目。他惯于征服女性，在对女人方面抱有督政府时期流行的观念，但为了夫妻之爱，他的风流生涯竟也中断了相当一段时间。

对阿德丽娜来说，男爵一开始便是一个从不可能出差错的神，她的一切全都归功于他：首先是财富，她因此而有了马车，有了府邸，有了当时所能拥有的奢侈排场；然后是幸福，在众人眼里，她有着丈夫的爱；再就是头衔，她是男爵夫人；最后是名望，在巴黎，人们都称她漂亮的于洛太太。此外，她还体面地谢绝了皇上的宠爱，皇上有一次给了她一串钻石项链，对她总是格外青睐，经常问起她："漂亮的于洛太太呢，她总是那么乖吗？"那口气，就像一个大男子，谁要是在他翻了船的地方获得成功，他就会报复谁。

因此，像于洛太太这样纯朴、天真而又漂亮的女人，在对丈夫的爱中掺杂着几分狂热，其原因，无须什么聪明的人就可明察。一开始，她深信自己的丈夫永远不可能有愧于她，之后，面对她的创造者，她又心甘情愿地做一个谦恭、忠诚、盲目的奴仆。

此外，还要说明一点，那就是她天生通情达理，凡是平民百姓出身的，一般都是这样明晓事理，这就使得她的后天教育十分扎实可靠。在社交场上，她很少说什么，从不说谁的坏话，也不想出风头；她对任何事情都深思熟虑，倾听别人的意见，以品行最端正、最有身份的女人为榜样，塑造自己。

一八一五年，于洛按照至交德·维森堡亲王的行动路线，参与组织了那支临时拼凑而成的大军，结果在滑铁卢吃了败仗，决定了拿破仑的最后命运。

一八一六年，于洛男爵成了陆军部长费勒特尔的眼中钉，直到一八二三年才又被召回后勤部门，因为西班牙战争用得着他。

一八三〇年，路易·菲利普招募拿破仑的旧部，于洛又在指挥机关露面，成了陆军部长的四位干将之一。

男爵为波旁家族的小房登台尽了犬马之劳，自路易·菲利普当政以来，他一直是陆军部不可缺少的一位局长。他还荣获了元帅的权杖，所以干上再也没有什么可以赐给他了，除非让他当部长或贵族院议员。

在一八一八至一八二三年间，于洛男爵赋闲在家，转至脂粉队里服役忙碌。对于洛太太来说，她的艾克托尔最早的不忠行为可追溯到帝政的寿终正寝之时。就夫妻这一台戏而言，男爵夫人先后有整整十二年一直担任着 prima donna assoluta[1] 的角色，独占舞台。从古至今，只要做妻子的逆来顺受，甘于她们温柔贤惠的伴侣角色，做丈夫的就会对她们保持年深日久的情爱。因此，男爵夫人始终受到丈夫一如既往的爱。她心里清楚，只要她责怪一声，任何一个情敌都坚持不了两个小时，但是她却闭住眼睛，堵上耳朵，宁愿对丈夫在外面的行为充耳不闻，视而不见。总而言之，她待艾克托尔，就像一个慈母对待娇儿。

在刚刚发生的那场对话的前三年，奥丹丝有一次在杂艺剧院发现她父亲在正厅的一个包厢里陪着贞妮·凯迪娜看戏，不禁惊叫起来："这不是爸爸嘛。"男爵夫人马上回答道："你认错了，我的小天使，你爸爸在元帅府上。"男爵夫人清楚地看见了贞妮·凯迪娜，发现她长得很美，可心里并没有感到异样的痛苦，而是默默地对自己说："艾克托尔这个坏家伙该会很快活。"

不过，她总归还是难过的，暗自在心底里经受着愤怒的折磨；但是，只要一见到艾克托尔，她便会又看到那十二年清纯的幸福，顷刻间失去发作的勇气，哪怕开口说一句埋怨的话。

她多么希望男爵能够以实情相告，但是出于对他的敬重，她从不敢把话挑明，让他明白他的那些荒唐事，她早已知道个一清二楚。这种过度的温情，只有平民出身的漂亮女子才会有，她们知道打不还手；在她们的血管里，还流淌着当殉道者的祖宗遗留下的血液。而出身于名门望族的女人，与丈夫们势均力敌，在魔鬼般的报复之心

---

[1] 拉丁文，意为"头牌女演员"。

驱动之下，总感到有必要折磨他们，对她们的宽容之举，有必要像台球标分那样，以苛刻的词语说个一清二楚，以保证自己的优势地位，或拥有报复的权利。

海上劳工

导读

维克多·雨果是法国杰出的浪漫主义文学作家，柳鸣九先生曾评价道："雨果是人类精神文化领域里真正的伟人，文学上雄踞时空的王者。"

雨果的小说具有普世性和独特性。其普世性，在于贯穿其小说创作始终的人道主义精神；其独特性，在于他以浪漫的情怀关注着严酷的社会现实。雨果的《悲惨世界》如此，雨果的《巴黎圣母院》如此，雨果的《海上劳工》亦如此。

《海上劳工》是雨果在流亡期间创作的小说，是"严酷而又浪漫"的根西岛赋予他这个流亡之身以避难之地，他的这部小说描写的正是在根西岛上发生的一则凄美动人的爱情故事，作者要歌唱的是一个融于大海的自由而伟大的灵魂。

本选集选取了《海上劳工》的第三章与第四章，描写了主人公吉利亚特对"杜朗德"号船主利蒂埃利的侄女戴吕施特深沉而纯洁的爱，为表现主人公与偏见、迷信及自然力的英勇斗争打开了序幕，笔触简洁而生动，极具感染力。

第三章 "杜朗德"号和戴吕施特

一、啁啾声与烟雾

人体完全有可能只是一层外表，它遮掩了我们的真相，扩大了我们的光明或我们的黑暗；而真相，则是心灵。从绝对意义上讲，我们的面孔是一张面具，真正的人，是处在人的外表之下的部分。倘若人们能够发现潜藏、蜷缩在称为肉体的这一遮屏后面的人，那定会惊愕不已。人们犯有普遍的错误，那就是把外表的人当作真正的人。比如有个姑娘，若我们透过外表去看她，也许她会像是一只小鸟。

一只化为小姑娘形象的小鸟，再也没有比这更美妙的事了！请设想一下你家就有这么一只小鸟，就叫戴吕施特吧。真是令人快乐的人儿！人们会忍不住对她说："你好，鹡鸰小姐！"虽然看不见她的翅膀，却能听见啁啾的叫声。有时，她会歌唱。若论啁啾声，那自然在人之下；可论歌唱，那就远在人之上了。那歌声中隐藏着奥秘，一位处女就是一个天使的躯壳。当姑娘成为妇人，天使便离她而去了；但不久后，天使还会回来，为母亲带来一个小小的灵魂。日后有一天要做母亲的姑娘,在等待新生命的同时,还一直是个孩子,年轻姑娘的外表下,是始终不愿离去的小姑娘,那就像是一只莺。人们看到她,心里总不免会想:要是她不飞走,那该多好啊!温柔而亲切的人儿在家里自由自在,像鸟一样从这个枝头跳到另一个枝头,也就是说从这个房间走进另一个房间,进进出出,走到你的面前,然后又远离而去,梳理着羽毛或头发,发出各种各样美妙的声音,在你耳边嘀嘀地说着谁也无法表述的话语。她问的时候,人们便回答她;人们问她的时候,她也唧啾作答。于是,人们与她一起侃侃而谈。这样一谈,便可以消除你的疲劳。这个人儿心中有着蓝天。她那蓝色的思想与你黑色的思想融在了一起。她那般轻盈,那般飘逸,那么不可捉摸,那么难以捕捉。然而,她又那么善良,虽然好似不可触知,但对你却毫不隐避。为此,你会对她顿起感激之情。在这尘世间,美丽的东西是不可缺少的。在世上,没有什么比"让人喜爱"更重要的使命了。森林里若没有了蜂鸟,便失去了希望。带来欢乐的气氛,闪烁幸福的光芒,在黑暗中闪现出光明,为命运铺设金色的前程,做到和谐、优雅、亲切,这便是为你造福。美,正因为是美,便给我带来益处。这样的创造物具有神奇的魅力,可令周围的一切倾倒;有时,她并不知道自己的魅力,但却因此而更具支配一切的力量。她的出现给人以光明;她的临近给人以温暖;她从人身边走过,人们会感到高兴;她停下脚步,人们会觉得幸福;看着她,便有了生命。她是拥有人的面容的曙光,只要她在就行了,无须她再做什么。她使家庭变成伊甸园,浑身散发出天堂的气息;只要她微微一笑,世人共同牵拉着的那根巨大的锁链,便会莫名其妙地变得不那么沉重。你要我对你怎么说呢，这是神圣的力量。这样的微笑，戴吕施特就有。我们甚至可以说，戴吕施特本身就是这样一个微笑。在我们身上，有着比我们的面孔更与我们相像的东西，那就是我们的表情；还有比我们的表情更与我们相似的东西，那便是我们的微笑。微笑的戴吕施特才是戴吕施特。

泽西岛和根西岛人有着特别诱人的血统。这里的女人，尤其是姑娘，一个个如花似玉，天真纯洁。撒克逊人的白皙与诺尔曼人的滋润浑然一体，全都是玫瑰色的面颊，蓝色的眼睛。可惜那眼睛里缺少星星，是英国人的教育使它们失却盎然生机。一旦哪一天她们那明净的眼睛里闪现出巴黎人深邃的目光，那定会变得不可抗拒。幸亏巴黎还没有在英国女郎身上拥有自己的位置。戴吕施特不是巴黎女郎，但也不是一个根西岛姑娘。她出生在圣彼得港，但是利蒂埃利大师傅把她抚育成人。利蒂埃利把她培养成一个娇美的姑娘；如今，她就是这样一个娇美姑娘。

戴吕施特的目光懒洋洋的，但不觉中却有着逼人的力量。她也许还不知道"爱"这个字的含义，但却乐于让人们钟情于她，不过没有丝毫的邪念。她从来没有想到过结婚。那位流亡到圣桑普森并在那儿扎根的老绅士经常说："这个小姑娘呀，可是个迷魂的情种。"

戴吕施特长着一双世间最漂亮的小手，还有一双与手相配的小脚，那是"苍蝇的四条小腿"，利蒂埃利大师傅常常这么说。她充满善意和温柔，她的家庭和财富，是她的叔父利蒂埃利；她的工作，是自由自在地生活；她的才能，是歌唱几首歌曲；她的科学，是美丽；她的精神，是纯洁；她的心灵，是无知。她有着克里奥尔姑娘的那份慵懒的优雅，同时交杂着轻佻和活泼，既有孩童般爱逗弄人的快活劲儿，又有自然坠入忧郁境地的性情。她的衣着打扮有着些许小岛的风采，十分雅致，但不时髦，一年四季都戴着饰有鲜花的帽子。她额头透着稚气，脖颈线条明洁透人，栗色的头发，白皙的肌肤，夏日时会显出几块雀斑，嘴巴大而健康，挂着明朗、可爱而又危险的微笑。这就是戴吕施特。

有时，在夕阳西沉的黄昏时刻，黑夜与大海融为一体，暮霭给海浪平添了恐怖的色彩。这时，在森然可怖的滚滚波涛中，可以看见一个畸形的庞然大物，像魔鬼一般的形状，鸣着笛，喷着烟，驶进狭窄的圣桑普森港口。但见那可怖的庞然大物若猛兽一般在怒吼，似火山一般在喷烟，像一条七头蛇妖，吐着浪花，拖着浓雾，扑打着凶狠的巨鳍，张着喷火的大嘴，向城市冲来。那便是"杜朗德"号船。

二、永远讲不完的乌托邦的故事

在182X年，一条汽船出现在英吉利海峡的水域上，那真是不可思议的新鲜事。整个诺曼底海岸地区，无不为之震惊，久久不能平静。如今，即使十几艘汽船在海上你来我往，交错而过，也不会让人抬头看上一眼了。它们最多只能一时吸引某个行家，看一看它们喷出的烟雾的颜色，分辨出这艘烧的是威尔士煤，那艘烧的是纽卡斯尔煤。它们打这儿经过，这很好；它们进港，那欢迎；要是它们出港，就祝一声"一帆风顺"。

在本世纪的前二十五年里，人们对这种发明并不像这样漠然，对那些机器和它们的黑烟，海峡群岛的居民怎么看都不顺眼。这些群岛是信新教的，英国女王因为分娩时用了氯仿麻醉，而受到岛民的普遍谴责，说她违背了《圣经》。[1] 在这些岛上，汽船被命名为"魔船"(Devil-Boat)[2]，这便是它获得的初步的成功。那些善良的渔人，原来是信天主教的，如今成了加尔文教派的信徒，总是那么虔诚。在他们看来，那在海上飘荡的，简直就像是地狱。当地的一位传教士曾论述了这样一个问题："人有权利让被上帝分开的水火一起运作吗？"这个火铁巨兽不是很像利维坦[3]吗？这岂不是要在人类中重新制造混沌？把进步和发展说成回归混沌，这并不是第一次。

疯狂的念头，巨大的错误，荒唐的举动！

这便是本世纪初，拿破仑向科学院征求对汽船的意见时，科学院做出的判决！圣桑普森岛的渔民在科学方面只有巴黎几何学家的水平，是情有可原的；而在宗教方面，像根西岛这样的一个小岛，并不就非得比美洲那样的大洲还更有知识。一八〇七年，富尔顿制造的第一艘船由利文斯顿赞助，装上了从英国运来的瓦特的机器。除船员之外，上这第一艘汽船的只有两个法国人，其中一个叫安德烈·米肖。该船进行了自纽约至奥尔巴尔的首次航行，首航日期恰巧为八月十七日。于是，基督教卫理公会开了腔，在所有的教堂里，教

---

[1] 见《创世记》第三章第十六节：你生产儿女必多受苦楚。——原注
[2] 见《创世记》第一章第四节。——原注
[3] 犹太教神话中的一种兽，据《圣经》记载，它将成为海洋的统治者。——译者

士们无不诅咒这艘船,说"十七"那个数字正是《启示录》里所述的那只怪兽十只角和七个头相加之数。在美洲,人们引证《启示录》里的怪兽来攻击汽船;在欧洲,则引证《创世记》里的怪兽来反对汽船。这便是两者的全部差别。

学者们把汽船看作不可能实现的东西予以否定,教士们则把汽船当作对宗教的大不敬而拒不接受。科学给它判了罪,宗教把它打下了地狱。富尔顿简直就是一个魔工。海边和乡村的普通人也加入了对这一新发明进行诋毁的行列,因为它给他们造成了不安。对汽船,宗教的观点是这样的:水火已经分离;而让水火分离,是上帝的旨意。任何人没有权利分离上帝结合的东西;任何人也没有权利结合上帝分离的东西。而乡下人的观点则是:这让人害怕。

在从前那个年代,敢于开创这样的事业,开着汽船来往于根西岛和圣马洛岛,那只有利蒂埃利大师傅。唯有他这样的自由思想家,才能有开创这一事业的设想,也只有他这样大胆的水手,才能实现这番事业。他身上法国人的一面具有思想,而他身上英国人的一面则将其思想付诸实施。

当时处于怎样的条件下?我们现在加以说明。

三、朗泰纳

在我们叙述的这些事件发生的四十年前左右,在巴黎城郊狼穴和伊苏瓦墓之间的地方,有一座令人怀疑的房子,离城垣不远。那是一座孤零零的破建筑，顺便也是个干杀人抢劫勾当的所在。房子里住着一个市侩强盗和他的妻儿。此人原来在夏特莱当检察官书记，后来干脆做了强盗。当强盗不久，他便上过重罪法庭。这家人姓朗泰纳。破房子里，摆着一只桃花心木柜，柜子上放着两只花瓷杯。其中一只写着几个金字：友谊的纪念。另一只上写着：敬赠。这家的孩子整个生活在罪恶的泥淖之中。当初，孩子的父母也算是半有产者阶层的人，孩子自然要学会读书写字，接受教育。孩子的母亲脸色苍白，几乎衣衫褴褛，平日机械地给她的小孩"一些教育"，教他拼读单词；若丈夫要去设陷阱行劫，便撂下孩子去给丈夫当帮手，或向过路的客人干卖淫的营生。在这个时候，耶稣受难图依然敞开着放在桌子上，丝毫没有变动她离去时摆的位置，而孩子则待在一旁，想入非非。

有一次，孩子的父母在犯罪的时候被当场抓住，之后便消失在刑罚的茫茫黑夜之中。孩子也从此不见了踪影。

利蒂埃利在闯荡世界的岁月里，遇到了一个像他一样的冒险家，而且解了那人的难，具体什么危难，谁也说不清楚，反正帮了那人的大忙，那人自然对他感激不尽。利蒂埃利觉得那人不错，于是收留了他，把他带回了根西岛，后来发现他对航海事业很有见地，又让他做了合伙人。这人便是长大成人的小朗泰纳。

朗泰纳和利蒂埃利一样，长着粗壮的颈脖，肩膀宽阔有力，仿佛生来就是挑重担的，而且有一副海格立斯·法尔内斯一般强健的腰板。利蒂埃利和他，不仅外貌相似，而且举止也一模一样。朗泰纳只是身材高大一点。谁从背后看到他们俩并肩在码头散步，都会说：这是一对兄弟。可要是正面看,就不同了。利蒂埃利性格开朗,而朗泰纳则完全相反,性格内向,处事谨慎。他精通武器,会吹口琴,能在二十步远的地方一枪打灭蜡烛,而且拳术不凡,并常常吟诵《亨利亚特》的诗句,解梦析梦。特勒纳伊的那部《圣德尼墓》,他详记在心。他说跟科泽科德的素丹有过关系,所谓素丹,"就是葡萄牙人说的扎穆兰(Zamorin)"。若谁能翻阅一下他随身携带的小笔记本,准能在他记录的其他事情中发现这样的记载:"在里昂圣约瑟监狱的一个地牢的墙缝中,藏着一把锉刀。"他说起话来庄重而缓慢。他自称是一位圣路易骑士的儿子。他的衣服没有成套的,上边标有不同的字母。对于荣誉,谁也不可能比他更为敏感;为了荣誉,他会决斗、杀人。在他的目光中,却有着一个当戏子的母亲那样的神情。

勇猛被用作了狡诈的外衣,这就是朗泰纳的特点。

在一次集市上,他那套漂亮的拳术曾在一个饰有土耳其人头像的测力计上小试过,因此而赢得了利蒂埃利的钦佩。

朗泰纳的冒险经历,可谓五花八门,可根西岛上的人根本就不知道。倘若命运有一间化妆室,那么朗泰纳的命运应该穿上哈乐根[1]的衣装。他见过世面,过过放荡的生活,整个地球都闯荡过。他做过各种各样的工作,在马达加斯加当过厨师,在苏门答腊养过鸟,在火奴鲁鲁当过将领,在加拉帕戈斯群岛做过教会报的记者,在奥乌姆拉乌特当过诗人,还在海地当过共济会员。作为共济会员,他还在大哥亚夫岛致过一次悼词,当地的报纸留下了其中这样一段话:"永

---

[1] 西方滑稽剧中的著名丑角。——译者

别了,高尚的灵魂!在你现在飞翔的蓝色苍穹上,你定会与小哥亚夫岛的好神父莱昂德尔·克拉墓相逢。请告诉他,通过十个春秋的伟大努力,你终于建成了牛犊湾教堂!永别了,卓越的天才,共济会员的典范!"大家可以看到,他那副共济会员的面具并没有妨碍他再安上天主教徒的假鼻子。前者为他赢得了进步人士的支持,后者则为他建立了与教会人员的联系。他自诩是纯白种血统,憎恨黑人;然而,他对苏洛克[1]无疑是怀有敬意的。一八一五年,他在波尔多成了绿党分子。在那个时期,他浑身充满了保皇热情,脑门上那顶饰有一大簇白色羽毛的帽子就是证明。他这一辈子就像是日食,出现,消失,再出现;简直就是一个流氓,像旋转灯那样踪迹不定。他会土耳其语,不说"guillotine"(被送上断头台)而说"nebrosse"。他曾在的黎波黎的一个伊斯兰教学者家当过奴隶,就是在那人府上,因经不起棍棒而学会了土耳其语。他的任务就是晚上到清真寺的门前去,向伊斯兰教徒们高声宣读刻在木片或骆驼骨上的《古兰经》。他很可能背叛过他信仰的宗教。

他什么事都做得出来,再坏的事也同样会做。

他常常纵声大笑,同时又紧皱眉头。他常说:"在政治上,我只佩服不受他人影响的人。"他还说:"我是尊重风俗习惯的。""必须把金字塔放回到原来的基础上。"应该说,他经常是快活的、友好的。他嘴巴的表情往往有悖于他说话的真实含义。两个鼻孔就像是牛的鼻孔。眼睛一眨,眼角就会皱纹四起,仿佛内心隐秘的思想都会集中

---

[1] 苏洛克(Soulouque,1782—1867),小哥亚夫岛的奴隶,1803年参加驱逐法国人的起义,后成为海地总统。——译者

到了一起。他表情的整个秘密也只能在那里得以破识。一双巨大的手,简直就是秃鹫的利爪。他的脑袋,颅顶凹陷,但两个太阳穴又宽又大。他的耳朵奇形怪状,长满了刺一样的毛,仿佛在说:不要跟这洞里的野兽说话。

一天,在根西岛,谁也不知道朗泰纳到哪儿去了。

利蒂埃利的合伙人"溜了",把公司的银柜掏得空空的。

在这只银柜里,当然有属于朗泰纳的钱,但也有属于利蒂埃利的五万法郎。

利蒂埃利四十年来一直老老实实地做人,辛辛苦苦地当造船的木工,当海员,总共挣了十万法郎,朗泰纳一下偷走了他一半的钱。

虽然丢了一半家产,但利蒂埃利并没有因此而倒下去,而是很快想到重振家业。意志坚强的人,家财可以毁,但毁不了他们的勇气。当时,人们正开始议论汽船的事。利蒂埃利脑中出现了一个念头,虽然富尔顿的机器受到普遍责难,但他想尝试一下,用一艘汽船建立起诺曼底群岛与法兰西本土之间的联系。他孤注一掷,投入了剩下的家产,要实现这一想法。朗泰纳逃走六个月后,圣桑普森港整个惊呆了,人们看见从港里开出一艘冒烟的船,那架势,就像是海上着了大火。这就是在英吉利海峡航行的第一艘汽船。

这艘船受到了众人的憎恨和蔑视,很快被起了个"利蒂埃利圆头怪"的绰号。但它向众人宣告,将要担负起在根西岛和圣马洛之间定期航行的使命。

四、乌托邦故事的续篇

　　这事不难理解，开始时情况很糟，所有在根西岛和法国海岸之间航行的帆船老板都提出了强烈的抗议，纷纷谴责这一亵渎《圣经》、侵犯他们垄断权的行径。有几家小教堂也义愤填膺。一个名叫埃利乌的尊敬的神父称汽船为"歪门邪道"，帆船才是正道。在汽船上卸下来的牛的头顶上，人们分明看见了魔鬼的角。众人的反抗持续了相当一段时间。但渐渐地，人们终于发现汽船运来的牲畜不那么疲乏，卖得比较好，因为肉质量较高；对乘客来说，海上的危险也减少了；整个航程花钱少，不仅距离缩短了，而且也更安全了；乘客可以准时出发，准时抵达；因为航行比较迅速，装运的鱼也比较新鲜，这样一来，也就可以把捕鱼旺期大量过剩的海产——这在根西岛是常有的事——抛到法国市场上去；根西岛出产的美味可口的牛奶酪，用"魔船"运送要比用帆船更快些，因而能保持原来的品质，结果迪南、圣布利厄和雷恩等地纷纷要货；最后，多亏"利蒂埃利圆头怪"，终于有了航行的安全和交通的正常，来往便捷，扩大流通，开拓了市场，繁荣了贸易。总而言之，这艘魔船虽然亵渎了《圣经》，但为岛上增加了财富，因此，不得不容忍它。有几个不信神的人物甚至在一定程度上对它表示了赞许。书记官朗代更是对这艘船深表敬意。就他来说，这份敬意是公正不偏的，因为他向来不喜欢利蒂埃利：首先利蒂埃利已被尊称为"大师傅"（mess），而朗代还只是个"师傅"（sieur）[1]；其次，虽然朗代是圣彼得港的书记官，但还属于圣桑普森教区的教民，而在这个教区里，只有利蒂埃利和他这两个人不带任何偏见，因此，两人互相看着不顺眼，是最起码的了，同行往往是冤家。

不过，朗代师傅还是很正直，对这艘汽船表示称道。其他人也开始赞同朗代师傅的观点。不知不觉中，事业慢慢成了。事业就像是涨潮，随着时间的过去，事业不断获得成功，越来越兴隆，而且提供的服务效果明显，大众的利益也确实有了发展。后来终于有了那么一天，除了几个贤者之外，众人都纷纷赞扬起"利蒂埃利圆头怪"来。

现在，人们就不会那样称赞它了。这艘四十年前的汽船准会令我们今日的造船师们发笑：这一奇观实在奇形怪状，这一奇迹也真微不足道。

我们今日那些航行大西洋的大汽船与德尼·巴邦于一七〇七年在富尔达河上驾驶的由火力驱动的轮船之间的差别，并不亚于"蒙泰贝洛"号那样的三层甲板船与二世纪的丹麦划桨船之间的差别。"蒙泰贝洛"号长二百尺，宽五十尺，帆架高达一百十五尺，载重量为三千吨，载客一千一百名，共有一百二十门炮、一万发炮弹、一百六十箱弹丸，战斗时，两舷的侧炮可各射出三千三百磅的铁丸，行驶时，迎风可张开五千六百平方米的船帆；而在西萨德洛甫海边的泥淖中发现的那艘二世纪的丹麦划桨船，装满了石斧、石弓和石棒，如今陈列在弗伦斯堡市政厅。

---

[1] 据作者，此为根西岛流行的不同称呼，其表示的尊重程度有别。详见本章第六节第一段。——译者

从巴邦制造的第一艘船到富尔顿的第一艘船,即从一七〇七年至一八〇七年,前后刚好经历了一百年。较之这两种船的最初形式,"利蒂埃利圆头怪"无疑是一种进步,但它本身也还是一种雏形。然而,这并不妨碍它为一件杰作。任何科学的雏形都给人以双重的形象:胚胎时是魔鬼,萌芽时是奇迹。

五、魔船

"利蒂埃利圆头怪"的桅杆不是根据帆面风压中心来安装的,这并不是缺陷,因为有关的造船规则是允许的;此外,这艘船用的是火力推动装置,帆是次要的。再说,轮船对船上安装的帆几乎无动于衷。"圆头怪"船身太短,太圆,矮胖矮胖的,船舷和船侧尾都太大,总之,船主还没有大胆到把船造得轻盈小巧些。"圆头怪"既有凸肚形帆船的不足,也吸收了它的一些长处。它颠簸不大,但很容易转动。船的鼓形翼箱太高;就船的长度而言,横梁也太多。轮机庞大,碍手碍脚的,要想多载些货物,不得不过分地增高船壁,从而使这艘"圆头怪"几乎具备了一七七四年的战船的一些缺陷:当初那种折中的船型,必须拆除上面的累赘部分,才能出海作战。"圆头怪"既然船身短,掉头自然就快,因为掉头所需要的时间与船身成正比;但船很笨重,因此而抵消了船身矮小赋予它的优点。船中肋骨太宽,从而降低了航行的速度,因水的阻力是与船体浸水的最大横面,以及船速的平方成正比的。船头垂直,这在今天不是一个缺点,但按当时的做法，船头总是要呈四十五度倾斜角。船壳的所有线条均相互衔接，但倾斜度不够，尤其不能与排水棱柱平行，而排水棱柱只能从侧面往后推。遇到恶劣天气，船吃水太多，忽而船首，忽而船尾，说明重心系统有缺陷。由于机器本身的重量问题，货物不能装在本该装的位置，因此重心往往向主桅杆的后部移。这样一来，只能依靠蒸汽机的动力，因为在这种情况下，主帆反而会起到使船往后退的作用，而不能抗风使船体平衡。当吃风极紧时，一般采用松开主角索的办法。这样，风便由前下角索集中在船头，主帆也就只能起到艉帆的作用，因而操作十分困难。船舵是老式的，不是今天这种轮舵，而是杠舵，在固定于艉柱的铰链上转动，由船尾框架杆上的一根横梁来驱动。两条小船，就像两条小交通艇，悬挂在吊艇杆上。这艘船共有四只锚，一只主锚，一只副锚，即工作锚，英语叫 working-anchor，还有两只八字锚。这四只锚都系在铁链上，可视情况由船尾的大绞盘或船首的小绞盘来操作。在那个时期，还没有气泵绞车来取代用人工操作的撬棒。由于只有两只八字锚，一只在左舷，一只在右舷，船不能泊得很稳，遇到强风，就有些无能为力。不过，遇到这种情况，可借助副锚的作用。锚浮标是普通的那种，可以承担锚浮标索的重量，漂浮在水面。小艇的大小正适用，可以说是"圆头怪"名副其实的备用艇。小艇十分结实，足以存放主锚。这艘船的创新之处，还在于它配备的帆缆索具部分为铁链，不过，用铁链毫不影响动索的灵活性和稳索的张力。桅杆尽管是次要的，但丝毫没有不得当的地方；索具收放自如，并不累赘。肋骨坚固，但粗糙，汽船不像帆船那样对木质精巧程度要求很高。这艘船的时速为两海里。遇到故障，该船艏偏航运行良好。从以上情况看,"利蒂埃利圆头怪"航海性能好,但船首没有分水的尖角,因此不能说它操作方便。大家可以感觉到,如果遇到危险,如暗礁或旋风,恐怕就不容易驾驶。它像个怪物,发出爆裂声,在海浪上航行时,总发出新皮鞋底触地似的嗒嗒声响。

这艘船主要是货运,只载很少的乘客。任何一艘船,如果是货船而不是战船,都特别注意船舱的设备。装运牲畜使理舱很困难,也很特殊。当时,牛一般都装在底舱里,这一来就复杂了。如今,牲畜都装在前甲板上。利蒂埃利魔船的轮翼箱全都涂成白色,船壳一直到吃水线,全是火红色,余下的其他部分均按照那个世纪较为丑陋的流行式样,漆成黑色。

船空时,吃水七英尺;满载时,吃水为十四英尺。

至于轮船的机器,马力很大。马力与吨位的比例为一比三,因此这艘船几乎具有拖船的马力。船轮的位置适中,在船的重心稍微靠前一点的地方。机器的最大气压为两个大气压。机器虽然靠蒸气的凝缩和膨胀运转,但用煤量极大。由于支撑点不稳,蒸汽机没有飞轮。为了解决这个问题,便设置了一个双重装置,可以轮流带动固定在转动轴两端的两个曲柄轮,以便当其中一个处于死点时,另一个可以处于作用点。整部机器安装在一块铸铁板上,所以,气候再恶劣,大海再汹涌,也无法使它丧失平衡,即使船壳受损,也不会影响到机器。为了使机器更加稳固,把主连杆安装在汽缸附近,这样便把连杆的摇摆中心从中心移到了边上。后来,人们发明了摆动汽缸,不再需要连杆。但在那个时期,汽缸边的连杆似乎是机器装备的关键。锅炉有分隔层,并拥有盐水浓缩泵。机轮很大,可减少能量的损耗；烟囱很高，从而增加了锅炉的通风程度。但是机轮大，海浪阻力便大；烟囱一高，风的阻力也就增强了。轮翼由木叶片、铁钩、铸铁壳组成，制作不凡，而且让人惊奇的是，所有零件可以一件件拆下来。每个轮翼总有三个叶片浸在水里。叶片中心的速度只比船速快六分之一，这是轮翼的缺陷之一。此外，曲柄的把手太长，汽阀往汽缸里送气时摩擦力太大。不过在当时，这部机器好像很不简单，而且也确实很不简单。

机器是在法国贝尔西铁工厂制造的。机器的设计有利蒂埃利大师傅的一些幻想成分。按照原图样制造该机器的机械师已经去世。因此这部机器是独一无二的，不可替代。绘图人还活着，但制造人已经不在人世。

整部机器花了四万法郎。

至于"圆头怪"的船体部分，是利蒂埃利在位于圣桑普森和圣彼得港之间第一个钟楼旁的大船坞里亲手制造的。他亲自到不来梅采购木料。为了制造这艘船，他使出了全部的制船木工才能，从船壳板，确实可以看出他身手不凡，所有的木板拼得既合缝又匀称，上面刷了一层比树脂更高级的印度玛琦脂，包覆船底的金属板经过反复的锤炼。利蒂埃利还在船体机身上涂了五倍子胶。为了弥补船壳呈圆形的缺陷，他给艏斜桅加了一个护栏，这样，除方形帆之外，又通过护栏起到了一面假帆的作用。在下水那一天，利蒂埃利说："瞧我把海浪降服！""圆头怪"确实成功了，人们有目共睹。

也许是出于偶然，或者是精心安排，船是在七月十四日下水的。这一天，利蒂埃利挺立在两个轮翼箱之间的甲板上，目光直逼大海，高声喊叫道:"现在轮到你了!巴黎人攻占了巴士底狱,现在我们要把你降服!"

"利蒂埃利圆头怪"每周在根西岛和圣马洛岛之间往返一次。船于星期二早晨出发,星期五晚上返回,正好赶上星期六的集市。它的木结构比整个群岛所有沿海航行的最大单桅帆都更坚固。船的容量与其体积成比例,所以就效率与收益而言,它航行一次,就抵一艘普通帆船航行四次,可见利润丰厚。一艘船的名声往往取决于其货物装运情况,而利蒂埃利是个货物装运的行家。当他后来不能再亲自到海上工作的时候,他训练了一个水手,接替他负责货物装运。两年后,这艘汽船每年净收入七百八十镑,合一万八千法郎。一根西镑合二十四法郎,一英镑合二十五法郎,一泽西镑则合二十六法郎。这些麻烦的比价并不像看去的那么麻烦,银行总是可以从中受益。

六、利蒂埃利名声大振

"圆头怪"生意兴隆。利蒂埃利大师傅看到自己成为"先生"的时刻已经临近。在根西岛,并不是所有人都够格当先生的。在普通人和先生之间,有整个一段阶梯要爬:首先是第一级,只呼名字,如"皮埃尔";第二级为"邻居皮埃尔";第三级为"皮埃尔老爹";然后是第四级,叫"皮埃尔师傅"(Sieur Pierre);再为第五级,叫"皮埃尔大师傅"(Mess Pierre);最后才达顶级,称"皮埃尔先生"(Monsieur Pierre)。

这一级只不过是冒出了平地,还可以一直升向蓝天。英国的整套阶梯一级一级往上升。下面便是越来越荣耀的各个阶层:在先生(也称绅士)之上,为埃居伊(Ecuyer)[1];埃居伊之上为骑士;然后步步高升,分别为从男爵(baronet)、爵士(苏格兰称"laird")、男爵、子爵、伯爵(英国为"earl",挪威称"jarl");再为侯爵、公爵、英国贵族院议员,直至王族血统的亲王、国王。整个阶梯从平民百姓升至先生,从先生升至从男爵,再由从男爵升至贵族院议员,最后从贵族院议员到国王。

靠了他那个成功的点子,靠了蒸汽机,靠了他的那部机器,靠了魔船,利蒂埃利大师傅成了一个人物。当初为了造"圆头怪",他不得不借债。他在不来梅借了债,在圣马洛也借了债;但他每年都分期分批归还借款。

此外,他还在圣桑普森港的入口处赊购了一座漂亮的房子。房子是新造的,为石建筑,一边是大海,一边是花园,墙角上写着"布拉维"几个字。布拉维寓所的正面与港口护墙构成了一体,有两排窗户,特别引人注目:朝北的一面,是一个鲜花盛开的园子;朝南的一面,是海洋。这样一来,这座房子便有了两面正墙,一面迎着风暴,另一面向着玫瑰。

这两面正墙仿佛是专为两个主人修的:利蒂埃利大师傅和戴吕施特小姐。

布拉维寓所在圣桑普森很有名气,因为利蒂埃利大师傅终于成

---

[1] 尚未成为骑士的年轻贵族或新贵族的称号。——译者

了一个名人。他的名声,有一部分来自他的强健体魄、耿耿忠心和勇敢精神;还有一部分,是因为他救过不少人,但主要是因为他获得了成功,因为他把汽船进出港的特权赋予了圣桑普森港。看见魔船确实赚钱,作为首府的圣彼得便要求魔船出入圣彼得港,但利蒂埃利选定了圣桑普森,坚决不让步。这里是他出生的城市。他常说:"我是在这儿下水的。"这样一来,他在本地的名声大震。而他作为船主,缴纳税款,为他赢得根西岛所说的"居民"(unhabitant)身份。他还被任命为陪审团成员。这个可怜的水手就这样爬了根西社会阶梯六级中的五级,成了"大师傅",离"先生"已经不远。谁知道他哪一天会不会超越"先生"这一级呢?谁知道哪一天会不会在根西岛志的《绅士与贵族》(Gentry and Nobility)一栏读到"利蒂埃利从男爵"这样惊人而又显赫的记载呢?

但是,利蒂埃利大师傅看不起,或更确切地说,根本不知道虚荣方面的事。感到自己于人是有益的,这才是他的快乐。较之于"当名人",他更看重"做个必不可少的人"。我们在上文已经说过,他只有两份爱,因此也只有两颗雄心:"杜朗德"号船和戴吕施特。

不管怎么说,他把赌注投在了大海里,而且得到了满五[1]。

这个满五,便是在海上航行的"杜朗德"号船。

---

[1] 指玩罗多(loto)赌时,抽出的五个编号正巧摆在赌盘的同一行上。

七、同一位教父和同一位女保护神

利蒂埃利造好汽船,给它命了名。他称它为"杜朗德"。下面,我们将不采用别的称呼,就叫这艘船为杜朗德了,而且在用这个名字时,不再加双引号。这样一来,我们也就与利蒂埃利的思想一致了,因为在他看来,杜朗德差不多就是一个人。

杜朗德(Durande)和戴吕施特(Deruchette)是同一个词。戴吕施特为指小词。这个指小词在法国西部用得很多。

在农村,一个神,除了原名之外,往往还使用各种指小词和增强词。人们以为是几位,可实际上只是一位。同一个守护神或女守护神,却有几个不同的名字,这种情况并不罕见。如李兹(Lise)、李泽特(Lisette)、李萨(Lisa)、埃李萨(Elisa)、伊萨贝尔(Isabelle)、李斯贝特(Lisbetch)、贝齐(Betsy)等,这众多的名字,不过是来自伊丽莎白(Elisabeth)。很可能马乌特(Mahout)、马克鲁(Maclou)、马洛(Malo)和马格鲁瓦(Magloire)就是同一个神。只是我们不深究而已。

圣杜朗德原来是昂古穆瓦省和后来的夏朗特省的一个女神。她是否正统,这要《圣人传》的续编者们去回答。不管是否正统,她反正已经受到几家小教堂祭拜。

年轻时代在罗什福尔当水手时,利蒂埃利结识了这位女神,也许哪位漂亮的夏朗特姑娘——恐怕就是那位长着漂亮的指甲的轻佻女子——就是这位女神的化身。这位女神在他脑子里留下了相当深刻的记忆，以致他把这个名字给了他心爱的两个宝贝：把杜朗德给了他的汽船，把戴吕施特给了一个姑娘。

他是汽船的父亲，那个姑娘的叔父。

戴吕施特是他的一个兄弟的女儿，那兄弟死后，小女孩没了爹娘，他便把她收养了下来，当了她的父亲和母亲。

戴吕施特不仅仅是他的侄女，她还是他的教女。是他抱着她在洗礼盆里受了洗礼，也是他为她找到了圣杜朗德这个女保护神和戴吕施特这个名字。

我们已经说过，戴吕施特是在圣彼得港出生的。她的出生年月在教区登记册上有记载。

当侄女还是个孩子，叔父还一贫如洗时，谁也不注意这个名字：戴吕施特；可当小女孩出落成小姐，水手成了绅士时，戴吕施特这个名字就刺耳了。大家感到很奇怪。有人问利蒂埃利大师傅，为什么取戴吕施特这个名字？他回答说：不为什么，就取了这个名字。有人三番五次做努力，想给姑娘换个名字，可他根本不予理睬。有一天，圣桑普森上流社会的一个漂亮的太太，一个不再干活、已成为富翁的铁匠铺老板的妻子对利蒂埃利说："以后我就管您女儿叫南锡（Nancy）了？"他回答说："为什么不干脆叫龙斯-勒-索尔尼埃（Lons-le-Saulnier）呢？"漂亮的太太没有就此罢休，第二天又对他说："我们可真不接受戴吕施特这个名字。我给您女儿找了美丽的名字：玛丽娅娜（Mari-anne）。"利蒂埃利接过话说："名字确实漂亮，可是由两个丑兽组成的，一个是丈夫（Mari），一个是驴子（ane）。"他就坚持戴吕施特这个名字不改。

倘若从上面那个有关两只丑兽的词得出结论，说利蒂埃利不愿让他侄女出嫁，那就错了。他当然想让侄女成婚，但要按照他的方式嫁出去。他希望侄女能有一个他那种类型的丈夫，自己多干活，不要让她做什么。他喜欢男人的手黑黑的，而女人的手白白的。为了避免戴吕施特弄坏了她那两只漂亮的小手，他把侄女往小姐方向培养。他为她请了一个音乐教师，买了一架钢琴，布置了一间小书房，还准备了一个小针线笸，里面放了针和线。而她读书比做针线活强，弹钢琴又比读书强。而这正是利蒂埃利大师傅所希望的。他只要她能惹人喜爱。因此，他把她养成了一朵花，而不是一个女人。凡是研究过海员的人，对此都会理解的。粗鲁历来爱娇小嘛。要想实现叔父的理想，侄女还得有钱。利蒂埃利大师傅早就这么想了。他那艘汽船正是为达此目的而航行。他让杜朗德负责给戴吕施特准备嫁妆。

八、"博妮邓笛"曲

戴吕施特住的房间是布拉维寓所中最漂亮的一间，有两扇窗户，家具是一色的细纹桃花心木，床前挂着绿白相间的方格帘，两扇窗户正对着花园和矗立着瓦尔堡的那座高丘。高丘的背面，就是海角屋。

戴吕施特就在她的房间里学音乐，弹钢琴。她弹着钢琴，唱着自己最喜爱的乐曲：苏格兰的感伤曲"博妮邓笛"。乐曲弥漫着夜晚的情调，而她的歌声却洋溢着黎明的气息，两者适成对照，令人惊奇。人们听到这声音便会说：戴吕施特小姐在弹钢琴。从山下经过的路人往往会在布拉维花园的护墙前停下脚步,静听着如此清澈的歌声和凄楚无比的曲调。

戴吕施特生性活泼,常在房子里走动,给这座房子带来了永恒的春天。她很美,但更俏,而且更乖。她使利蒂埃利那帮过去当领航员的老朋友回想起战士和水手常唱的那首歌曲中的公主,那位公主是多么美丽,"仿佛成了团队里的公主"。利蒂埃利大师傅总说:"她的头发就像缆绳。"

戴吕施特很小时,就长得很迷人。当时有人一直为她的鼻子担心,可小姑娘很可能非要出落成个美女不可,争了一口气:身体的发育丝毫没有给她造成缺陷,她的鼻子长得既不太长又不太短。后来成了个大姑娘,一直还是那么迷人。

对她的叔父,她总是叫"我父亲",从不称呼别的什么。

利蒂埃利允许她在园艺,甚至在家务方面学几分本领。她经常动手给花坛里的那些蜀葵、紫毛蕊、福禄考和红水杨梅浇水,还亲手栽种粉红色的蔷薇和玫瑰色的酢浆草。对根西岛极宜于花卉生长的气候,她很善于利用。她能和大家一样,在空地上栽种芦荟,还身手不凡,成功地栽种了委陵菜。她的那个小菜园拾掇得很有学问,蔬菜一茬接一茬:先是红皮白萝卜,再种菠菜,收完菠菜,再种豌豆;她会播种荷兰花菜、布鲁塞尔卷心菜,培养成菜秧后在七月移植;她在八月种萝卜,九月种皱叶菊苣,秋天种防风草,冬天种匍匐风铃草。只要她不过分用锄使耙,特别是不去用手施肥,利蒂埃利都让她去做。他还给她雇了两个女仆,一个叫格拉斯,一个叫杜斯[1],是根西岛

---

[1] 法文分别为 Grâce 和 Douce,意思分别为"优雅"和"温柔"。——译者

常见的名字。格拉斯和杜斯负责料理家务和花园里的事,她们理应有一双红红的手。

至于利蒂埃利大师傅,他的房间小小的,很简陋,正朝着海港,紧挨楼下那间低矮的大厅。那间大厅是整座房子的进口处,楼里的几座楼梯也都通到那里。房间里只有一张他当水手时用的吊床、一只航海钟和一支烟斗,还有一张桌子和一把椅子。露着房梁的天花板和四壁都用石灰浆刷成了白色。门的右侧钉着一张英吉利海峡群岛图。这是一张漂亮的航行图,上面注着这么一行字样:查灵克罗斯5号御前地理学家W.法登绘制。门的左侧,用钉子在墙上钉着一大块棉布,色彩分明,印有全球的航海信号,四角分别为法国、俄国、西班牙和美国的旗帜,正中央是英国的旗帜。

杜斯和格拉斯都是平平常常的普通人,这里取的是"普通人"的褒义。杜斯心眼不坏,格拉斯外表不丑。这两个危险的名字并没有变坏。杜斯没有结婚,但有个"情郎"。在英吉利海峡群岛上,"情郎"这个词用得很普通,这种事情也很流行。两个姑娘做起事来,就像人们所说的克里奥尔[1]仆人,不紧不忙的,这是群岛上的诺曼底仆役的特有风格。格拉斯长得漂亮、妖艳,经常带着猫那样忐忑不安的心情,望着海平线。这是因为她和杜斯一样,有个情郎,可据说她还有个丈夫,是个水手,她害怕他回来。不过,这事与我们无关。格拉斯和杜斯之间有着差别,要是到了一个不那么正经、不那么纯洁的家庭里,杜斯还会当她的女仆,而格拉斯则会变成一个喜剧中常见的那种惹主人喜爱的贴身侍女。格拉斯虽然可能有不少才能,但跟戴

---

[1] 安的列斯群岛等地的白种人后裔。——译者

吕施特这样天真的姑娘在一起，就派不了用场了。再说，杜斯和格拉斯的恋情都藏在心里，利蒂埃利大师傅一点也不知道，她们也没有向戴吕施特泄露过半句。

楼下那间低矮的大屋子里，有一座壁炉，周围摆着凳子和桌子。在上个世纪，这里曾经被一帮逃亡到岛上来的法国新教徒用作秘密集会地点。光秃秃的石墙，唯一的装饰品是一个黑木框子，里面装着一张羊皮文书，上面记载着莫城主教贝尼涅·博舒哀的"功勋"。这只老鹰爪子下的几个可怜的教民，在废除南特敕令之时，遭受了他的迫害，逃到了根西岛避难。正是他们把木框挂到了墙上，作为一个见证。文书的字迹笨拙，墨水已经发黄，若谁能够辨认出字迹，便可看到下面这些鲜为人知的事实："一六八五年十月二十九日，莫城主教先生请求国王，毁掉了莫尔索夫和南特伊寺院。""一六八六年四月二日，在莫城主教先生的要求下，科夏尔父子因宗教问题被捕，后科夏尔父子发誓改宗，被释放。""一六九九年十月二十八日，莫城主教先生寄给德·蓬特夏尔特朗先生一份诉状，提出有必要把拥护宗教改革的夏朗德和纳维尔网地的女子全部送到巴黎'新天主教徒院'里去。""一七〇三年七月七日，在莫城主教先生的要求下，国王下令把弗布莱纳的'坏天主教徒'博杜安夫妇关进病院。"

屋子的尽端，靠利蒂埃利大师傅的房门的地方，有一个用木板隔开的小角落，以前是胡格诺派教徒的布道台，现在围了一道通风栅栏，成了汽船"事务所"，也就是杜朗德办事处，由利蒂埃利大师傅亲自主持。在旧橡木桌上，一本每页标有"进账"和"出账"字样的账簿取代了《圣经》的位置。

九、看透了朗泰纳心思的人

只要利蒂埃利大师傅自己还能出海航行,他都亲自驾驶杜朗德,独自操作,不要领航员,也不要船长。可正如我们已经说过的,终于有了那么一天,利蒂埃利大师傅不得不让位了。他选择了托尔代瓦尔的克吕班师傅。这人沉默寡言,在沿海一带,谁都知道他为人正直、严肃,可真是利蒂埃利大师傅的化身和代理人。

看克吕班师傅的模样,像是个公证人,而不像个水手,可他却是个能干、罕见的海员。无论危险如何变幻莫测,他都有战胜危难的才能。他当过灵巧的装货工、细心的桅手、懂行而又认真的水手长、顽强的舵手、有学问的领航员和勇敢的船长。他处事谨慎,但有时却能在谨慎中见胆略,这是海员的伟大品质之一。凡是没有把握的事情,他格外当心,深怕为轻率的天性所疏忽。这是一个能根据自己的经验来迎战危险的海员,不管多么困难,都善于获得成功。他拥有大海可以赋予一个海员的全部信念。克吕班师傅还是个闻名的游泳好手。他这类好手,谙熟海浪运动,想在水中停留多久就停留多久,可从泽西岛的阿弗尔-代-巴出发,经过科莱特,绕过隐修院和伊丽莎白堡,然后回到出发地,前后只需两个小时。他是托尔代瓦尔人,谁都知道他经常泅渡从阿诺伊到甫莱蒙角的那段可怖的海道。

最得利蒂埃利大师傅信赖的一点,是克吕班师傅了解或看透了朗泰纳的为人,曾提醒利蒂埃利注意,说此人不地道:"朗泰纳以后一定会偷到您头上来。"这话后来被证实了。在一些具体事情上，虽然不是很重要，但利蒂埃利确实不止一次地对克吕班师傅是否诚实进行了考验，甚至到了不放过一个疑点的地步，最后才把自己的事放心地交给了他。利蒂埃利大师傅经常说："要让人放心，就得让人信赖。"

十、远洋的故事

利蒂埃利大师傅穿别的衣服都不舒服，总离不开他的航海服装，较之他的领港员服，他更爱穿那身水手服。对这身装束，戴吕施特看了总不免翘起她的小鼻子来。再也没有什么比生气的美人儿噘嘴巴翘鼻子更漂亮了。她是又好气，又好笑，经常嚷叫道："好父亲，哎哟！您满身沥青味。"说着她轻轻地一拍他那厚实的肩膀。

这位善良的海上老英雄从远洋的历程中带回了不少令人惊奇的故事。他在马达加斯加看到过很大的羽毛，三根就足以铺一座房子的屋顶。他在印度见过酸模茎，那足足有几尺高。在新荷兰，他见过成群的火鸡和鹅，由一种叫作"阿加米"（agami）的鸟来领头、看管，那鸟就像牧羊犬一样。他还见过大象的墓场。在非洲，他见过大猩猩，像虎人，高达七英尺。对各种猴子的习性，从被他称为马卡戈·布拉奥（macaco bravo）的野性十足的猕猴，到被他叫作马卡戈·巴尔巴多（macaco barbado）的爱哭爱嚷的猕猴，他全都了如指掌。在智利，他曾看过一只母猴向猎人指了指它的小猴子，令猎人们顿起怜悯之心。他还在加利福尼亚州看到过倒在地上的一根空心树干，人可以骑马在树洞中行走一百五十步。在摩洛哥,他亲眼看见过摩萨比特族人和比斯克利族人用大头棒和铁棍打仗,比斯克利族人被当作"kelb",意思是"狗",而摩萨比特族人被视为kham-si,意思是"第五等级的下人"。他还在中国看见一个名叫"山东贵老全"的海盗因为暗杀了一个村长而被碎尸万段。在土龙木[1],他亲眼看见一只狮子闯进市场,叼走了一个老太婆。他还亲临过一条大蛇从广州运抵西贡,在堤岸塔参加航海女神广南节庆典的场面。他在摩伊族部落,静静地观看过广术(Quan-Su)大神。在里约热内卢,他看见过巴西女人一到晚上便往自己头发里放一些小气球,每只球里装一只漂亮的萤火虫,那头上像是布满了星星。他在乌拉圭和蚂蚁打过仗,在巴拉圭跟鸟蜘蛛打过仗。这种蜘蛛浑身是毛,像小孩的脑袋那么大,一张开爪子,那占的地盘直径可达三分之一古尺[2]。它专门用身上的毛来刺人,那毛像箭一般,一刺进人的皮肤,就会长疮鼓脓。在托坎廷斯河支流阿里努斯河上,在迪亚曼蒂纳北部的原始森林里,他看见过叫作"穆尔西拉戈"(murdlagos)的"蝙蝠人",可怕极了,天生的白头发、红眼睛,住在树林的阴暗处,白天睡觉,夜里醒来,在黑夜中打猎捕鱼,要是没有月光,看得还更清楚。有一次他参加探险,在贝鲁特附近的探险队营地里,有一个帐篷丢了量雨器,于是来了一个巫师,身上只披着两三条细细的皮带子,好像一个只背着两根背带的人,只见他疯狂地摇着一只挂在兽角尖上的铃铛,最后,一只鬣狗乖乖地把量雨器送了回来。原来量雨器就是它偷走的。这些真实的故

---

[1] 越南小河省省会。——译者
[2] 一古尺约为1.2米。——译者

事,仿佛神话一般,戴吕施特听得真叫开心。

杜朗德"木娃娃"是联结汽船和姑娘的纽带。在诺曼底群岛,人们把在船头刻的人头饰叫作木娃娃(poupee),那模样差不多就像座木雕像。从木娃娃又引申出了当地的这样一种说法:站在船头和木娃娃之间(tre entre poupe et poupee),就是"出海航行"的意思。

利蒂埃利大师傅特别看重杜朗德木娃娃。他叮嘱木工一定要把它雕成戴吕施特的模样。一块粗木头,竟然用斧头砍出了酷似美丽少女的形象,真费了不少劲。

这座稍稍有点变形的木像,每每给利蒂埃利大师傅造成幻觉。他常常怀着虔诚的心,静静地看着它。面对这座木像,他总是那么心诚。在木像身上,他看到的分明是戴吕施特。正是这样,信条像是真理,而偶像好似上帝。

每个星期,利蒂埃利有两大乐事,一是在星期二,一是在星期五。第一大乐事,是看着杜朗德出航;第二大乐事,是看着杜朗德归航。他凭窗观看着自己的杰作,心里乐滋滋的。在《创世记》中,也有类似的记载。"他(上帝)看到这样很好。"[1]

星期五,只要利蒂埃利大师傅在窗前一露面,就像发出了信号。看见布拉维寓所的窗口冒出烟斗的烟雾,人们便会说:"噢!汽船已经出现在海平线上了。"烟斗的烟雾兆示着汽船的浓烟。

杜朗德一回港口,便把缆绳系在利蒂埃利窗下的一个大铁环上,那大铁环牢牢地固定在布拉维寓所的墙基中。在这些夜里,利蒂埃

---

[1] 原文为拉丁文。

利总能在他的水手吊床里美美地睡上一觉，感觉到一边睡着戴吕施特，一边泊着杜朗德。

杜朗德的锚地紧靠着海港的大钟。在布拉维寓所的大门前，有一小段海堤。

这段海堤，布拉维寓所，那房子、花园、两边围着篱笆的小街以及周围的大部分住宅，如今已经不复存在。由于根西岛的花岗石开采业，这些地皮都给卖了。眼下，这片整个儿被采石场占了。

十一、关于可能的夫婿

戴吕施特慢慢长大成人了，可却没有嫁人。

利蒂埃利大师傅把她养成了一个小手白嫩的姑娘，同时也使她变得很挑剔。这样的教育，往往会让人自食其果。

再说，利蒂埃利自己还更挑剔。他为戴吕施特设想的夫婿差不多也是杜朗德的丈夫。他想一举两得，让他的两个女儿同时都得到一个夫婿。他希望一个女儿的领路人同时又是另一个女儿的掌舵人。丈夫是什么？是生活历程的指挥者。为什么不把女儿和汽船交给同一个主人？夫妻生活如同潮汐。谁善于驾驶船只就善于指挥妻子。船和妻子同样都受到风和日的支配。克吕班师傅只比利蒂埃利大师傅小十五岁，对杜朗德来说只能是一个暂时性的主人；必须找一个年轻的舵手，一个永久的主人，一个创业者、创造者、发明家的真正的继承人。杜朗德的永久的舵手差不多就是利蒂埃利大师傅的女婿。

为什么不把两个女婿合成一个？他抱着这个想法不放，有时梦境中也会看到出现一个未婚夫。这是一个身强体壮的水手，褐色的皮肤，是一个海上健将，很中他的意。可这不完全是戴吕施特的理想人物。她做着一个更具玫瑰色彩的梦。

不管怎么说，叔父和侄女似乎意见一致，此事不用操之过急。可当人们看到戴吕施特很可能会成为继承人时，求婚者蜂拥而至。这种求婚心切的人往往没有好品质。利蒂埃利大师傅自然心中有数。他经常低声抱怨：女儿是黄金，可求婚的尽是废铜。所有求婚者，他都一一谢绝。他等待着。她也一样。

奇怪的是，他一点也不看重贵族。就这方面而言，利蒂埃利大师傅是个不太地道的英国人。人们简直难以相信，泽西岛冈杜埃尔家族和塞尔克岛的布涅-尼科兰家族的人来向戴吕施特求婚，他竟然也拒绝了。有人甚至胆大地传言——不过我们怀疑会有这样的事——说他死活就不接受奥利尼岛贵族的一个求婚者，还谢绝了爱德家族的一个成员的求婚，爱德家族显然是爱德华三世的后裔。

十二、利蒂埃利性格中的异常之处

利蒂埃利大师傅有个缺点，一个严重的缺点：他心存忌恨，但恨的不是人，而是东西，这东西便是教士。有一天，他在伏尔泰的书中读到了——因为他经常读书，而且读伏尔泰的书——这样几个字："教士是猫。"他马上放下书，有人听到他低声嘟哝了一句："我感到自己是狗。"

大家应该还记得,当初他在这地方建造魔船的时候,教士们,不管是路德派的、加尔文派的,还是天主教派的,都对他进行了猛烈的攻击,并慢慢地加以迫害。在航海方面进行革命,试图给诺曼底群岛带来进步,以崭新的发明来装扮可怜的根西小岛,我们毫不隐讳,这可是胆大包天,该下地狱。他们也确实对他进行了一点惩罚。请大家不要忘记,我们这里讲的是旧教士,与今日的教士迥然不同。如今,几乎在本地的所有教堂里,教士都有一种拥护进步的自由倾向。当时,他们对利蒂埃利百般阻挠,通过布道说教,给他设置了他们所能设置的一切障碍。教会人士这么恨他,他自然也就恨他们。因为他们仇恨他,所以他对他们的仇恨也就情有可原了。

但是,我们应该指出,他对教士的憎恨是特应性的,并不需要他们恨他,他才恨他们。如他自己所说,他是那些猫的对头:狗。他在思想上与他们势不两立,而且最不可救药的,是他对他们有一种本能的恨。他感觉到了他们那隐蔽的爪子,于是便朝他们龇牙咧嘴。应该承认,这多少有点不问青红皂白,并不总是恰当的。不问青红皂白,就是一个错误。不加区别地乱恨,是不合适的。就是萨瓦的教士,恐怕也得不到他的饶恕。在利蒂埃利大师傅眼里,难说会有一个好教士。因为一味追求哲理,他渐渐地也就不那么明智了。宽容者不宽容,就像脾气好的人发怒,是存在的事。但是,利蒂埃利大师傅为人那么宽厚,不可能真的怀恨在心。他往往自我防卫,而不攻击别人。对教会的人,他总是保持着距离。当初,他们是加害于他,而他只是不希望他们好而已。他们和他的仇恨有着差别,那就是他们的恨是敌意，而他的恨只是反感。

根西岛虽然只是一个小岛，但却拥有两种宗教的地盘。岛上有天主教和新教，而且小岛还不把两种宗教同设在一座教堂里，两种信仰各有寺院或教堂。但在德国，比如在海德堡，就没有那么多麻烦事。他们把教堂一隔为二，一半给圣彼得，一半给加尔文，正中间一道隔墙，以防两派斗殴；而且分得公平合理，天主教徒三个祭坛，胡格诺派也是三个祭坛；由于双方是在同一时刻举行祭礼，所以教堂唯一的那口钟便同时为双方祭礼服务，分别召唤他们去见上帝和魔鬼。事事简简单单。

德国人生性冷漠，能凑合着这样相处。但在根西岛，两个宗教各有自己的地盘。正教有正教的教区，异教有异教的教区。人们可以选择。但利蒂埃利大师傅的选择是：哪家都不去。

这个水手、工匠、哲学家、事业上的成功者，外表看似十分简单，但内心并不简单。他有自己矛盾和偏执的地方。对教士，他的态度是毫不动摇的。与他相比，连蒙特洛西埃[1]也逊色不少。

他经常说些很不适宜的挖苦话。他有自己的那套说法，很怪，但意思是明白的。"去忏悔"，他说成"去梳理良心"。他文化不高，低得可怜，只是趁暴风雨的间隙读过一点东西，而且是抓到什么读什么，所以写起东西来，拼写错误不少。在发音方面，他也有错误，但并不都是无意中出错。比如，路易十八的法国和惠灵顿的英国借滑

---

[1] 蒙特洛西埃伯爵曾在复辟时期与极端保皇党人推行的教权主义进行过激烈的斗争。——译者

铁卢之战达成和约时，利蒂埃利大师傅说："布尔蒙[1]是两个阵营的联合叛徒[2]。"还有一次，他把"papaute"（教皇之职）一词写成"papeote"，（教皇撤职）。我们并不认为他是故意写错的。

这种反教皇主义立场，并没有缓和他和英国国教教徒的关系。新教的修士和天主教的神父一样，都不喜欢他。即使面对最严肃的教义，他也几乎毫不顾忌地表现出他的非宗教立场。有一次，他偶然去听尊敬的雅克芒·埃洛德神父布道，讲的是有关地狱的事。布道十分精彩，从头至尾尽是神圣的经文，以证明永久的痛苦、酷刑、磨难以及下地狱之罪，残酷的惩罚、无穷的火刑、不绝的诅咒、上帝的愤怒、上天的狂暴、天神的复仇，这一桩桩事实，都无可置疑。但当他跟一个信徒一起走出教堂时，有人听见他轻声地说："要知道，我呀，我倒有个奇怪的想法。我想上帝是善良的。"

这一无神论的种子，是他在法国逗留时得来的。

尽管是根西岛人，而且血统还相当纯，但因为他具有"improper"（不合适的）思想，岛上都叫他"法国人"。对自己的观念，他毫不隐瞒，他确实充满颠覆性的思想。他不顾一切，要造出那艘汽船，造出那艘魔船，就是证明。他常说："我喝过一七八九年的奶。"可那并不是好奶。

此外，他还经常造成一些误解。在小地方，要保持自我是很难

---

[1] 法国将军，在滑铁卢战役前夕投靠普鲁士人，后重新参加保皇派，为路易十八效劳，晋升元帅。——译者

[2] "联合叛徒"的原文为"traitre d'union"。法文中有"trait d'union"之说，意思为"纽带，中间人"，利蒂埃利将"trait d'union"误说成"traitre d'union"，显然是故意的。——译者

的。在法国,要"保住面子",在英国,要"叫人尊敬",平静的生活,是要付出这种代价的。要"叫人尊敬",就得遵守一大堆清规戒律,从每个礼拜日都得行守瞻礼到领带要打得无可挑剔。"不要让人指指戳戳",这又是一条可怕的戒律。"让人指戳",就是让人诅咒的意思。小城镇,往往是长舌妇的沼地,就擅长这种隔着一层的恶言恶语,明明是诅咒,却像是从望远镜里看到的。就是最勇敢的人也恐惧这种指指戳戳。人们不怕机枪扫射,不怕狂风扑打,但遇到长舌妇,都会后退。利蒂埃利大师傅性格比较固执,不是很有逻辑头脑的。可在这种压力下,就是他那么固执,也难以坚持。拿另一种说法,他也常常"往自己酒里充水",意思是说往往暗中让步,但不明言。他跟教会人士总保持着一段距离,但绝不是向他们绝对关闭大门。在正式场合和规定的教士来访时刻,不管是路德派的牧师,还是教皇派的神父,他都相当礼貌地接待。他有时还陪戴吕施特上英国圣公会的小教堂去,不过,去得越来越少了,我们在上面已经说过,一年中,只是在四大节日里,戴吕施特才到那教堂去。

总而言之,这些妥协使他付出了代价,对他是种刺激,这非但没有促使他和教会人士接近,反而扩大了他内心与这些人的距离。为了得到补偿,他更加激烈地对他们进行了讽刺挖苦。他这人并不严厉,只在这方面表现出尖刻。而且在这一点上,也没有任何办法改变他。

其实,这绝对就是他的性格,只得听之任之。

任何教会人士都让他讨厌。他简直不敬到了令人震惊的地步。对这种或那种信仰的形式,他很少去加以区别。他甚至都不承认是文明的一个伟大进步:丝毫不信真正的存在。他在这些事情上近视之极，连牧师和神父之间的差别也分不出。他经常把一个尊敬的律法师混同于一个尊敬的神父。他说："韦斯利并不比罗耀拉强。"当他看见一个牧师跟妻子一起经过时，他会转过头说："一个结了婚的牧师！"那口气很怪诞，当时，法国人说这句话时往往带着这种口吻。他说，当他最后一次在英国旅行时，看见了"伦敦的主教夫人"。他对这种婚姻很反感，简直感到气愤。他经常嚷叫道："花裙不配道袍！"圣职往往给他造成一种非男非女的感觉。他张口会说："不男不女，是个牧师。"他以邪恶的情趣，把口气同样轻蔑的形容词扣到英国教派和教皇派的教士头上。他对两种"道袍"，总是冠以同样的词语。对那些教士，无论是天主教派的，还是路德教派的，他张口就是那套当时流行的大兵比喻，根本不费心去变换一下。他常对戴吕施特说："愿意跟谁结婚都行，只要不是跟一个戴圆帽子的[1]。"

十三、无忧添风采

只要话一出口，利蒂埃利大师傅便牢记在心；可戴吕施特话一说完，立即就忘记了。这就是叔父与侄女之间的差别。

正如我们所看到的，戴吕施特从小养成不大习惯担当责任的脾气。我们在此强调指出，像这种不很认真的教育，往往存在着潜在的危险。让儿女过早地享受幸福，也许是不谨慎的做法。

戴吕施特总认为，只要她高兴，事情就没问题。再说，她感到，

---

[1] 教士。——译者

只要看到她快乐,叔叔也就乐了。她差不多和利蒂埃利大师傅有着同样的思想。她的宗教信仰,只满足于每年去四次教堂。每到圣诞节,就能看到她身着节日服装。面对生活,她一无所知。她有着必备的一切条件,日后哪一天准会陷入狂恋之中。可在这一天到来之前,她总是快快活活的。

她想唱便唱,想说便说,我行我素,话刚说半句便走,事刚做一半就跑,真是迷人。除此之外,她还有着英国人的自由习性。在英国,孩子们总是独来独往,女孩子全是自己当自己的主人,青春时期更是狂放不羁。英国的风俗就是这样。可不久后,这些自由的姑娘便成了奴隶般的妇人。在此我们借用下面这两句话,取其褒义:自由自在地成长,可一旦责任在身,便如奴隶。

每天早晨醒来,戴吕施特早已把前一天的事丢到脑后。若你问她上个星期做了些什么,准会让她为难,不知如何回答。尽管如此,她也会在某些纷乱的时刻,仿佛生活的阴影突然遮住了她的喜悦与欢乐。生活的蓝天出现了乌云。但这些乌云会转瞬即逝。她一阵欢声,便走出阴影,不知刚才为何感到忧伤,而现在心情为何又恢复平静。不管什么,她都玩耍一番。她会调皮地拿路人开心,对小男孩来恶作剧。即使遇到魔鬼,她也会毫不客气,好好捉弄一下。她不但人漂亮,而且那么天真无邪,简直到了过分的地步。她莞尔一笑,就像小猫张开爪子朝人抓去。谁要是被抓破了,那活该谁倒霉。可笑过之后,她便不再记起。对她来说,昨日是不存在的;她生活在充盈的今日时光之中。这真是太幸福了。在戴吕施特的脑中,那记忆就像白雪融化,渐渐消失。

第四章　风笛

一、曙光或烈火的第一抹红色

吉利亚特从来没有对戴吕施特说过话。不过，他认识戴吕施特，因为远远地见过她，就像认识晨星一样。

戴吕施特在从圣彼得港去瓦尔的路上遇到了吉利亚特，并在雪地上写下了他的名字，让他吃了一惊。这一年，她年方十六。就在这事发生的前夕，利蒂埃利大师傅对她说："不要再耍小孩子脾气了。你现在是大姑娘了。"

姑娘写的"吉利亚特"这一名字，早已坠入了陌生的深渊。

对吉利亚特来说，什么是女人？他自己恐怕难以说清。每当他遇到一个女人，他总是让对方感到可怕，而他自己也觉得害怕。除非迫不得已，不然绝不和女人说话。他从来没有做过哪位乡下姑娘的"情郎"。若他独自走在路上，发现有位女人迎面走来，他会一步跨过菜园的篱笆，或躲到荆棘丛中去，然后再离开。甚至碰到老太婆，他也回避。他这一辈子见过一个法国女郎。在那个时候，一个路过的巴黎女郎，在根西岛简直是件罕见的大事。吉利亚特听过那位巴黎女人诉说她的不幸，话是这么说的："我真烦死了，刚才一滴雨水落到了我的帽子上，帽子是杏黄色的，这颜色绝对不能沾水。"后来，他在一部书中发现了一幅旧的时装式样图，上面画的是一个身着盛装的"昂坦街女郎"，他剪了下来，贴到了墙上，以纪念那位过路的女人。夏日的夜晚，他往往躲在乌梅天堂小海湾的崖石后，偷看乡下姑娘穿着内衣在海里洗澡。有一天，他还透过篱笆，看着托尔代瓦尔的巫婆套松紧袜带。他十有八九还是个童男。

圣诞节那天早上，他遇到戴吕施特，而她笑着写下了他的名字。在这之后，他回到家里，真不清楚刚才为什么要出门。夜里，他也不睡，想着千百种事情：最好还是在园子里种黑皮萝卜；展览会办得很好；他怎么没有看见塞尔克的船经过，那船莫非出了什么事？他还看见白景天草开了花，在眼下这个季节里真是罕见的事。他从来就不知道那位死去的老妇人到底是他什么人，他心想她肯定是他母亲，于是便以双倍的爱怀念她。他想起了放在皮箱里的那套新娘的服装；想到尊敬的雅克芒·埃洛德很可能会有一天被任命为圣彼得港的教长，代理主教，这样圣桑普森的神父位置就空缺了。他还想到圣诞节的第二天，正好是月亮出来的第二十七天，因此大海将在三点二十一分涨到最高潮，七点十五分退为中潮，九点三十三分为低潮，十二点三十九分又升为中潮。他回忆起那位卖给他风笛的苏格兰高地人，回忆起那人一身装束的每一个细微处：插着蓟草的帽子，苏格兰巨剑，下摆又短又方、绷得紧紧的上衣，饰着皮毛袋、挂着兽角鼻烟壶的短褶裙，用苏格兰石磨成的长针，双层的腰带，一条是布的，一条是皮的,还有剑、短刀、柄上饰有两片紫色水晶的匕首。他还想起了那个士兵裸露的膝盖以及他的袜子、方格护腿和圆扣鞋。这身装束成了一个幽灵,追逐着他,搅得他脑袋发烧,昏昏沉沉。一觉醒来,天已大亮,他脑中首先想到的,是戴吕施特。

第二天,他睡着了,可整整一夜又梦见了那个苏格兰士兵。他在梦中想,过了圣诞节,特别审判会将于元月二十一日举行。他还梦到了雅克芒·埃洛德老神父。醒来时,他又想到了戴吕施特,顿时对她怒气冲天;他遗憾自己不再是个孩子了,不然准会朝她窗户扔石头。

接着,他想,要是自己还小,母亲一定还在他身边。想着想着,他哭了起来。

他本来打算到舒塞或芒基埃岛上去过三个月。可他没有走。

他想象自己的那个名字"吉利亚特"一定还牢牢地印在那地上,恐怕所有行人都会看上一眼的。

二、一步步迈进未知的世界

不过,吉利亚特每天都看到布拉维寓所。他并不是故意去看,而是要从那儿经过,因为戴吕施特花园护墙边的那条小道恰好是他的必经之路。

一天早上,他正走在小路上,一个做生意的女人从布拉维寓所出来,对另一个女人说:"利蒂埃利小姐喜欢海甘蓝。"

于是他在海角屋的园子里挖了一条沟,培植海甘蓝。海甘蓝是一种蔬菜，味道像芦笋。

布拉维花园的墙很矮，一脚就可跨进去。对他来说，跨墙这念头实在太可怕了。不过，像大家一样，从墙边经过时，听听花园或房子里的人的说话声，并没有什么不可。他并不是随意听听，而确实听到了里边的声音。有一次，他听到杜斯和格拉斯两个女仆在斗嘴。那是屋子里发出的声音。那吵架声宛若音乐，留在了他的耳中。

还有一次，他辨认出了一个声音，那声音与众不同，他想应该是戴吕施特的声音。他马上跑开了。

这个声音说的那些话，永远铭刻在了他的脑中。他每时每刻都在自己脑中重复着这一句话："请您把扫帚给我好吗？"

他渐渐地大胆起来，也敢停下脚步了。有一次，戴吕施特正好一边弹着钢琴，一边唱着歌，尽管她的窗户开着，但从外面绝对看不着她。她唱的是那首"博妮邓笛"曲。吉利亚特听得脸色苍白，但下定决心要听下去。

春天来临了。有一天，吉利亚特突然产生了幻觉：蓝天洞开。他看见戴吕施特在浇芮苣。

不久后，他便不只是停下脚步了。他观察着她的生活习惯，注意她的活动时间，有心等着她。

他当然很留心不让人发现。

渐渐地，花坛里开满了玫瑰花，蝴蝶纷飞，吉利亚特也慢慢地养成了习惯，屏声静气，一动不动地躲在墙后，不被任何人发现，一待就是几个小时，看着戴吕施特在花园里来回走动。就是毒药，人慢慢也会习惯的。

他躲在墙后，经常听见戴吕施特坐在茂密的绿藤架下的长凳上，和利蒂埃利大师傅谈天说地。他们的话语清楚地传到了他的耳中。

他已经走得很远！如今，他已经到了窥视和偷听的地步。唉！人心自古是奸细。

里面还有一张长凳，离墙很近，看得清清楚楚，就在小径的旁边。戴吕施特有时就坐在这张凳上。

他经常看见戴吕施特摘花、嗅花，根据这些花，他猜到了她对香味有怎样的爱好。她最喜欢的是三色旋花，其次是石竹花、忍冬花和茉莉花。玫瑰花只排到第五位。至于百合花，她只是看看，从不去嗅。

根据她对香味的选择，吉利亚特在脑中想象着她的品位。他把每一种芳香与一种完美的品性联系在了一起。

可只要一想到跟戴吕施特说话，他就头发直竖。

有一位老太婆，走东家，跑西家，专干收破烂的营生，她时不时也经过布拉维花园墙边的小径，发现吉利亚特常常来这里，留恋这个偏僻的地方，心里感到很纳闷。看到墙外站着的这个男人，她会不会想到墙内可能有个女子？她是否已经觉察到这条隐隐约约牵着两头的无形的线？在她以行乞为生的暮年里，她是否还有着一颗相当年轻的心，回忆得起美好岁月中的某件往事？在她的寒冬黑夜里，她是否还知道什么叫黎明？这一切，我们不得而知，但听说有一次，吉利亚特"正在窥望"，老太婆从他身边走过，不禁朝他投去了她脸上还能露出的全部微笑，从牙缝中挤出几个字："还真叫热。"

吉利亚特听到这句话，甚感诧异，在心中低声问道："还真叫热！那个老太婆想说什么意思？"他整天像木头人似的重复着这句话，但怎么都弄不明白。

一天晚上,他站在海角屋的窗前,有五六个安格莱斯的少女结伴来到乌梅小海湾戏水。她们就在离他百步远的地方,天真无邪地嬉闹着。他猛地关上窗户。他发现一丝不挂的女人让他感到厌恶。

三、"博妮邓笛"曲在小丘上有了回声

布拉维花园围墙的一个拐角处,覆盖着冬青和常春藤,长满了荨麻,还有一棵乔木状的野锦葵和一大丛从花岗石缝中挤出来的毒鱼草。吉利亚特就在这个僻静的角落几乎度过了他整个夏日时光。他待在这里,那若有所思的模样,实在难以言状。蜥蜴也和他熟了,趴在同一堵石墙上在阳光下暖和身子。夏日里,阳光灿烂,天气温和。吉利亚特的头顶上方,云彩在空中来回飘荡。他坐在草丛间,周围充满了小鸟的吱吱叫声。他双手抱着额头,自问道:"可她为什么要在雪地上写下我的名字?"海风在远处呼啸。在遥远的瓦杜采石场上,不时突然响起矿工的号角声,警告行人赶紧闪开,又有一个炮眼要爆炸了。在这里,看不见圣桑普森港,但可以看到闪现在树梢上方的桅杆尖。海鸥成群结队地飞翔,黑压压一片。过去,吉利亚特曾听他母亲说,女人有可能会爱上男人,这种男女之间的事常常会发生。他对自己说:原来如此,我明白了,戴吕施特爱上我了。他感到无比忧伤。他自言自语道:可她也一样,她也在想我,这太好了。他想,戴吕施特是有钱人,可自己是个穷光蛋。他觉得那艘汽船是个可恶

的发明。如今是什么年月,他永远也记不清。他迷迷糊糊地看着尾部发黄、翅膀短短的大黑熊蜂嗡嗡地往墙洞里钻。

一天晚上,戴吕施特回到屋里准备睡觉。她走到窗前,想关上窗户。外面是漆黑的夜。戴吕施特侧耳细听,沉沉的黑夜中,传来了乐声。有人在用乐器演奏着一支乐曲,那人恐怕就在山丘的斜坡上或瓦尔堡的塔楼下。戴吕施特听出了她最喜爱的那支乐曲——"博妮邓笛",那是风笛的吹奏声。到底是怎么回事,她怎么也不明白。

打从这天夜晚起,每到那个时刻,尤其在黑茫茫的夜里,经常会又响起那风笛声。

戴吕施特并不太喜欢这声音。

四

叔父和监护人,这些不爱多言的老人,

在他们看来,小夜曲只是深夜的喧闹声。

(摘自一部未发表的喜剧)

四年过去了。

戴吕施特就要年满二十一岁,但还是没有结婚。

有人曾经在某处写道:"一个固执的念头,就是一把螺旋钻。每过一年就多钻一圈。若第一年想把它拔出,那就得拔去我们的头发;第二年,就将撕破我们的头皮;第三年,就要砸碎我们的头骨;第四年,那非得挖掉我们的脑髓。"

吉利亚特已经到了第四个年头。

他还没有跟戴吕施特说过一句话。他只是经常想到这位迷人的姑娘,仅此而已。

可是有一次,吉利亚特碰巧在圣桑普森,看见戴吕施特面朝码头堤岸的布拉维寓所的大门前,跟利蒂埃利大师傅说话。吉利亚特壮着胆子往近处靠。他觉得就在他经过时,她确实笑了一笑。这不是不可能的事。

戴吕施特总是常常听到风笛声。

那风笛声,利蒂埃利大师傅也听到了。他最终注意到那风笛在戴吕施特的窗下吹得特别起劲。乐声轻柔,情况严重。深夜求爱的情郎不合他的口味。他想等到她愿意他也愿意的那一天,再把戴吕施特嫁出去,简单干脆,不需要罗曼史,也不需要来小夜曲。他听得很不耐烦,于是在暗中观察,好像看见了吉利亚特。他气得指甲扎进了颊髯,嘟哝道:"那个畜生,用风笛在那儿吹什么玩意儿?他爱戴吕施特,这是明摆着的。你是浪费时间。谁要想娶戴吕施特,就应该来找我,用不着吹什么风笛。"

一个早就预料到的重大事件终于发生了。教会宣布尊敬的雅克芒·埃洛德被任命为温切斯特主教的代理人,岛上的教长和圣彼得港的神父,等他安排好继任者之后,将很快离开圣桑普森,到圣彼得就职。

新的神父不久就要到任。这位教士是个绅士,原籍诺曼底,叫若埃·埃伯纳兹尔·戈德莱先生,后来戈德莱这个姓经过英语化,成了科德莱。

对即将到任的神父，人们了解不少底细，有善意的评说，也有恶意的议论，看法截然相反。据说他很年轻，人也穷，可人虽年轻，却精通教义，人虽穷，但很有希望。在为遗产继承和财富创造的专门术语中，死被称作希望。他是圣阿萨夫那个富有的老神父的侄子和继承人。只要老神父一死，他就富了。埃伯纳兹尔·戈德莱先生有几门显赫的亲戚。他几乎享有国会议员的资格。至于说他精通教义，人们看法不一。他是英国国教教徒，但拿迪洛斯顿主教的话说，他这人"根本就不信神"，也就是说他很邪乎。他公开放弃法利赛人的教义，他跟长老派的关系比跟主教团的联系更密切。他常常梦想原始的教会，在那个教会里，亚当有权选择夏娃。当希拉波利斯主教弗鲁孟提乌斯抢了一个姑娘做老婆，对姑娘的双亲说："她愿意，我也愿意，你们不再是她的父母，我是希拉波利斯的天使，她是我妻子，她的父亲是上帝。"若别人的传言可信的话，那么戈德莱曾认为"尊重你的父母"这句经文从属于下面这一句："女人是男人的肉。女人终要离开父母去追随丈夫。"再说限制父亲的权力，而从教义上促进形形色色的婚姻关系的确立，这种倾向正是整个新教的特点，尤其在英国，特别在美国。

五、应得的成功总是遭人嫉恨

现将利蒂埃利大师傅在这个时期的经营情况做一总结。"杜朗德"

号船兑现了原先的一切承诺。利蒂埃利大师傅还清了债务，填补了亏空，了结了不来梅的欠款，并且支付了圣马洛那笔到期应付的款项。他还解除了布拉维寓所的有关抵押权，购进了当地以这座房屋为抵押发行的所有小股债券。总之，他是"杜朗德"号船的主人，拥有了这一大笔收益颇丰的资本。如今，这艘船的净收益为一千镑，而且在逐步增长。严格地说，"杜朗德"号是他的整个家产。它也是整个地区的财富。牛的运输是该船赢利的大项之一，为了改善装运条件，方便牲畜的进出，他不得不拆掉了吊艇柱，把两只小艇也搬了家。这样做也许不太谨慎。这样，"杜朗德"号只剩下了一条救生小艇。不过，那条救生艇确实很棒。

自从朗泰纳劫财逃跑之后，已经十个年头过去了。

"杜朗德"号的兴旺也有薄弱的一面，原因是它不能给人以信赖感，人们都觉得它风险性很大。利蒂埃利的情况虽然已被人接受，但都认为是个例外。在众人看来，他的疯狂举动获得了成功，纯属偶然。在瓦埃特岛的考斯，有人效法于他，就没有成功。尝试归于失败，把所有股东都搞得倾家荡产。利蒂埃利说："那是因为机器造得不好。"可大家总是摇头。凡是新生事物，总是要受到众人嫉恨，稍有闪失，便会一败涂地。据说，当有人就汽船的投资问题请教诺曼底群岛的贸易权威人士之一，来自巴黎的银行家若热时，他身子一转，回答道："您这是建议我投资吧？那是投钱变烟雾。"相反，帆船要得到多少投资，都没问题。资本对船帆一往情深，就是反对汽船。在根西岛，"杜朗德"号已成事实，可蒸汽机还不被接受。人们就是这样拼命地否定进步。他们常常议论利蒂埃利："是不错，可他决不会再来一次。"他这个榜样，非但不能给人以鼓舞，反而令人害怕。谁也不敢再冒险造第二艘"杜朗德"。

六、海上遇难者幸遇单桅帆船

在英吉利海峡，早早就出现了春分时节的征兆。这里海面狭窄，来风受到阻挡，因此而被激怒。一到二月，西风骤起，大海被搅得波涛汹涌。出海航行变得令人提心吊胆；海边的人总注意着信号桅，担心出海的船只遇到海难。大海就像是个陷阱，无形的号角在宣告一场谁也说不清道不明的战争。大海在狂啸，远处骇浪滔天。狂风令人可怖，搅得天昏地暗，一片嘶鸣、嚎叫声。在乌云的深处，暴风雨鼓着黑乎乎的腮帮。

风是一个危险，雾是另一个危险。

航海的人向来都怕雾。在有的雾中，悬荡着微小的冰凌，马利奥特认为那是产生海晕、出现幻日和幻月的原因所在。暴风雨中的浓雾结构复杂，重力不一的多种雾气和水气混合在一起，重叠交错，将雾分隔成各种层次，使之成为一个名副其实的层次系统。最低层为碘，碘上面为硫，硫上面是溴，溴上面为磷。这一切构成了电力和磁力部分，在一定程度上对多种现象做出了解释，如哥伦布和麦哲伦发现的圣爱尔摩火[1]，塞内加所说的随船飞舞的火星，普鲁塔克所介绍的

---

[1] 大气中刷形放电的辉光。——译者

双子座 α 和双子座 β 的两种光焰，凯撒仿佛看到在罗马军团士兵的矛尖闪现的光芒，以及在弗留利地区的杜伊诺城堡，卫士用铁矛碰擦堡顶发出的点点火光。甚至地底蹿出的束束火花——古人称之为"萨图恩的地上闪电"——恐怕也可据此得到解释。在赤道上，一团巨大的浓雾仿佛永远紧缚着地球，那叫云环（Cloud-ring）。云环的作用在于降低赤道地区的温度，就如湾流的作用在于增加北极地区的温度。云环下面的那层雾是致命的。那一带为"马纬度"[1]，英文叫"Horse latitudes"。上几个世纪航海的人，只要见到低垂的雾，就把马扔到大海中，这样出现暴风雨，可以减轻船上的重量，如果风平浪静，也可以节省船上使用的淡水。哥伦布说过：云低便是死（Nube abaxo es muerte）。伊特鲁立亚人擅长气象学，而迦勒底人精通天文学，他们有两位大祭司：一位祭雷，一位祭云。司雷师观察闪电，司云师观察云雾。塔尔奎尼亚有座占卜师院，提尔人、菲尼基人、佩拉斯吉人和古代马兰代纳的所有航行始祖都前去讨教。从那个时代起，就已经开始对风暴的生成方式有所了解，它与雾的生成方式密切相关，严格说来，两者属同一现象。海洋上，存在着三大雾区，一是在赤道区，另两个在极区。海员们笼统地给它们起了一个名字：黑罐[2]。

在任何海域，尤其在英吉利海峡，春分时节的雾是很危险的。那雾会突然间使大海笼罩在夜幕中。雾的危害之一，哪怕那雾并不怎么浓，就在于使人们难以根据海水的颜色来辨认海底的变化。这十分可怕，因为即使近处，也看不清是否遇到暗礁或浅滩。暗礁就在眼

1　即亚热带无风带。——译者
2　原文为"pot au noir"，即赤道无风带。——译者

前，却没有任何东西提醒你注意。遇到雾，船往往无法脱身，不是搁浅，就是抛锚。雾造成的海难不少于狂风造成的海难。

然而，有一天，大雾之后，又是一阵凶猛异常的狂风，邮船"卡什米尔"号却安然无恙地从英国开了回来。这艘单桅帆船迎着海上映出的第一束阳光驶进圣彼得港，就在这时，科尔内堡鸣响了太阳出海的炮声。天空渐渐变得一片晴朗。人们等待着"卡什米尔"号邮船的到来，因为它带来了圣桑普森的新神父。单桅帆船驶进港口不久，城里便四处传说，这艘邮船夜里在海上遇到了一艘救生小艇，艇上挤着遇难的船员。

七、游荡者幸遇捕鱼人

这天夜里，吉利亚特见风势减弱，便驾着他那艘凸肚形帆船出海捕鱼，不过并没有到距海岸太远的地方去。

下午两点钟光景，他趁大海涨潮，迎着灿烂的阳光，经过兽角礁，准备回到海角屋旁的小锚地。正在这时，他好像在吉尔德-霍尔姆-乌尔座椅的倒影中看见了一个凸出的黑影子，与那块岩石本身无关。他把船往那边驶去，终于发现有个人坐在吉尔德-霍尔姆-乌尔座椅上。海水已经涨得很高，岩石已被海浪包围，那人已经不可能再有归路。吉利亚特向那人拼命招手，可那人一动不动。吉利亚特驶到近处，原来那人睡着了。

那人一身黑色衣服。"像是个牧师。"吉利亚特心里想。他再继续往前靠，看到了一张年轻的脸。

这对他是一张陌生的面孔。

幸好岩石笔直地耸立在海上，海水很深，吉利亚特侧船一闪，靠近了石壁。潮水已经把船托得很高，要是吉利亚特站到船舷上去，伸长身子可以勉强够着那人的双脚。他爬到船沿上，举起双手。若他这时摔入大海，很难说还会再浮出海面。波浪滚滚，掉到这岩石和船之间，必定被碾得粉碎。

他拉了拉那个睡着了的人的脚。

"喂，您在这儿干什么呢？"

那人醒过来。

"我在看呢。"他回答道。

等完全清醒之后，那人继续说道："我才到这个地方，来这儿随便走走，我夜里是在海上过的，发现风景很美。后来，我累了，便睡着了。"

"再过十分钟，您就要被淹死了。"吉利亚特说。

"啊！"

"跳到我船上来。"

吉利亚特用脚稳住船，一手攀住岩石，另一只手递给那个穿黑衣服的人，那人动作轻捷地跳到了船上。这是一个很英俊的年轻人。

吉利亚特拿起桨，两分钟后，船就驶进了海角屋旁的小锚地。

年轻人戴着一顶圆帽子，系着白领带。黑色的长外套纽扣一直扣到领带处。他一头金发，看去宛若一顶金冠，长着一副女人似的脸，目光纯洁，神态严肃。

船靠了岸。吉利亚特把缆绳系在铝环上，转过身，看见年轻人伸着一只雪白的手，要把一枚金币送给他。

吉利亚特轻轻地推开了这只手。

出现了一阵沉默，年轻人首先打破了沉默。

"您救了我的命。"

"也许吧。"吉利亚特说。

等系好缆绳，他们下了船。

年轻人继续说："我感谢您救了我的命，先生。"

"这没什么。"

吉利亚特回答后，又出现了一阵沉默。

"您是这个教区的吗？"年轻人问。

"不。"吉利亚特回答道。

吉利亚特抬起右手，指了指天空，说道："是那个教区的。"

年轻人向他行了个礼，离开了他。

走了几步，年轻人又停了下来，摸了摸衣袋，从里面拿出来一本书，回到吉利亚特面前，把书递给他说："请允许我把这本书献给您。"

吉利亚特接过书。

是部《圣经》。

片刻后，吉利亚特凭倚着护栏，看着年轻人拐了弯，继续沿着通往圣桑普森的小路往前走。

他渐渐地垂下脑袋，把这个新来的人丢到了脑后，再也不知道那把吉尔德-霍尔姆-乌尔座椅是否存在。对他来说，一切顿时消失在他那无边的梦境之中。吉利亚特面临着一个无底的深渊，那就是戴吕施特。

突然,一个声音在呼唤他,使他从黑暗中挣脱了出来。

"喂,吉利亚特!"

他听出那声音,抬起眼睛。

"有什么事,朗代师傅?"

确实是朗代师傅,正坐着他那匹小马拉的四轮车,从距离海角屋百步远的路上经过。他停下车,跟吉利亚特打个招呼,可看他的样子,好像有急事,慌慌张张的。

"有新鲜事,吉利亚特。"

"哪儿的新鲜事?"

"布拉维的。"

"什么事?"

"我离您太远了,不好跟您说。"

吉利亚特浑身一阵颤抖。

"是不是戴吕施特小姐结婚了?"

"不是。早着呢。"

"您想说什么意思?"

"到布拉维去,您就知道了。"

说罢,朗代师傅抽了马一鞭。

追忆似水年华

> **导读**

马塞尔·普鲁斯特是法国二十世纪最具影响力的作家之一,开意识流之先河,其代表作为《追忆似水年华》。法国著名作家莫洛亚认为普鲁斯特通过他的小说创作发现了新的"矿藏",突破了巴尔扎克的《人间喜剧》所开拓的外部世界领地,以一场"逆向的哥白尼式革命",将人的精神重新置于天地之中心。

普鲁斯特以小说这一独特的形式,追寻生命之春。他以追忆的手段,借助超越时空概念的潜在意识,不时交叉地重现已逝去的岁月,找回了失去的时间,从而也重获了失去的幸福;同时,这一追寻的过程整个凝结在《追忆似水年华》之中,使其成了一部超过时代的不朽之作,让重获的幸福永存。生命的追寻于是成就了普鲁斯特的生命之升华与艺术之不朽。

一九九〇年,译林出版社开始陆续推出了七卷本的全套《追忆似水年华》中译本。本选集选取的是该书第四卷《索多姆和戈摩尔》第二卷第一章的部分译文,写的是叙事者"我"应邀参加盖尔芒特公爵宴会的情景。上流社会一个个独特的人物呼之欲出，笑脸背后，是叵测的心机，是膨胀的欲望，是充满危险的暗礁。普鲁斯特的写作具有强烈的个性，句子长，隐喻深刻而奇特，给翻译造成了巨大的障碍，也给译者留下了再创造的空间。

第二卷

第一章

我说不准是否受到邀请，并不急于前往参加盖尔芒特府上的晚会，于是独自在外闲逛，可是，夏日似乎并不比我更着急逝去。尽管已经九点多了，它还在协和广场流连忘返，给鲁克尔索方尖碑罩上一层玫瑰果仁糖的外表。接着，它又改变了方尖碑的色彩，将之转变为另一种物质，其金属感之强，致使方尖碑变得不仅更珍贵，而且显得更细薄，更柔软。人们想象着也许可把这一瑰宝扭弯，或许早已有人把它微微弯曲了。月亮已悬挂在空中，宛如一瓣小心剥净的桔子，尽管表面稍有点儿损伤。再过数小时，它也许就会变成一弯铮铮金钩。一颗可怜的小星星孤零零地蜷缩其后，独自去陪伴着这轮寂寞的冷月，然而，月亮更富于勇气，一面保护着自己的朋友，一面向前行进，仿佛手持势不可当的武器，高擎着东方的象征，挥动着自己那把奇妙的金钩大刀。

在盖尔芒特亲王夫人府邸门前，我遇到了夏特勒罗公爵；我不再记得,半小时前,自己还一直惶惶不安,担心——它不久又要困扰着我——不请自来。人们往往会有这类担心,可有时一时分心,把危险丢诸脑后,事后很久才回想起当时的惶恐心境。我向年轻的公爵道了安,钻进了府邸。可这里,我必须先交代一点情况,虽然微不足道,却有助于理解不久就要发生的事情。

这天晚上,有个人一如既往,深深思念着夏特勒罗公爵,可却不知公爵到底是何许人。此人就是德·盖尔芒夫人的门子(当时称"传呼")。德·夏特勒罗先生远谈不上是亲王夫人的至爱亲朋——仅仅是一位表兄弟而已——他平生第一次受到她沙龙的接待。十年来,公爵的双亲与她一直不和,最近半个月,才重归于好,这天晚上,他们因事不得不离开巴黎,故派儿子代表他们夫妇赴会。可是,几天前,亲王夫人的门子在香榭丽舍大道与一年轻人相遇,觉得他长相迷人,虽想方设法,却未能弄清其身份。这倒不是因为那位年轻公子不客气大方。门子挖空心思,对这位年纪轻轻的先生所表示的阿谀逢迎,他反都一一领受了。但是,德·夏特勒罗先生既冒冒失失,也谨小慎微:他愈弄不清与他打交道的是谁,便愈不肯公开自己的身份。倘若他知道了对方的底细,也许会更害怕,尽管这种恐惧并无道理。他始终不露真相,只让对方把自己视作英国人,但他待门子如此大方,深得门子的欢心,门子渴望与他再次相会,满怀激情,追根问底,可公爵对他的种种提问,只答了一句话"I do not speak French."[1],就这样,两人一直走完了加布里埃尔大街。

---

[1] 英语,意为:我不会讲法语。

虽然盖尔芒特公爵毫无顾忌——因其表兄弟的母亲的门第之故——装模作样，似乎在盖尔芒特-巴维埃尔亲王夫人的沙龙里找到了点古弗瓦西埃府的陈迹，但是，此沙龙的安排，在社交圈里可谓独此一家，令人耳目一新，据此，大家普遍认为这位夫人具有独创精神，聪慧过人。晚宴后，不管随后进行的交际晚会场面多大，盖尔芒特亲王夫人的府上，座位安排总是别具一格，来宾被分成若干小圈子，需要时，自可转过身来。亲王夫人走去带头就座，仿佛有选择地坐入其中的一个小圈子，以显示此举的社会意义。而且，她大胆地指名道姓，把另一小圈子的成员吸引过来。比如，若要提醒德达伊先生注意——他自然高兴——另一圈子的德·维尔米夫人，她坐的位置正好让人看到她的后背，她的脖颈儿有多漂亮，亲王夫人便毫不犹豫地提高嗓门："德·维尔米夫人，德达伊先生正在欣赏您的脖颈儿呢，他可是个大画家呀。"德·维尔米夫人心领神会，这分明是直接邀她参加交谈，便以其平素骑马养成的灵巧动作，丝毫不打扰身旁的宾客，慢悠悠地把座椅转动四分之三圈，几乎正对着亲王夫人。

"您不认识德达伊先生？"女主人问道，对她来说，对方听她招呼，灵巧而又难为情地转动座位还不够。"我不认识，可我熟悉他的作品。"德·维尔米夫人回答道，毕恭毕敬，姿态动人，显得十分得体，令众人羡慕不已，同时，她向那位打了招呼，但并未正式介绍给她的著名画家悄悄地致以敬意。"来，德达伊先生，"亲王夫人说，"我来把您介绍给德·维尔米夫人。"于是，德·维尔米夫人像方才向他转过身那样，动作灵敏地给《梦》的作者让座。这时，亲王夫人便将另一把座椅拉到自己面前。确实，她喊德·维尔米夫人不过是找个借口，以便离开第一个小圈子，她在此已度过十分钟的规定时间，接着再到第二个圈子露个面，同样赐给十分钟。只用三刻钟，所有小圈子便都受到她的光顾，每一次似乎都是即兴生情，欣然而至，可真正的目的则是想充分显示出"一位贵夫人"是多么自然地"善于待人接物"。可眼下，晚会的宾客才开始陆续到来，女主人坐在离进口不远的地方，上身笔直，神态傲然，近乎皇家气派，两只眼睛以其炽烈的光芒熠熠闪亮，身旁，一边是两位容貌并不俊俏的殿下，另一边是西班牙大使夫人。

我在几位比我早到一步的客人后排着队。对面就是亲王夫人，毫无疑问，她的花容玉貌并非是我对这次晚会记忆犹新的唯一因素，值得回忆的东西何其多。可女主人的这副脸庞是多么完美无瑕，仿佛是轧制而就的一枚纪念章，美丽绝伦，为我保留了永恒的纪念价值。若在晚会的前几天遇到她邀请的客人，亲王夫人通常总是说："您一定来，是吧？"似乎她非常渴望与他们交谈。但恰恰相反，一旦客人来到她的面前，她对他们却无话可说，也不起身欢迎，只是一时中断与两位殿下及大使大人的闲聊，表示感谢："您来了，人好了。"这并不是她真的认为客人前来赴会是表示一番心意，而是为了进一步表现她的盛情。谢罢，遂又把来宾打发到客流中去，补充道"德·盖尔芒特先生就在花园进口处，您去吧"，让来客自行参观，不再打搅她。对有的宾客，她甚至没有一句话，只给他们露出两只令人赞叹的缟玛瑙眼睛，仿佛他们只是来参观宝石展览似的。

在我前面第一个进府的是夏特勒罗公爵。

已在客厅的宾客对他笑脸相迎，竞相握手问候，公爵忙着一一还礼,却没有发现门子。但门子一眼便认出了他。此人的身份,门子曾多么渴望有所了解,过一会儿,他就要弄个一清二楚了。门子请问两天前相遇的"英国人"尊姓大名,以便禀报,内心感到的不仅是激动,也是怨恨自己冒昧、失礼。他似乎觉得自己就要向众人(然而人们却觉察不出异常)公开一个秘密,可如此唐突,要当众揭露,真是罪过。一听见来宾回答是"夏特勒罗公爵",他感到骄傲极了,紧张得一时说不出话来。公爵看了看,认出了对方,但觉得丢尽了面子,可家奴却恢复了镇静,对他的徽章图案了解得八九不离十,急忙主动补充对方过分自谦的身份,大声通报:"夏特勒罗公爵殿下大人到!"声音中既有职业门子的铿锵有力,又有至爱亲朋的柔情蜜意。可现在,轮到通报我了。我只顾细细打量女主人,可她还没有看见我,我未多考虑眼前这位门子的职权。对我来说,此人的职权着实可怕——尽管害怕的原因与德·夏特勒罗先生的不一样——门子全身披黑,活像个狱卒,身边簇拥着一帮奴仆,身着最为悦目的号衣,一个个身强力壮,时刻准备擒拿擅自闯入府邸的外人,把他轰出去。他问了我的姓名,我像个任人捆绑在木砧上的死刑犯,不由自主地告诉了他。他立刻威严地扬起脑袋,不等我开口央求他小声点儿——以便万一我真的未受邀请,可以保住面子,若是应邀而来,也不失盖尔芒特亲王夫人的体面——他早已用足以震塌府邸穹顶的力量,唱出了那几个令人心悸的音节。

杰出的赫胥黎(其侄儿目前在英国文学界占有决定性地位)说过这么一件事,他手下的一个女病人怎么也不敢再去上流社会,因为就在人们彬彬有礼请她入席的座位上,她往往发现已经坐着一位老先生。她心里清楚，不是那引她入席的动作，就是那席上坐着的老先生，两者必有一个是幻影，因为别人绝不可能指给她一个已被占用的席位。可是，为了治好她的病，赫胥黎硬要她再去参加晚会，她一时犹豫不决，觉得受不了，心里折腾开了，不知人们对她亲热的表示是否确有其事，或是自己受虚无的幻觉的指引，在众目睽睽之下坐到一位有血有肉的老先生膝上去。她一时拿不定主意，内心痛苦万分。但是，比起我此刻的苦恼，也许就逊色多了。一听到轰响起我的姓名，仿佛是一场灭顶之灾的先声，为了显出我内心笃笃定定，没有半点犯疑，我不得不摆出一副坚定的神态，向亲王夫人走去。

当我行至距她几步之遥的地方，她便发现了我，这征兆使我的担心化为乌有，不再害怕自己是一次阴谋诡计的迫害对象，她不像见到其他宾客时那样，坐着一动不动，而是抬起身子，向我迎来。瞬息间，我终于像赫胥黎的病人，舒心地叹了口气——当她打定主意坐到座椅上去后，发现席位是空的，终于明白了那位老先生是个幻影。亲王夫人笑容可掬，上前与我握手。她一时站立着，赐我以殊荣，恰如马来伯一节诗的最后一句所云：

天使起立，向他们示以敬意。

她为公爵夫人尚未抵达表示歉意，仿佛她不在场，我会感到无聊。为了向我道这声日安，她竟握着我的手，风度翩翩地围着我旋转一周，我顿时感到被她掀起的那股旋风裹挟而去。我简直以为，她当即要对我大开恩典，如同一位领舞女郎，赠我象牙头手杖或一只手表。可实际上,她什么也没有给我,仿佛她方才不像在跳波士顿舞,而像是听了贝多芬的一段至圣的四重奏,担心打乱了那雄壮的乐声,顿时停止了交谈,或不如说压根儿就没有开始谈过,看到我进来后仍然容光焕发,只告诉我亲王在什么地方。

我离开了她,再也不敢接近,感到她对我绝对无话可说,这位身材颀长、美貌绝伦的妇人像多少傲然走上断头台的贵夫人一样高尚,不敢献给我蜜里萨酒[1],只是诚心诚意地对我重复已经对我说过两遍的话:"亲王就在花园,您去吧。"可是,若到亲王身边去,这就意味着内心的疑虑将以另一种方式重新困扰着我。

不管怎样,应该找人引荐我。耳边传来德·夏吕斯先生的滔滔不绝的高谈阔论,压倒了众人的交谈声,他正在与刚刚结识的西多尼亚公爵阁下夸夸其谈。人们往往可从对方的公开主张摸透其心思,而德·夏吕斯先生和德·西多尼亚先生则从各自的恶习中很快嗅出了对方的怪癖,对他俩来说,一到交际场合,共同的癖好就是口若悬河,乃至不容对方插话。正如一首著名的十四行诗所云,他们很快判断出这毛病不可救药,于是拿定主意,当然不是偃旗息鼓,停止高论,而是各唱各的调,丝毫不理会对方说些什么。就这样,组成了这混乱的声响,像在莫里哀的剧中,几个人同时在讲述不同的事情,嘈杂一片。男爵嗓门洪亮,成竹在胸,肯定自己能占据上风,盖过德·西多尼亚有气无力的声音,可后者并不因此而气馁,一旦德·夏吕斯先生停下喘口气,这间歇马上便充斥了那位西班牙大贵人

---

[1] 一种药酒,对医治眩晕症有特效。

我行我素，呜噜噜持续不断的低声细语。我本来很想请求德·夏吕斯先生把我引荐给盖尔芒特亲王，可我担心 (有诸多理由) 他会生我的气。我的所作所为对他真太忘恩负义了，一来我再次使他的殷勤落空，二来自那天夜晚他亲亲热热送我回家以来，我对他一直没有丝毫表示。不过，我并无先见之明，把就在这天下午我刚刚目击的絮比安与他之间发生的那个场面当作托词。我那时对此并无丝毫的怀疑。确实，前不久，我父母责备我手懒，迟迟没有动笔给德·夏吕斯先生写几句话，以表感激之情，我反倒大发雷霆，怪他们逼我接受有损体面的主张。不过，只是因为我怒不可遏，想说句他们最不中听的话，才报以如此谎言。事实上，我丝毫没有怀疑男爵大献殷勤会隐藏着任何肉欲的，甚或情感的企图。我把那件事情纯粹视作荒唐行为，一五一十全告诉了我父母。然而，有时未来就居留在我们身上，我们却不知道，我们原以为是撒谎的戏言恰正切中了即将出现的现实。

我对德·夏吕斯先生缺少感激之情，他对此无疑会宽大为怀。可令他恼火的，是我今晚竟出现在盖尔芒特夫人府上，犹如最近在他表姊妹家频频露面一样，我的出现似乎在无声地庄严宣告："唯有通过我，方可跻身这些沙龙。"这是个严重的过失，也许还是个不可补赎的罪过，我没有往深里多想。德·夏吕斯先生深知，他的嗷嗷雷嗓门，专用以对付不对他言听计从，或他恨之入骨的人，在许多人眼里，已经开始变作雷卡通了，再也无力将任何人驱逐出任何地方。可是，也许他还以为，他的能量虽已减弱，仍不失其威力，在类似我这等涉世不深的青年眼里，雄风犹在。因此，选择他在这次盛会上为我帮忙，我觉得很不适宜，因为仅仅我在场似乎就构成了对他自命不凡之架势的讽刺与否定。

　　这时，我被一个相当俗气的人扯住了，此人就是 E 教授。他在盖尔芒特府中看见我，大为诧异。我见他在场，也不少奇怪，亲王夫人府上竟见到他这类人物，可谓空前绝后。他不久前刚为亲王治愈了传染性肺炎，其实亲王早已用过药，出于对他的感激之情，德·盖尔芒特夫人打破惯例，邀请他赴会。因他在沙龙里绝对不认识任何人，总不能像个死神的使者，孤零零在客厅里游来荡去，所以一眼认出我之后，便平生第一次觉得有无数的事情要对我倾诉，这使他得以保持镇静，也正出于这一原因，才向我走来。此外，还有另一个原因。他这人特别注意任何时候都不得误诊。然而，他信函太多，致使他为一位病人初诊之后，弄不清病情是否按他的诊断方向发展。诸位也许还未忘记，当初我外祖母老毛病发作，当晚我就把她领到他家诊治，恰好撞见他让人为自己缝制奖旗，缝得还真够多的。时过境迁，他再也记不清我们曾差人给他送过讣告。"您外祖母大人已不在人世，对吧？"他对我说，话中带有八九分的把握，也就不在乎尚存的一二分疑虑了。"啊！果然这样！想当初，从我见到她的第一分钟起，我对她的诊断就完全灰了心，我记得清清楚楚。"

　　就这样，E 教授得知或再次得知了我外祖母谢世的消息，我也许应该为他歌功颂德，为整个医学界歌功颂德，然而，我却没有任何满意的表示，也许压根儿就没有满意的感觉。医生的过失屡见不鲜。他们往往对摄生疗法持乐观态度，但对最终的疗效则表示悲观，因而犯下过错。"葡萄酒吗？限量喝一点对您不会有什么坏处，这可以说是一种健身剂……房事吗？不管怎么说，这是人之常欲。我同意，但不能过分,请听清我的话。凡事物极必反,过分就是毛病。"这一下子,对病人是多大的诱惑!这诱惑着病人放弃两种起死回生之妙药:饮水和禁欲。然而,若病人心脏出了毛病,患了蛋白尿等病,那他的日子就屈指可数了。一旦出现严重障碍,尽管是功能性的,也往往单凭想象,将之归结为癌症了事。对于不治之症,再治疗也无济于事,自然没有必要继续给病人看病。于是,病人自己挣扎,为自己规定了严格的进食制度,身体渐渐康复了,总算活了下来,大夫原以为他早进了拉雪兹神父公墓,不料却在歌剧院大街相遇,对方向他脱帽致意,他却视之为大不敬的奚落行为。其愤慨程度比刑事法庭庭长有过之而无不及,两年前,他明明宣判了一位四处游荡的流浪汉死刑,那家伙似乎毫不惧怕,如今竟又在他鼻子底下溜达。医生们(当然不指全部,我们思想中并不排斥非凡的例外)自然会为自己的诊断得以证实感到欣喜,但一般来说,更为自己的判决宣布无效感到恼火、愤怒。正是由于这一原因,虽然 E 教授见自己没出差错,内心无疑感到满足,但不论他有多得意,他还很善于逢场作戏,显出一副悲伤的模样,跟我谈起我们所遭受的不幸。他并不打算敷衍几句了事,因为谈话给他提供了保持镇静的机会和继续待在客厅的理由。他跟我谈起近日天气炎热,尽管他素有文化修养,完全可以使用纯正的法语表达思想,可他却这样对我说:"这样高烧,您不难受吗?"究其原委,原来是自莫里哀时代以来,医学在其知识领域略有进步,可在术语方面却毫无起色。我的对话者紧接着添上一句:"眼下,必须避免发汗,这么个天,尤其在过热的客厅里更容易引起发汗。等您回家,想喝点什么,您可以以热攻热。"(这意思显然是说喝点热饮料。)

由于我外祖母死的方式有些特殊,我对这一问题颇感兴趣,最近,我在一位大学者的一部著作中读到,出汗对肾有害,因为正常情况下通过别的渠道分泌的却通过皮肤排掉了。我为这酷暑感到遗憾,我外祖母就是在热天病逝的,我几乎就要指控这鬼天气坑人了。可是,我并未跟 E 大夫谈起这些,倒是他主动对我说:"这种大热天,会出大量的汗,其好处就是肾可以同时减轻负担。"看来,医学不是准确的科学。

E 教授死缠着我,唯一的要求就是不离开我。可我刚刚发现了福古贝侯爵,只见他朝后退了一步,向盖尔芒特亲王夫人毕恭毕敬,一左一右行了两个屈膝礼。德·诺布瓦先生最近才引见我与他结识,现在,我倒希望能通过他把我介绍给男主人。因本书篇幅有限,不允许我在此细细解释由于年轻时发生了何种事故,德·福古贝先生才与德·夏吕斯先生过从甚密,拿索多姆人的话说,他与德·夏吕斯先生是"心腹之交",在上流社会,像德·福古贝先生这样的为数甚少(也许就独他一人)。不过,倘若说我们这位在戴奥多尔国王身边的公使也有着男爵身上某些同样的缺陷的话,那也只是小巫见大巫,相比之下,黯然失色。他对人往往一时怀有好感,一时又充满仇恨,其表现形式也只是情感上的,且极其温和,也很笨拙,男爵正是钻其感情多变的空子,一会儿激起诱惑的欲望,一会儿又惶惶不安——也是想象的结果——不是害怕受到鄙视,至少也是担心暴露自己的企图。由于他心地纯洁,坚持"柏拉图式的精神恋爱"(他这人雄心勃勃,自进入参加会考的年龄之后,为此牺牲了一切乐趣),尤其因为他智力低下，德·福古贝先生此一时，彼一时的多变性情，显得滑稽可笑，且暴露无遗。可是，德·夏吕斯先生恭维起人来毫无节制，滔滔不绝，充分表现出其雄辩的才华，同时连讽刺带挖苦，手段妙不可言，语气刻薄至极，让人铭心刻骨，终生难忘。然而，德·福古贝先生却与他相反：表白好感时，那语气像是个末等社会的小人，又像是个上流社会的贵人，也像是位官场的老爷，总之平庸无奇；若是骂起人来（和男爵一样，往往是彻头彻尾的无事生非），则一副恶狠狠的模样，没完没了，毫无幽默感，与公使先生六个月前亲口所说的往往大相径庭，叫人格外生厌，可说不定过不了多久，他又会旧话重提，变化中不乏常规，倒给德·福古贝先生的不同生活阶段增添了一种天体之诗意，若无此诗意，他岂能胜人一筹，与天体试比高低。

  他问候我的这声晚安就丝毫没有德·夏吕斯先生请安的韵味。那举止千般造作，他却自以为是上流社会和外交场合的翩翩风度，此外，德·福古贝先生还伴以放肆、洒脱的姿态，笑容可掬。一方面为了显得生活如意，可他内心里却为自己得不到擢升，时刻受到革职退休威胁而有难言的苦衷；另一方面则为了显出年轻，充满男子气概，富于魅力，然而在镜中，他却看到自己那张多么希望保持迷人风采的脸庞四周已经刻上道道皱纹，甚至再也没有勇气去照一照。这并非他真的希冀征服别人，只要往这方面想一想，他也会胆战心惊，因为流言蜚语、丑闻讹诈着实令人可怕。本来，他几乎像个孩子似的放浪形骸，可自从他想到凯道赛[1]，希望获得远大前程的那天起，便

---

1 法国外交部所在地。

转而绝对禁欲，这一变，活像成了笼中困兽，总是东张西望，露出惊恐、贪婪而愚蠢的目光。他愚蠢至极，甚至都不想一想，他年轻时的那帮二流子早已不是小淘气包了，若有个报童冲他喊一声"买报了"，他会吓得不由自主地浑身哆嗦，以为被对方认出，露出了马脚。

德·福古贝为忘恩负义的凯道赛牺牲了所有享受，可正因为缺少享受，他——也正因为这一点，他兴许还希望惹人喜欢——内心有时会突然冲动。天知道他一封接一封给外交部呈了多少信函，私下里耍了多少阴谋诡计，动用了夫人多少信誉（由于德·福古贝夫人出身高贵，长得又膘肥体壮，一副男子相，特别是她丈夫平庸无能，人们都以为她具有杰出才能，是她在行使真正的公使职权了），不明不白，把一个一无长处的小伙子拉进了公使团成员之列。确实，数月或数年之后，尽管这位无足轻重的随员毫不坏心眼，但只要对上司哪怕有一点冷漠的表示，上司就以为受到蔑视或被出卖，再也不像过去那样对他关怀备至，而是歇斯底里地狠加惩治。上司闹得天翻地覆，要人把他召回去，于是，政务司司长每天都能收到这样一封来函："您还等什么？还不赶快给我把这刁滑的家伙调走？为了他好，教训他一番吧。他需要的，是过一过穷光蛋的日子。"由于这一原因，派驻到戴奥多尔国王身边的专员职务并不令人愉快。不过，在其他方面，因为他完全具备上流人士的常识，所以，德·福古贝先生仍是法国政府派驻国外的最优秀的外交人员之一！后来，一位所谓上层的无所不知的雅各宾党人取代了他，法国与国王统治的那个国家之间很快爆发了战争。

德·福古贝先生和德·夏吕斯先生有个共同之处，就是不喜欢先向人请安。他们宁可"还礼",因为他们总是担心,自上次分手后,也许对方听到了别人对他们的闲话,不然,他们说不定早已主动向对方伸出手去。对我,德·福古贝先生不必费神顾虑这一问题,我很主动地向前向他致意,哪怕只是由于年龄差别的缘故。他向我回了礼,惊叹而又欣喜,两只眼睛继续转个不停,仿佛两旁长着禁食的嫩苜蓿。我暗自思忖,觉得在求他带我去见亲王之前,还是先请他把我介绍给德·福古贝夫人更合乎礼仪,至于见亲王的事,我准备等会儿再提。一听我想结识他夫人,他似乎为自己也为夫人感到欣喜,毫不迟疑地举步领我向侯爵夫人走去。到她面前后,他连手势加目光指着我,尽可能表示出敬意,然而却一声不吭,数秒钟后,活蹦乱跳地独自离去了,撂下我一人与他夫人待在一起。她连忙向我伸出手来,可却不知面对谁表示这一亲切的举动,我这才恍然大悟,德·福古贝先生忘了我叫什么,甚或根本就没有认出我来,只不过出于礼貌,不想向我挑明,结果把引见演成了一出十足的哑剧。因此,我的行动并无更大的进展:怎能让一位连我的姓名都不知晓的妇人把我介绍给男主人呢?再说,我也不得不跟德·福占贝夫人交谈一会儿。这使我心烦,原因有二。其一,我并不打算在晚会待很长时间,因我已与阿尔贝蒂娜说妥(我给她订了一个包厢看《费德尔》),让她在子夜前一点来看我。当然,我对她毫无依恋之情,我让她今晚来,只是顺应了一种纯粹的肉欲,尽管在这一年的三伏天,解放了的肉欲更乐于拜访味觉器官,尤其喜欢寻觅清凉。除了少女的吻,它还更渴望喝杯橘子饮料,游个泳,或者静静观赏那轮替天解渴的明月,月亮像只剥净的水果,鲜汁欲滴,不过,我想待在阿尔贝蒂娜身边——她使我想到了波浪的凉爽——以摆脱那许许多多迷人的脸蛋（因为亲王夫人举办的不仅仅是夫人的晚会，也是少女们的聚会）不可避免地将给我造成的惋惜之感。其二，威严的德·福古贝夫人长着波旁家人的嘴脸，郁郁寡欢，没有丝毫的魅力。

在外交部，人们并无恶意，都说这一家子是丈夫穿裙子，妻子穿短裤。不错，这话里的真实性超出了人们的想象。德·福古贝夫人简直是个男子汉。她天生就是这副样子，还是后天才变得如我看到的这副模样？这倒无关紧要，因为不管是先天所生还是后天所变，反正都是大自然创造的最动人心弦的奇迹之一，尤其是后天的变化，如此奇迹造成了人类与花卉彼此不分。倘若第一种假设——后来的德·福古贝夫人天生就是这副笨拙的男子相——能够成立，那么便是天性在耍花招，既慈悲，又狠毒，给少女披上一副假小子的伪装。不喜欢女色但又想改邪归正的少年欣然找到了一个未婚妻，壮实得像菜市场上的搬运工。倘若相反，这女人并非天生男人性格，那么便是她自己为讨夫君的欢心，甚或毫无意识地通过拟态，渐渐养成，就像有的花在拟态性作用下，给自己披上类似其意欲引诱的昆虫的外衣。她恨自己得不到爱，恨自己不是男人，于是便渐渐男性化了。除我们所关心的这一情况外，谁没发现有多少最正常不过的夫妻最终都变得性格相似，有时其至互换了一副性格？从前有一位德国首相叫比洛夫亲王，他娶了一位意大利女人为妻。时间一长，在亲王身上，人们发现这位作为丈夫的日耳曼人渐渐养成了多么典型的意大利人的精明，而亲王夫人却慢慢染上了德国人的粗鲁。姑且不提我们所描绘的这些规律的特殊例，谁都知道有那么一位杰出的法国外交官，他是在东方最享有盛誉的伟人之一，唯有其姓氏表明其籍贯所在。随着他日渐成熟、衰老，一个东方人竟在他身上脱颖而出，绝没有谁怀疑这位东方人，谁见到他，都会为他头上少戴了顶土耳其帽而遗憾。

还是言归正传，谈谈那位公使的陌生风尚吧，我们方才提及他那遗传变异而拙笨了的形象。不管是后天养成，还是先天造就，反正德·福古贝夫人成了一个典型的男人化身，其不朽形象就是巴拉蒂娜亲王夫人，她总是身着马服，不仅仅从丈夫身上汲取了男子气概，而且还从不爱女人的男子身上沾染了一些恶习，在一封封说三道四的信中，揭露路易十四宫廷中那些贵族大老爷之间的勾当。造成德·福古贝夫人一类女人身上出现男子气的另一个原因，就是她们遭受丈夫的遗弃，为此感到耻辱，致使身上所有的女性特征渐渐失却光泽。她们最终养成了丈夫所不具备的优点和毛病。随着丈夫日渐轻佻，愈来愈女子气，愈来愈不知趣，她们活像毫无魅力的雕像，变得男子气十足，而这种阳刚之气本应由丈夫来表现的。

耻辱、厌倦、愤懑的印记使德·福古贝夫人端端正正的脸庞黯然失色。糟糕，我感到她正饶有兴味且好奇地打量着我，简直像个讨德·福古贝先生欢心的年轻小伙子，既然渐渐衰老的丈夫如今更爱青春年少，她也就恨不得成为翩翩少年。她目不转睛地盯着我看，犹如外省人对着时新服饰用品商店的商品目录册，聚精会神地描着漂亮的画中人大小恰正合适的套头连衣裙（实际上，每一页画的都是同一个人，只不过由于变换服饰与姿态，造成错觉，看出像是许多各不相同的人）。花诱蜂的引力如此之大，推动着德·福古贝夫人向我靠近，她居然一把抓住我的胳膊，让我陪她去喝杯橘子饮料。可我连忙脱身，推托说我马上要走，可还没有见到男主人。

男主人正在花园门口与几位来客交谈，我离那儿并不太远。可这段距离令我生畏，简直比赴汤蹈火还要可怕。

花园里站着许多妇人，我觉得可通过她们引见一下，她们一个个装模作样，惊叹不已，实际上茫然不知所措。举办此类盛会，一般都是形式在前，待到第二天方能成为现实，因为第二天才引起未受邀请之人的关注。诸多文人都有一种愚蠢的虚荣心，一位名副其实的作家却无比虚荣，要是阅读一位对他向来推崇备至的批评家的文章，发现文中不见自己的名字，提的尽是些平平庸庸的作者，尽管文章可能不乏惊人之笔，他也不会有闲心再读下去，因为有作品需要他去创造。可是，一位上流社会的女人闲极无聊，无所事事，一旦在《费加罗报》上看到"昨日，盖尔芒特亲王夫妇举行了盛大晚会……"便会惊叫起来："怎么搞的！三天前我跟玛丽-希尔贝整整交谈了一个钟头，她竟然对我只字未提！"于是，她绞尽脑汁，想弄清自己到底有什么对不起盖尔芒特家。必须承认，亲王夫人的盛会有所不同，不仅引起未受邀请之人的惊讶，有时，受邀请的客人也同样觉得奇怪。因为她的晚会往往出人意料，爆出冷门，邀请一些被德·盖尔芒特夫人冷落了数年的客人。而几乎所有上流人士都是那么浅薄，每个人对待同类仅以亲疏论是非，请了的亲亲热热，不请的耿耿于怀。对这些人来说，尽管都是亲王夫人的朋友，若真的没有得到邀请，这往往是因为亲王夫人害怕引起"帕拉墨得斯"不满，因他早已把他们逐出教门。据此，我完全可以断定，她没有跟德·夏吕斯先生提起我，不然，我就不可能在场。德·夏吕斯先生正站在德国大使身旁，凭倚着花园门前通往宫邸的主楼梯的栏杆，尽管男爵身边围了三四个崇拜他的女人，几乎挡住了他，但来宾都得上前向他问好。他一一作答，直呼其姓。只听得一连串的问候声："晚上好，迪·阿塞先生，晚上好，德·拉都·迪品－维尔克洛兹夫人，晚上好，德·拉都·迪品－古维尔纳夫人，晚上好，菲利贝，晚上好，我亲爱的大使夫人……"不停的尖声问候不时被德·夏吕斯先生履行公务的嘱托与询问（他根本不听回答）所打断，这时，他的声音变得温和起来，假惺惺的，既表示冷漠，也稍带几分亲善："注意小姑娘别受凉了，花园嘛，总有点儿潮气。晚上好，德·布朗特夫人。晚上好，德·梅克伦堡夫人。姑娘来了吗？她穿上那件迷人的玫瑰色连衣裙了吗？晚上好，圣谢朗。"当然，他这副姿态含着傲气。德·夏吕斯先生知道自己是盖尔芒特家族的一员，在这次盛会中举足轻重，优越于他人。但是，也不仅仅含有傲气，对具有审美情趣的人来说，倘若此盛会不是在上流人士府邸举行，而是出现在卡帕契奥[1]或委罗内塞[2]的油画中，那么，盛会这个词本身就会引起奢华感、好奇感。更有甚者，德·夏吕斯这位德国亲王可能会想象着这场盛会正在汤豪泽[3]的诗篇中举行，他俨然以玛格拉弗自居，站立在瓦尔堡的进口，降贵纡尊向每位来宾问候一声，来宾鱼贯进入城堡或花园，迎接他们的是百奏不厌的著名

1　卡帕契奥（约 1460—1525/1526），意大利文艺复兴早期威尼斯画派最伟大的叙事体画家。
2　委罗内塞（1528—1588），16 世纪威尼斯画派的主要画家和著名色彩大师。
3　汤豪泽（约 1200—约 1270），德国抒情诗人。

《进行曲》的长长的短句乐章。

可是，我怎么也得拿定主意。我清楚地认出了树下的几位女子，我跟她们多少有些交往，可她们仿佛个个变了模样，因为她们此时是在亲王府，而不是在她们的哪位表姊妹家，而且我也看到，她们此刻并不是面对撒克逊餐盘，而是坐在一棵栗树的树荫下。环境的优雅并不起任何作用。即使在"奥丽阿娜"府中环境逊色百倍，我心中照旧会混乱不堪。若在我们所处的客厅里，电灯突然熄灭，不得已换上油灯，那在我们眼里，一切便会变样。我被德·苏夫雷夫人引出了犹豫不决、进退两难的境地。"晚上好，"她边说边向我走来，"您是否很久没见到盖尔芒特公爵夫人了？"说此类话时，她尽量拿出一副腔调，表示并不像他人，纯粹是闲极无聊，无话找话，明明不知该谈些什么，却偏要提起两人都认识的哪位熟人，但往往又弄不清对方是谁，一而再，再而三，没完没了地跟您搭腔。与众不同的是，她的目光里延伸着一条细细的导线，分明在说："别以为我没有认出您来。您这位年轻小伙子，我在盖尔芒特公爵夫人府上见过。我记忆犹新。"可是，这句话看似愚蠢但用心良苦，它在我头顶张开的保护网极不牢靠，我刚欲利用，它便倏然消失，荡然无存。若要到一位有权有势的人物面前为某人去求情，德·苏夫雷夫人往往表现不凡，在求情者的眼里，她像在抬举他，可在权贵看来，却又不像在抬举求情者，以致这一具有双重意义的姿态既能使后者对她感恩戴德，自己也不至于欠下前者的人情债。见这位夫人对我怀有好感，我斗胆求她把我介绍给德·盖尔芒特先生，她利用男主人的目光尚未转向我们的当儿，慈母般地抓着我的双肩，虽然亲王脑袋扭了过去，根本看不着她，她还是对着他微微而笑，推着我向他走去，那动作说是在保护我，可却存心不成全，我还未及迈步，她就撂下我不管了。上流社会的人就是这样卑怯。

　　一位夫人直呼我的家姓，上前向我问候，显得更为卑怯。我一边与她搭腔，一边极力回忆她的姓名：我清清楚楚地记得曾和她共进过晚餐，她对我说过的话有些还没有遗忘。可是，尽管我把注意力伸向记忆残存的深处，却怎么也想不起她的芳名。然而，这姓名就存在于我的脑中。我的思想与它像玩起了游戏，企图先确定其范围，回想其起首的第一个字母，最后再整个儿弄个水落石出。然而枉费心机，我差不多感觉到它的存在与分量，可每当我想象它的形式，与蜷缩在我黑暗的记忆深潭中忧郁的囚犯对号入座时，便立即否认了自己："这不对。"毋庸置疑，我的思维可创造出最难以记忆的姓名。可是，这里并不需要创造，而是要再现。倘若不受真实性所控制，任何思维活动都不费吹灰之力。而此处，我必须受其约束。可突然，整个姓氏出现了德·阿巴雄夫人。我不该说它出现了，因为我觉得它并非自动浮现在我的脑海。有关这位夫人，尚存许多模糊的记忆，我虽然不懈地求助于它们（比如激发自己的记忆，对自己这样说："噢，这位夫人就是德·苏夫雷夫人的好友，她对维克多·雨果佩服得五体投地，那般纯真幼稚，又那么诚惶诚恐。"），可我也并不认为，这些在我和她的姓名之间跳跃不定的记忆，为驱使它的浮现起到了什么作用。当人们搜索枯肠，回忆某人的姓名，在记忆中大肆玩起"捉迷藏"游戏时，用不着采用一系列逐层近似估算法。开始，什么都模糊不清，可突然，准确的姓名出现了，与自以为猜准的姓名风马牛不相及。但并不是它自行出现在我们脑中。不,我还是认为,随着我们的生活一天天过去,我们度过的时光使我们渐渐远离了那姓名清晰可辨的区域,而通过激发自己的意志和注意力,增强了心灵透视的锐敏度,我才蓦然穿透了昏暗层,眼前豁然开朗。总而言之,即使在遗忘和记忆中间存在着过渡界线,这种过渡也是下意识的。因为在搜索到准确的名字之前,我们逐步猜想的名字其实都是错误的,弄得我们步步扑空。更有甚者,那些猜想的名字根本不成其为什么名字,往往只是几个简单的辅音,与搜索枯肠所得的姓名格格不入。不过,从虚无到真实的思维运动是多么神秘,也许不管怎么说,这些错误的辅音有可能就是探路的拐杖,笨拙地在前面摸索,帮助我们捕捉准确的名字。诸位读者也许会说:"所有这些,与告诉我们这位夫人如何缺乏善心毫无关系嘛;既然您作了长篇大论,作者先生,请允许我再浪费您一分钟,我要告诉您,像您这样年纪轻轻(或者像您笔下的主人公那么年轻,如果主人公不是您本人的话),您就如此健忘,连一位极熟悉的女士的姓都记不起来,岂不令人恼火。"读者先生,这确实令人恼火。甚至比您想象的还更惨,待您感到,这样的时刻已经来临,姓名、词汇统统将从清晰的思维区消失,对自己最熟悉的人也最终喊不出姓名。这的确令人恼火,年纪轻轻,回忆熟人的名字,就得这么费劲。可反过来说,倘若只涉及一些颇为耳生,自然而然忘却的名字,一时记不起来,也不想费心去回忆,那这种缺陷倒不无好处。"什么好处,请您谈一谈。"哎,先生,须知唯有疾病本身才能教人去发现、了解并分析其机制,不然,永远都不可能打开它的奥秘。试想一个人像僵尸一样往床上一倒,迷迷糊糊睡到第二天才醒来,起床,他还会想到对睡眠进行重大探索,哪怕进行小小的一番思考吗?也许他都不太清楚自己是否在睡觉。稍微有点失眠,并非无益,它可品尝睡眠的滋味,在茫茫黑夜中放射出一点光芒。长盛不衰的记忆力并不是功率很强的推动研究记忆现象的激电器。"可德·阿巴雄夫人到底把您介绍给亲王没有?"没有,请安静,容我继续往下叙述。

德·阿巴雄夫人比德·苏夫雷夫人还更怯懦,但她的怯懦情有可原。她自知在社交上威信不高。她与盖尔芒特公爵曾经有过的那段私情使她本来就不高的声望大大降低,等到公爵把她一脚踢开,她干脆就名声扫地了。我请求她把我介绍给亲王,勾起了她的不快,造成她一时沉默不语,自以为这样沉默可以装出没有听见我说的话,也未免太幼稚了吧。她恐怕都未察觉到自己气得紧皱眉头。也许恰恰相反,她已经有所察觉,对荒谬的请求不屑一顾,并据此给我上了一堂行事审慎课,却又不显得过分粗暴,我是说这是一堂无声的教训,并不比慷慨陈词缺乏说服力。

再说,德·阿巴雄夫人确实窝火:众多的目光不约而同地投向一个文艺复兴风格的阳台,阳台角上,开个见风行一时的纪念雕像,却探出了美貌非凡的德·絮希-勒迪克公爵夫人,其优美的丰姿并不比雕像逊色纤毫,就是她不久前取代了德·阿巴雄夫人,成了巴赞·德·盖尔芒特的心上人。透过抵御夜寒的白色薄罗纱裙,可见她那胜似胜利女神飘飘然柔美的身姿。

我只有求助于德·夏吕斯先生了,他已经走进底层的一个房间,可通往花园。此时,他装着在全神贯注地打一局模拟的惠斯特牌戏,这样他便可避免给人造成对他人视而不见的印象,我趁机尽情欣赏他那以简为美的燕尾，上面略有点缀，兴许唯有裁缝师傅才能识货，大有惠斯勒[1]黑白《协奏曲》一画的气派，其实不如说是黑、白、红的和谐，因为德·夏吕斯先生在一条宽宽的衣襟饰带上佩戴着一枚马尔特宗教骑士团黑白红三色珐琅十字勋章。这时，男爵玩牌的把戏被德·拉加东夫人打断了，她领着侄子古弗瓦西埃子爵，青年人长着漂亮的脸蛋，一副放肆的模样。"我的好兄弟，"德·拉加东夫人说道，"请允许我向您介绍我侄儿阿达尔贝。阿达尔贝，你知道吧，这就是你常听说的赫赫有名的帕拉墨得斯叔叔。""晚上好，德·拉加东夫人。"德·夏吕斯先生作答道。接着，他又添了一句"晚上好，先生"，眼睛看也没看年轻人一眼，态度粗暴，声音生硬得很不礼貌，在场的人不禁为之瞠目。也许，德·夏吕斯先生知道德·拉加东夫人对他的习性存有疑心，禁不住想含沙射影开开心，于是，他便干脆先堵住她的嘴，免得对她侄子接待亲热，会引起她添油加醋大肆渲染，同时，他也故作姿态，公然表示他对青年小伙子不感兴趣；也许他本来就不认为，那位阿达尔贝会毕恭毕敬地回报婶母的介绍；抑或他渴望日后能与这位如此令人愉快的朋友共闯深宫，不妨先来个下马威，就像君主们在采取外交行动之前，往往用军事行动来配合。

让德·夏吕斯接受我的请求，同意引见，这并不如我想象的那么难办。一方面，近二十年间，这位堂吉诃德曾与多少架风车（往往是他认为对他不敬的亲戚）激战，又多少次挡驾，把"不受欢迎的人"排斥在盖尔芒特家族这一家或那一家的大门之外，以致盖尔芒特家

1　惠斯勒（1834—1903），美国著名画家，作品风格独特，线条与色彩和谐。

族的人都开始害怕会与他们所喜欢的朋友全闹翻,至死也不能与某些在他们看来颇为好奇的新人交往,而这仅仅是为了迎合一位内弟或堂兄的毫无道理的深仇大恨,这位内弟或堂兄也许都恨不得大家为他而抛弃自己的妻子、兄弟、儿女。德·夏吕族的其他人要更精明,发现人们对他排斥他人的苛求已经不放在心上,设想一下未来,真担心最终被抛弃的是他自己,于是开始做出部分牺牲,像俗话所说,开始"掉价"。另一方面倘若说他有能力,使得哪位讨厌的家伙一连几月,甚至几年过着单一的生活——谁要向这人发出邀请,他都绝不容忍,甚至会不自量力,敢像个搬运夫那样赤膊上阵,与王后作对,根本不在乎对方的身份对他不利——那么相反,因他动不动就大发雷霆,因此骂人的火药就不可能不四散无力。"蠢蛋,混账家伙!得教训教训他,把他扫到臭水沟里去,哎,这家伙,即使扫进了臭水沟,对城市卫生也会有害。"他常常这样破口大骂,甚至有时一人在家,读到自以为对他大不敬的来信或想起别人传给他的一句闲话,也会大骂一通。不过,一旦他对第二个混蛋发起火来,对第一个的怒气便就烟消云散,只要此人对他有所恭敬的表示,先前引起的危机还来不及怀恨结仇,便很快被忘得一干二净。因此,尽管他对我抱有怨气,我求他引我去见亲王,也许本来是可以成功的,可我偏偏出了一念之差,为了避免他以为我是冒冒失失撞进府来,求他说情,让我留下做客,我煞有介事地多说了一句:"您知道,我与他们很熟,亲王夫人对我十分客气。""那好,既然您跟他们熟,还用得着我替您介绍吗?"他冷冷地回答我,立即转过身去,继续和教廷大使、德国大使及一位我素不相识的人物装着打惠斯特牌戏。

这时，从埃吉伊翁公爵昔日放养稀有动物的花园深处，透过大敞的门扉，向我传来了一阵深呼吸的声音，仿佛恨不得一口气吸进满园春色。那声音渐渐靠近，我循声走去，不料耳边又响起了德·布雷奥代先生低低的一声"晚安"，这声音不像磨刀霍霍声，更不像糟蹋庄稼地的野猪崽的嗷嗷乱叫，而像是一位救星救急时的慰问。此人不如德·苏夫雷夫人有权有势，但也不像她那样生性不乐于效劳，比起德·阿巴雄夫人，他和亲王的关系也要随便得多，也许，他对我在德·盖尔芒特家族所处的地位存有幻想，或许他比我自己还更了解我的地位举足轻重，可开始几秒钟，我难以吸引他的注意力，只见他鼻神经乳头不停抽搐，鼻孔大张，左顾右盼，单片眼镜后的那对眼睛瞪得滚圆，煞是好奇，仿佛面前有五百部奇观。不过，听清我的请求后，他欣然接受，领着我向亲王走去，一副美滋滋、郑重其事却又俗不可耐的样子，把我介绍给亲王，仿佛向他奉上一碟花式糕点，一边略加举荐。盖尔芒特公爵一高兴起来，待人有多和蔼、友好、随和、充满情谊，那么在我看来，亲王待人就有多刻板、正经、傲慢。他对我勉强一笑，严肃地叫了我一声："先生。"我常听公爵讥笑他表兄弟傲慢不逊。可是，亲王刚开始和我说了几句，那冷峻、严肃的语气与巴赞和蔼可亲的话语形成了极为强烈的对照，我马上便明白了，真正目中无人的正是一见面就与您"称兄道弟"的公爵，这两个表兄弟中，真正谦逊的倒是亲王。从他审慎的举止中，我看到了一种更为高尚的情感，我不是说平等相待，因为这对他是不可想象的，但至少是对下属应有的尊重，这就像在所有等级森严的圈子里，比如在法院、医学院，总检察长或"院长"深知自己身居要职，表面都显出一副传统的傲慢气派，可内心里比起那些佯装亲热的新派人物来，实际上要更真诚，若与他们相处熟了，就会觉得他们为人更善良，待人更友好。"您是否打算继承令尊先生的事业？"他问我，神态冷淡，但又不乏兴趣。我猜想他这样问我只是出于礼貌，于是我简明扼要给予回答，然后即离开了他，让他接待新到的来宾。

我一眼瞥见了斯万，想和他攀谈几句，可恰在这时，我发现盖尔芒特亲王没有站在原地接受奥黛特丈夫的问候，一见面，就像抽水泵那样有力，猛地把他拖到了花园深处，有人传说，甚至"要把他撵出门外"。

上流社会的人都是那么心不在焉，直到第三天，我才从报上得知一个捷克乐团两天前演了整整一个夜场，同时了解到孟加拉战火继续不断燃烧，眼下，我又集中了几分注意力，想去观赏一下著名的于贝尔·罗贝喷泉。

喷泉位于林间空地的一侧，周围树木环绕，树木美不胜收，不少树与喷泉一样古老。远远望去，喷泉细长的一股，静止不动，仿佛凝固了一般，微风吹拂，才见淡雅、摇曳的薄纱悠悠飘落，更为轻盈。十八世纪赋予了它尽善至美的纤纤身段，可喷泉的风格一旦固定，便似乎断绝了它的生命。从此处看去，人们感觉到的与其是水，毋宁说是艺术品。喷泉顶端永远氤氲着一团水雾，保持着当年的风采，一如凡尔赛宫上空经久不散的云雾。走近一看，才发现喷泉犹如古代宫殿的石建筑，严格遵循原先的设计，同时，不断更新的泉水喷射而出，本欲悉听建筑师的指挥，然而行动的结果恰似违背了他的意愿，只见千万股水柱纷纷喷溅，唯有在远处，才能给人以同一股水柱向上喷发的感觉。实际上，这一喷射的水柱常被纷乱的落水截断，然而若站在远处，我觉得那水柱永不弯曲，稠密无隙，连续不断。可稍靠近观望，这永不中断的水柱表面形成一股，可实为四处喷涌的水所保证，哪里有可能拦腰截断，哪里就有水接替而上，第一根水柱断了，旁边的水柱紧接着向上喷射，一俟第二根水柱升至更高处，再也无力向上时，便由第三根水柱接替上升。附近，无力的水珠从水柱上洒落下来，途中与喷涌而上的姊妹相遇，时而被撞个粉碎，卷入被永不停息的喷水搅乱了的空气涡流之中，在空中飘忽，最终翻落池中。犹犹豫豫、反向而行的水珠与坚挺有力的水柱形成鲜明对比，柔弱的水雾在水柱周围迷蒙一片，水珠顶端一朵椭圆形的云彩，云彩由千万朵水花组成，可表面像镀了一层永不褪色的褐金，它升腾着，牢不可破地抱成一团，迅猛冲天而上，与行云打成一片。不幸的是，只要一阵风吹来，就足以把它倾倾斜斜地打回地面；有时，甚至会有一股不驯的小水柱闯到外面，若观众不敬而远之，保持适当距离，而是冒冒失失、看得入神，那准会被溅个浑身透湿。

这类意外的小插曲一般都在刮风时发生，其中有一次弄得相当不快。有人告诉德·阿巴雄夫人，说盖尔芒特公爵——实际上还未到——正和德·絮希夫人在玫瑰大理石画廊，去画廊，需经过耸立在喷池栏旁的双排空心列柱廊。德·阿巴雄夫人信以为真，可正当她要走进其中一个柱廊的时候，一股强烈的热风刮弯了水柱，把美丽的夫人浇得浑身湿透，水从袒露的低领流进了她的裙服，像被人投进水池一般。这时，离她不远的地方，响起节奏分明的哞叫声，这声音大得浩荡的大军都能听见，但却拉成一段段，似乎并不是向整个大军,而是依次向一支支小部队发出的。原来是符拉季米尔大公看见德·阿巴雄夫人被淋,正在纵声大笑,事后,他常说,这真是最开心的一件事,一辈子也看不够。几个好心人提醒这位莫斯科人,该说句表示抚慰的话,她听了准会高兴,可这位妇人虽然已经年满四旬,却不向任何人求救,她一边用披巾揩着身上的流水,顾不得那落水像恶作剧似的打湿了喷池的护栏,独自离去。大公心地还算善良,觉得确实应该抚慰一番,头一阵威震全军的大笑刚刚平息下来,便又响起比第一次更有过之而无不及的嚎叫声。"了不起,老太婆!"他像在剧院一样,击掌高喊。德·阿巴雄夫人不在乎别人牺牲她的青春以夸奖她的灵活。有人正在同她说话,却被喷泉的水声冲淡了,然而,大公大人的雷声又压倒了水声:"我以为亲王殿下跟您说了点什么。""不!是跟德·苏夫雷夫人说的。"她应声答道。

我穿过花园,又登楼梯,由于亲王不在场,不知和斯万到哪儿去了,楼梯上围着德·夏吕斯的来宾越来越多,就像路易十四一旦不在凡尔赛宫,王弟殿下宫中的来客就多了起来。我上楼时被男爵喊住,而此时在我的身后,又有两位夫人和一位年轻公子挤过来想向他道安。

"在这儿见到您,真可爱!"他一边向我伸过手来,一边说。"晚上好,德·拉特雷默伊夫人,晚上好,我亲爱的埃米尼。"他无疑想起了刚刚以盖尔芒特府邸主人的身份与我说过话,于是又顿生一念,想摆出一点姿态,对本来令他不悦的事表露出几分满意,可他生就一副大老爷的放肆气派,闹腾起来简直像个歇斯底里病患者,话中不由自主地带上了过分挖苦的口气。"真可爱,"他继续说道,"可也特别滑稽。"说罢，他朗声大笑，似乎一方面表示他心情欢悦，而另一方面又表示人类语言难以传达其欢快心情。这时，有的人看透了这家伙，知道他难打交道，而且十分放肆，出口伤人，本来都好奇地和他套近乎，结果却几乎丢了体面，不由抬腿就走。"噢，别生气了，"他轻轻地拍着我的肩膀对我说，"您知道，我很喜欢您。晚上好，昂迪奥施，晚上好，路易-勒内。您去看过喷泉了吧？"那口气与其说是在询问，倒不如说是在证实。"很美，是吧？真是妙极了。本来还可以再好些，当然，有的玩意儿要是去掉，那它在法国就无与伦比了。不过，就现在这样子，就已经属于最佳之列。布雷奥代肯定会对您说，不该挂上灯，这无非是想让人忘记当初出那馊主意的就是他自己。不过，总的说来，还好，被他弄得只稍微丑了点。要改造一件杰作比创造一件难多了。再说，我们心中多少都有点儿数，布雷奥代不如于贝尔·罗贝有能耐。"

我又加入了来宾行列，客人们正一一步入宫邸。"您和我那可爱的弟媳奥丽阿娜已经很久没见面了吧？"亲王夫人问我道，她刚刚离开了进口处那把座椅，我与她一起回到了客厅。"她今晚会来的，我今天下午见到了她。"女主人继续说道，"她答应我要来的。此外，我想星期四您要和我们俩一起去大使馆参加意大利王后的晚宴。到时能出场的皇亲国戚都会赴宴，场面肯定很吓人。"任何皇亲国戚都吓不倒盖尔芒特亲王夫人，她沙龙里聚集过的何其多。当她称呼"我的小科布格"，那简直就像在呼叫"我的小狗"。因此，盖尔芒特夫人嘴上说"场面肯定很吓人"，那纯粹是蠢话，在上流社会的人身上，比起虚荣心来，愚蠢还是占上风。有关她的家谱，她自己知道的还不如一位普通的历史教师多。至于她所结识的人,她尽量显得连别人送给他们的绰号也掌握得一清二楚。亲王夫人问我下星期是否要去参加常被称为"波姆苹果"的德·拉波姆利埃侯爵夫人举办的晚宴,听我给以否定的回答,一时说不上话来。后来,无疑是情不自禁,想炫耀一番自己见多识广,结果反倒暴露了她平平庸庸,与常人无异,她又添了一句:"那只'波姆苹果',可是个相当令人愉快的女人!"

正在亲王夫人与我闲聊的当儿,盖尔芒特公爵和夫人走了进来。可我无法抽身上前迎接他们,因为土耳其大使夫人路上拉住了我,她向我指着我刚刚离开的女主人,紧握着我的胳膊,连声赞叹:"啊!亲王夫人,多美的女人啊!盖世无双!我觉得,若我是个男人……"她带着几分东方式的粗俗和淫荡又添了一句:"我定将把自己的一生献给这位绝代佳人。"我回答说,她确实迷人,可我和她的弟媳公爵夫人更熟。"可这毫无关系。"大使夫人对我说,"奥丽阿娜是个上流社会风流女子,继承了梅梅和拔拔尔的性情,而玛丽-希尔贝,则是个'人物'。"

我生就讨厌别人这样不由分说,教训我该对我的熟人持怎样的看法。再说,对盖尔芒特公爵夫人的价值,土耳其大使夫人的看法没有任何理由会比我的更可信。另一方面,我对大使夫人如此恼火,那是因为一个普通关系,乃至一位好友的恶习对我们来说简直就是货真价实的毒品,幸亏我们都"服了人工耐毒剂"。这里,用不着搬出任何科学比较的仪器,奢谈什么抗原过敏性,暂且这么说吧,在我们友好的或纯粹社交性的关系中,总存在着某种暂时治愈的敌意,可弄不好就会复发。平时,只要人还是"自然的",那就很少受这些毒品之苦。土耳其大使夫人只要用"拔拔尔""梅梅"来指她不熟悉的人，便马上会使"人工耐毒剂"失效，可平时，全仗了这些玩意儿，我才觉得她勉强可以容忍。她惹我生气，实际上这更不应该，因为她跟我那样说话，其目的并非想让我觉得她是"梅梅"的好友，而是因为学得太匆忙，以为这是当地习惯，居然用绰号称呼起贵族老爷来。她呀，不过只上了几个月的课，并没有循序渐进地学。

可我仔细想想，我不乐意待在大使夫人身旁，还有另一原因。不久前在"奥丽阿娜"府中，也是这位外交人物神情严肃、煞有介事地亲口对我说，盖尔芒特亲王夫人实在让她反感。我觉得还是不必细究她态度骤变的原因为好：只不过是今晚的盛会邀请了她的缘故。大使夫人赞不绝口，对我称道盖尔芒特亲王夫人是位绝代佳人，完全是肺腑之言。这是她一贯的想法。不过，在这之前，她从未受到邀请，去亲王夫人府上做客，因此，她认为对这类不受邀请的冷落，原则上应表示故意的克制。既然如今受到了邀请，且从此可能成为惯例，她当然可以自由表达自己的好感了。要解释对他人的看法，有四分之三的原因根本无须从情场失意、政坛受挫这方面去寻找。品头论足本无定评，接受或拒绝邀请却可一锤定音。再说，按照正与我一道视察沙龙的盖尔芒特公爵夫人的说法，土耳其大使夫人"干得很出色"，尤其是她特别派得上用场。上流社会名副其实的明星已经倦于露面。渴望见其一面的人往往不得不漂洋过海，到另一个半球去，那些明星在那儿几乎孑然一身，无以相伴。然而，像土耳其大使夫人这样刚刚跻身于上流社会的女人，会不失时机到处大出风头。对此类称作晚会、交际会的社交场合，她们可派上用场，哪怕像个垂死的人似的在里面任人摆布，也不愿失去露面的良机。她们兴头十足，从不错过一个晚会，是任何人都可信赖的配角。那些愚蠢的公子哥儿不知这些假明星的底细，把她们奉为社交皇后，真该给他们上堂课，向他们解释解释为何远离上流社会、洁身自好、不为他们所知的斯当迪许夫人至少可与杜尔维尔公爵夫人媲美，也是一位贵妇人。

在平常的日子里，盖尔芒特公爵夫人的两只眼睛总是茫然若失，含有几分忧郁，只有当她不得已要向某个朋友道安，才闪现出一道机智的光芒，仿佛友人仅是一句妙语、一股魅力、一道无可挑剔的佳肴，品尝之后，行家的脸上顿时表现机敏，美滋滋地喜形于色。可是，在盛大晚会上，需要道安的人太多，她觉得每问候一次，机智的光亮便要熄灭一回，这未免太烦人。于是，就好比一位文艺鉴赏家，每次去剧院观看哪位戏剧大师的新作，为了表示肯定不会白过一个晚上，待他把衣帽交给女引座员后，便调整好嘴唇的部位，擦亮眼睛，时刻准备报以机敏的微笑，投之狡黠的赞许目光；公爵夫人正是这样，她一到，便为整个晚会生辉。

她脱下礼服外套——一件提埃波洛¹风格的华丽的红色人衣，露出红宝石项链，真像一副枷锁套在脖子上，然后，奥丽阿娜这位上流社会的女子，用女裁缝似的目光，迅速而又仔细地从头到脚看了自己的裙服一眼，继又检查一番，确保自己的双眸像身上的其他珠宝一样熠熠闪光。几位"饶舌"之徒，比如德·儒维尔，冲上前去，试图挡住公爵，不让他进府："难道您不知道可怜的玛玛已经生命垂危

---

1 提埃波洛（1696—1770），意大利画家，18世纪最优秀的大型装饰画家。

了?刚刚给他用了药。""我知道,我知道。"德·盖尔芒特先生边说边推开讨厌的家伙往里走。"临终圣体起了起死回生的妙用。"一想到亲王晚会后的舞会,他暗暗打定主意决不错过,不禁高兴得微微一笑,又补充了这么一句。"我们可不乐意别人知道我们已经回来了。"公爵夫人对我说。她万万没有料想到亲王夫人已经告诉过我,说她刚刚见了弟媳的面,弟媳答应她一定来,从而宣告了她说的这番话无效。公爵瞪着眼睛,叮了他妻子整整五分钟,叫她真受不了。"我已经把您的疑虑都告诉奥丽阿娜了。"既然现在她已经明白种种疑虑都不成立,更用不着采取什么步骤加以消除,于是,她便大谈特谈这些疑虑如何荒唐,取笑了我好一阵子。"总是疑心您没有受到邀请!可哪一次都请了!再说,还有我呢。您以为我没有能耐让人邀请您到我嫂子家做客吗?"我必须提一句,她后来确实经常为我做一些比这还要更棘手的事;不过,我当时只是把她这番话理解为我办事过分谨小慎微。我开始领悟到贵族表示亲热的有声或无声语言的真正价值,甜言蜜语的亲热给自感卑贱的人们一帖安慰剂,却又不彻底消除他们的自卑,因为一旦消除了他们的自卑感,也许就没有理由表示亲热了。"可您跟我是平等的,要不更强。"盖尔芒特家族的人以自己的所作所为,似乎这样宣告;而且他们好话说尽,令人难以想象,其目的完全是为了得到爱戴,得到赞美,并不是为了让人相信。倘若能识破这种亲热的虚假性质,那便是他们所称的素有修养;倘若信以为真,那便是教养不良。就在不久前,我在这方面有过一次教训,最终使我精确至极地学到了贵族表示亲热的某些形式及其适用范围和界限。那是在蒙莫朗西公爵夫人为英国女王举行的一次午后聚会上,去餐厅时，大家主动排起一个不长的行列，走在队首的是女王，胳膊挽着盖尔芒特公爵。我恰在这时赶到。公爵虽然离我至少有四十米，但仍然用那只空着的手对我极尽招呼与友好的表示，那样子像是在告诉我不必害怕，可以靠近一些，不会被人当作夹着柴郡干酪的三明治吃了。但是我，在宫廷语言方面已经开始老练起来，连一步也没有向前靠，就在距他四十米的地方深深鞠了一躬，但没有笑容，仿佛是面对一位似曾相识的人行礼，接着朝相反的方向继续走自己的路。对我的这一致意方式，盖尔芒特家族的人倍加赏识，即使我有能耐写出一部杰作，也未必得此殊荣。它不仅没有逃出公爵的眼睛——尽管这一天他不得不向五百余人还礼——而且也没有躲过公爵夫人的目光，她遇到我母亲后，把事情的经过一五一十全告诉了我母亲，但就是只字不提我那样行事不对，应该上跟前去。她对我母亲说，她丈夫对我这样致意赞叹不已，说再也没有比那更得体的了。人们不停地为这一鞠躬寻找各种各样的优点，可就是无人提起明显是最为珍贵的一点，即举止审慎得体；人们也对我赞不绝口，我明白了这种种赞誉之词与其说是对过去的奖赏，毋宁说是对将来的一种引导，就像出自某一教育学校校长之口的微妙之辞："别忘了，我亲爱的孩子们，这些奖品是奖给你们的，但更是奖给你们父母的，为的是让他们在下一学年再送你们来上学。"德·马桑特夫人就是这样，当外社团的某个人踏入她的圈子，她每每要在此人面前大吹特吹那些举止审慎的人，说"需要找他们的时候，准能找到他们，不需要找他们的时候，他们让人放心"，这简直就像在间接地告诫一位浑身臭烘烘的家仆，洗澡对身体健康有百利而无一害。

就在德·盖尔芒特夫人离开门厅前,我与她闲聊时,听到了一种嗓音,从此之后,这嗓音我怎么都能辨别清楚,绝不可能出任何差错。这是德·福古贝先生和德·夏吕斯先生在特殊场合的窃窃私语声。一位临床医生根本用不着候诊的病人掀起衬衣,也无须听诊他的呼吸,只要听听其嗓音,就足可以确诊。后来,我在沙龙里曾多少次听到某个人的声调或笑声,往往为之感到诧异,他虽然极力模仿自己的职业语言或所在圈子里的人的举止风度,故作庄重高雅的姿态,或装出一副粗俗随便的模样,但凭我这双训练有素,像调音师的定音笛那般灵敏的耳朵,从那虚假的声音中,足可分辨出"这是一个夏吕斯式的人物"!这时,一家使馆的全体人员走了过来,向德·夏吕斯先生致意。尽管我发现上面提及的此类病态仅仅是当天的事(当我发现德·夏吕斯先生和絮比安的时候),但要做出诊断,也无须提问,无须听诊。不过,与德·夏吕斯先生交谈的德·福古贝先生显得捉摸不定。可是,经历了少年时代似懂非懂的阶段之后,他早该明白自己是在与什么东西打交道了。同性恋者往往以为世上唯有自己以这种方式作乐,可后来又误以为——又是一个极端——唯有正常人例外。但是,野心勃勃而又胆小怕事的德·福古贝先生沉湎于这种于他也许是种享受的乐趣,时间并不很久。外交生涯对他的生活产生了影响,使他规规矩矩。加之在政治科学学校寒窗苦读,从二十岁开始,他就不得不一直过着基督徒似的清白生活。殊不知任何感官一旦不用,就会失其功能和活力,渐渐萎缩,德·福古贝先生正是这样,如同文明人再也不能施展洞穴人的体力和敏锐的听力,他丧失了德·夏吕斯先生身上所具备的那种很少发生故障的特殊洞察力。在正式宴席上,无论在巴黎还是在外国，这位全权公使甚至再也不敢相认那些身着制服、衣冠楚楚的人物实际上与他同属一类。德·夏吕斯先生喜欢对他人指名道姓，可一旦有人抬举他的嗜好，他便怒气冲冲，他点了几个人的名字，弄得德·福古贝先生美得惊喜交集。这并非因为经历了漫长的岁月之后，他想入非非，试图利用天赐良机，而是这三言两语的指点，确实渐渐改变了X公使团或外交部某部门的面貌，想起来像耶路撒冷圣殿或苏萨的御殿一般神秘，恰似在拉辛的悲剧中，指点阿塔莉弄清了若亚斯与大卫是同一种族，告诉阿布纳"身居王后之位"的爱丝苔尔有"犹太种族"的血亲。见大使馆的年轻成员纷纷上前与德·夏吕斯先生握手，德·福古贝先生看样子感慨万千，犹如《爱丝苔尔》[1]一剧中的埃莉丝在惊叹：

> 天哪！这么众多天真无邪的英姿佳丽，
> 四面八方蜂飞蝶舞在我眼前成群结队！
> 多么可爱的羞色在她们脸上尽情描绘！

接着，他渴望再了解一点"内情"，微笑着向德·夏吕斯先生投去狡黠的一瞥，既在探询，又充满欲念。"噢，瞧您，当然的事。"德·夏吕斯先生一副博学者无不通晓的神气，像是在对一个毫无学识的蠢货说话。可德·福古贝先生两只眼睛再也不离开那些年轻的秘书，使德·夏吕斯先生大为恼火，驻法X使馆的大使是位老手，这些秘书

---

[1] 拉辛的三幕悲剧。

当然不是他随随便便挑来的。德·福古贝先生一声不吭,我只观察着他的目光。可我从小就习惯提供古典戏剧的语言,甚至可让无声之物说话,于是,我指使德·福古贝的眼睛说起话来,这是爱丝苔尔向埃莉丝解释马多谢出于对自己信仰的虔诚,坚持在王后身边只安排与他宗教信仰同一的姑娘的那段诗句:

> 然而他对我们民族的爱恋,
> 让锡永的姑娘云集在宫殿,
> 柔嫩的鲜花被命运之风摇曳,
> 像我一样被移栽头顶一天异色,
> 在一个与世俗隔绝的地方,
> 他(大使阁下)精心管教把她们培养。

德·福古贝先生终于不再用自己的目光,开口说话了。"谁知道,"他忧伤地说,"在我所驻的国度,是否也存在这种事?""很可能。"德·夏吕斯先生回答道,"是从狄奥多西国王开的头,尽管我对他的实情毫无所知。""啊,绝对不可能!""那么,他就不该摆出那么一副样子。他总是装模作样。一身'嗲声嗲气',我最讨厌那副样子。要我跟他上街,我都不敢。再说,您应该很了解他是个什么人,他可像只一身白毛的狼,赫然入目。""您完全错看了他。不过,他确实挺有魅力。与法国签署协约那一天,国王还拥吻了我。我从来没有那么激动过。""那正是时机,跟他倾诉一番您心中的欲望。""啊!主啊,多可怕,要是他稍有疑心,那还了得!不过,我在这方面没什么害怕

的。"我离得不太远,这些话听得一清二楚,不禁使我在心头默默地咏诵起来:

> 国王直至今日尚不知我是谁,
> 这一秘密始终紧锁着我的嘴。

这场半无声半有声的对话只持续了片刻,我与盖尔芒特公爵夫人在客厅也才走了几步,公爵夫人便被一位美貌绝伦、身材娇小的棕发夫人拦住了:"我很想见到您。邓南遮从一个包厢里瞧见了您,他给T亲王夫人写了一封信,说他从未见过如此美丽的尤物。只要能与您交谈十分钟,他死了也心甘。总之,即便您不能或不愿见面,那信就在我手中,您无论如何要给我确定个约会时间。有些秘密的事儿,我在这里不能说。我看得出您没有认出我来,"她朝我添了一句,"我是在帕尔马公主府中(可我从未去过)认识您的。俄国大帝希望您父亲能派到彼得堡去。要是您星期二能来,伊斯沃尔斯基正好也在,他会跟您谈此事的。我有份礼物要赠送给您,亲爱的,"她又朝公爵夫人转过身子,继续说道,"这份礼物,除了您,我谁都不送。这是易卜生三部戏剧的手稿,是他让他的老看护给我送来的。我留下一部,另两部送给您。"盖尔芒特公爵并没有对这份厚礼感到欣喜。他弄不清易卜生或邓南遮是死人还是活人,反正看到不少小说家、剧作家前来拜访他的夫人,把她写到各自的作品中去。上流社会人士总是喜欢把书看成一种立方体,揭开一面,让作家迫不及待地把认识的人"装进去"。这显然是不正当的,而且只不过是些小人而已。

当然,"顺便"见见他们也并无不可,因为多亏他们,若有暇读书或看文章,就可以看清其中"底牌","揭开面具"。不管怎么说,最明智的还是与已经谢世的作家打交道。德·盖尔芒特先生认为,唯有《高卢人报》上专事悼亡的那位先生"最最得体"。若公爵报名参加葬礼,那位先生无论如何得把德·盖尔芒特先生的大名登在参加葬礼的"要人"名单的榜首,但仅此而已。如果公爵不大愿意列名,他也就不报名参加殡仪,只给死者亲属寄去一封唁函,请他们接受他最深切的哀悼。要是死者亲属在报上发表了"来信表示悼念的有盖尔芒特公爵等等"这一消息,那绝不是社会新闻栏编辑的过错,而是死者的儿女、兄弟、父亲的罪过,公爵称他们是些不择手段往上爬的家伙,下决心从此不再与他们来往(拿他的话说,不与他们"发生纠葛",可见他没有掌握熟语的确切含义)。不过,一听到易卜生和邓南遮的名字,加之他们是死者还是活人还不清楚,不禁使公爵皱起眉头,他离我们并不太远,不可能没有听到蒂蒙莱昂·德·阿蒙古夫人五花八门的甜言蜜语。这是一位迷人的女子,才貌双全,动人魂魄,无论是才还是貌,择其之一就足以令人倾倒。可是,她并不是出身于她如今生活的这个圈子,想当初一心只向往文学沙龙,只与大作家结交,先后做过每一位大文豪的女友——绝不是情人,她品行极为端正——大文豪们都把自己的手稿赠送给她,为她著书立说,是偶然的机会把她引入圣日耳曼区,当然,这些文学方面的特权也为她提供了诸多方便。如今,她地位不凡,用不着去讨人喜欢,只要她一露面,就可博得青睐。可是,她已经习惯于周旋、耍手腕,为人效劳,如今尽管已无必要,但仍然一如既往。她常有国家机密要向您透露,总有权贵要介绍您结识，不断有大手笔的水彩画要赠送给您。在所有这些毫无必要的诱惑之中，确有几分虚假，但却将她的一生书写成一部错综复杂、闪闪发光的喜剧，她确实有能耐促成众多省长和将军的任命。

盖尔芒特公爵夫人在我身边走着，一任她那天蓝色的目光在前方波动，但波光茫茫，以避开她不愿结交的人们，远远望去，她不时隐约地感到，他们兴许是充满危险的暗礁。我们俩在来宾的人墙中间向前走去，他们明知永远不可能结识"奥丽阿娜"，却如获至宝，无论如何要把她指给自己的妻子瞧瞧："厄休尔，快，快，快来看德·盖尔芒特夫人，她正同那位年轻人谈话呢。"只觉得他们恨不得登上座椅，好看个清楚，仿佛在观看七月十四日的阅兵仪式或大奖颁发仪式。这并非因为盖尔芒特夫人的沙龙比她嫂子的更有贵族气派，而是因为前者的常客，后者从不愿邀请，尤其是她丈夫的缘故。德·拉特雷默伊耶夫人和德·萨同夫人的知己阿尔方斯·德·罗特希尔德夫人，她就决不会接待，因为奥丽阿娜自己常去此人的府中。对希施男爵也是如此，威尔斯亲王常领他去公爵夫人府上，而不带他去见亲王夫人，因为他十有八九会让她扫兴；还有几位波拿巴派，甚或共和派的名流，公爵夫人对他们很感兴趣，可亲王这位坚定的保皇党人就恪守原则，不愿接待他们。他的反犹太主义立场也是出于原则，任何风流都休想使它屈服，哪怕是赫赫名流也无济于事。他之所以接待斯万，而且一直是他的朋友，盖尔芒特家族中也唯有他称之为斯万，而不叫查理，是因为他知道斯万的祖母原本是位新教徒，后嫁给了一位犹太人，做过贝里公爵的情妇，这样一来，他常常说服自己相信斯万的父亲是亲王的私生子这一传说。倘若这一假设成立，斯万身上就只有基督教徒的纯血统了，但实际上纯属无稽之谈，斯万的父亲是天主教徒，而其父本身又为波旁王族的一位男人与一位女天主教徒所生。

"怎么，您没有见过这等富丽堂皇？"公爵夫人跟我谈起我们所在的府邸时这样问我。可大大赞美了一番她嫂子的"宫殿"之后，她又迫不及待地补充说，她宁愿待在"自己那个简陋的小窝里"，比这里要强千百倍。"这里'参观参观'确实可观，可这卧室里，曾发生过多少历史悲剧，让我睡在里面，非抑郁致死。那情景就好似软禁在布卢瓦堡、枫丹白露或卢浮宫，被世人遗忘了，排忧解愁的唯一办法就是自言自语，庆幸自己住在莫纳代契惨遭暗杀的房间里。一杯甘菊茶，岂能解忧伤。瞧，德·圣德费尔特夫人来了。我们刚刚在她府上用过晚餐。她明日要举办每年一次的盛大聚会，我以为她早上床休息了呢。她不肯错过一次晚会。若晚会在乡间举行，她也会登上马车赶去，而不愿错过机会。"

实际上，德·圣德费尔特夫人今晚赴宴，与其说是为了不错过他人府上举办的聚会，毋宁说是为了确保自己盛会的成功，搜罗最后一批志愿赴会者，同时也是以某种方式在最后时刻检阅一下次日将光临她游园会的人马。的确，不少年来，圣德费尔特家聚会的宾客早已今非昔比。想当年，盖尔芒特圈子里的显贵女人寥若晨星，但由于受到女主人的热情款待，她们渐渐领来了各自的女友。与此同时，德·圣德费尔特夫人府上朝相反的方向慢慢发展，风流社会的无名鼠辈人数逐年减少。这一次，这位不见了，接着，另一位又不再露面。像"烤面包"一样，一批又一批走了，不消多长时间，这儿的聚会便无声无息了，可恰是多亏了这一点，可以放心邀请那些被排斥的圈外人来此共享欢乐，用不着费神去请体面的人士。他们又有什么可以抱怨的呢？在这儿，他们不是可以享受花式糕点和优美的音乐节目（Panem et Circenses）[1]吗？前后几乎形成鲜明对比，圣德费尔特沙龙当初开张时，是两位流亡的公爵夫人，犹如两根女像柱，支撑着摇摇欲坠的沙龙大梁，可最近几年，只见两位极不合体的人物混杂在上流社会中：年迈的德·康布尔梅夫人和一位建筑师的妻子，这位女子声音甜美，人们往往禁不住邀她歌唱几曲。她俩在圣德费尔特夫人府中再也没有一个熟人，为自己的女伴一个个不见踪影而悲戚，觉得自己碍手碍脚，看样子像两只未能及时迁徙的燕子，时刻可能冻死。来年，她们便没有受到邀请。德·弗朗克多夫人没法为她那位酷爱音乐的表姐求情。可她未能得到更为明确的答复，只有短短的这么一句回话："要是您觉得音乐有趣，谁都可以进来听嘛，这又不犯罪！"德·康布尔梅夫人觉得这种邀请不够热切，也就作罢了。

德·圣德费尔特夫人苦心经营，把一个麻风病院般的沙龙变成了一个贵夫人的沙龙——最新时式，看去极为美妙——叫人们也许感到奇怪，此人第二天就要举办本时令最引人瞩目的盛会，难道她还有必要在前夕来向她的人马发出最高号令？原因是圣德费尔特沙龙的显赫地位只被一帮人所承认，他们从不参加任何聚会，唯一的交际生活就是阅读《高卢人报》或《费加罗报》上发表的白昼或晚间聚会的盛况报道。对这些仅通过报纸观看大千世界的上流社会人士来

---

[1] 拉丁语，意为"面包与娱乐"。

说，只要报上提一提英国、奥地利等国的大使，提一提于塞斯、拉特雷默耶公爵夫人等等，就会以为圣德费尔特沙龙为巴黎沙龙之最，而实际上它只不过是个末流沙龙。这并非因为报上发表的是欺世之言。上面列举的人士确实大多出席了聚会。不过，他们都是经过对方再三恳求，一再表示好意、提供方便后才参加聚会的，每个人都觉得自己的到来可为德·圣德费尔特夫人增添无限荣光。这类沙龙，不要说主动登门，就是躲还来不及呢，可以这么说，人们是不得已去帮个忙，它们只能蒙骗《社交新闻栏》的女读者，给她们造成假象。但一次真正的雅会却从她们眼皮底下溜过去，女主人本可以请来所有公爵夫人，且她们也恨不能"被选中"，然而女主人却只择请两三位。更有甚者，这类女主人毫不了解或干脆蔑视今日的广告力量，不在报上刊登来宾的姓名，因此，她们在西班牙王后眼里风度优雅，可却鲜为众人所知，因为西班牙王后了解她们的身份，而大众并不知她们的底细。

德·圣德费尔特夫人不属于此类女主人，作为采蜜老手，她为第二天的聚会前来采摘、网罗宾客。德·夏吕斯先生不在采集之列，他一向拒绝登她的家门。不过，他闹翻的人不计其数，德·圣德费尔特夫人可以将他拒不赴会归咎于性格不合。

当然，倘若事关奥丽阿娜一人，德·圣德费尔特夫人很可能不会亲自出马，因为邀请之声切切，而接受者却故作姿态翩翩，在此类表演中，最为出色的首推那些院士，候选人走出他们府邸时总不免感激涕零，坚信可以得到他们的一票。可涉及的不仅仅是她一人。阿格里让特亲王会来吗？还有德·迪福夫人？为防不测风云，德·圣德费尔特夫人觉得还是亲自走一趟更为稳妥。对有的人，她来软的，好言相劝，对有的人则动硬的，厉声强求，但对其他所有人，她都隐言相告，等待着他们的将是难以想象的乐趣，机不可失，时不再来，并保证每一位都可以在她家遇到各自渴望或急需结识的人物。她一年一度——犹如古代社会的某些法官——行使的这种职权，作为第二天就要举办本时令最为瞩目的游园聚会的人物的这种职权，赋予她一种暂时的权威。她的名单已经拟定、封死，她慢步走遍了亲王夫人的每间客厅，先后凑近每位宾客的耳朵，往里灌一句："您明天不要忘了我。"与此同时，要是瞥见了哪位必须回避的丑八怪或乡绅，她遂趾高气扬地扭过头去，但满脸却继续堆笑，这种乡绅往往是有人出于同窗之情，让他们进入"希尔贝"府中，然而为她的游园会却不会增添任何光彩。对这类人物，她喜欢暂不搭理，以便事后可以解释："我是口头邀请宾客的，可惜没有遇到您。"就这样，这位头脑简单的圣德费尔特用她那双四处搜寻的眼睛在参加亲王夫人晚会的成员中"挑三拣四"。她自以为这样一来，便成了一位名副其实的盖尔芒特公爵夫人。

下编

法国当代作家作品汉译

月神园

> **导读**

埃尔莎·特丽奥莱是一位具有传奇色彩的法语女作家。她出生于俄罗斯，是法国著名文学家路易·阿拉贡的妻子，苏联伟大诗人马雅可夫斯基的小姨。她的文学成就卓著，是龚古尔奖获得者，代表作有《白马》《赊欠的玫瑰》《月神园》等。

特丽奥莱的《月神园》，笼罩在一种神秘而清纯的氛围中，用飘逸的笔触写了一个浪漫而执着的爱情故事，讴歌一个纯洁而顽强的灵魂。电影艺术家儒斯坦·梅朗在巴黎近郊一座掩隐在丁香花丛中的旧房里，无意中发现了多个男人写给一个女人的情书，不可抵挡地进入了她的世界，为之吸引，为之倾倒。这是一个女宇航员，患有心脏病，为了心中的理想，克服重重困难，驾驶飞船，飞往月球，因飞船发生意外，消失在撒哈拉大漠中。这里选取的是该书开篇的叙述,写梅朗的发现,写他在读一篇篇措辞各异的情书时难平的心绪和生发的爱意。小说的语言纯净,字里行间散发着一种特有的意蕴。简洁的语句,构成了一种具有特质的乐感,于翻译而言,是一种挑战。

房子连同家具一起出售。园子里丁香花盛开,沉甸甸的花序,宛如一串串紫葡萄。房子的钥匙由村里食品杂货店的老板娘代为掌管。她费力地开着锁。买主在一旁看着。接着,他随老板娘步入一间小巧玲珑的客厅,穿过百叶窗紧闭的饭厅,来到了厨房,最后说道:"这房子不错,我买了。"

这男子胖胖的躯体,头发稀稀落落,颜色倒是金黄金黄的。脑袋上,只有后脑勺还留有一圈头发,从远处望去,就像是一圈光晕。他两只眼睛湛蓝湛蓝,俨然是一对新生儿的眼睛,淡淡的眉毛很不起眼,更使这片蓝色显得无边无际。他长着一只扁小的鼻子,柔美的嘴唇间露出一口洁白整齐的牙齿。不假思索便决意买下这座房子的买主就是这副模样,只有这小地方的老板娘才不能马上认出他就是赫赫有名的电影艺术家儒斯坦·梅朗。

一般说来,一位电影导演往往闻名遐迩,但露面很少。然而,儒斯坦·梅朗鼎鼎大名,终也是有血有肉的人,那微微发福的躯体,金黄色头发形成的光晕和湛蓝的目光已经与儒斯坦·梅朗这一名字融为一体,不可分离。

不久前,他刚刚执导完一部影片。他耳朵里还充斥着摄影棚里各种奇异的声响,脑子里还翻腾着影片中的故事,眼睛里仍闪现着形形色色的图像,便匆匆溜之大吉,来图个安静。每每拍完一部影片,他总是十分失望,心想世间有那么多神奇而严肃的事物可以表现,可自己为什么偏偏选择这样一个了无意义的故事,这样一个微不足道的主题?他到底是怎么了?简直是鬼使神差!……

就买了这座房子吧,哪一座都行,但愿不等办完那烦琐的购房手续，就能马上让他安下身来。"你说办手续呀，"老板娘思忖，"真不可思议，就这么一座破旧的、一点也不舒适的房子，竟然不惜掏出几百万法郎！"

儒斯坦手下有一位勤快能干的办事员。翌日，他便住进了这座掩隐在丁香花丛中的房子。他是傍晚时分到达的，一进屋就找了一间卧室，一头倒在老板娘铺好的床上，直到次日天色又晚时方才醒来。清新的空气透过敞开的立地窗吹进卧室。他在睡衣上又套了一件室内便袍，走出户外，去呼吸呼吸新鲜空气……

儒斯坦·梅朗在一个平台上踱了几步，这处平台又像是阳台，隐没在雾蒙蒙的暮霭中。夜色渐渐变浓。一簇湿润、芬芳四溢的丁香掠了一下他的脸庞……明天，对，明天再细细观赏吧。儒斯坦返身回到床榻，继续睡觉。

阳光透过平台一侧的三扇窗扉射进房间。儒斯坦安逸舒适地倚在枕头上，好奇心十足地观察着新居。一睁开双眼，他首先自问身处何地……一种不适感油然而生，仿佛他误进了别人的家门。莫非昨晚多贪了几杯？说不定有人就要进屋，责问他待在里面干啥！他险些从床上一下蹦起，逃窜而去……但是，他渐渐逆序追忆起这之前发生的一切：傍晚，一簇湿润、芬芳四溢的丁香……老板娘帮助整理好床铺……他把汽车开进车库……噢，一点不错，这就是他刚刚置下的住房！每当儒斯坦·梅朗身体疲惫到一定程度，他便会放任自己，做出些荒唐的事来。这幢房子，就是他在放任自流中买下的……咄咄怪事。儒斯坦躺在床上，环视着这间属于他的卧室。

卧室阒无声息，但有别于一具僵尸，酷似一个沉睡中的人那一动不动的躯体。房间温暖、恬静，仿佛有个生灵在微微呼吸，好似在静静恭候着女主人像平素一样进屋。女主人每天夜里都在这张床上休息。毫无疑问，这是一间女人的卧室。儒斯坦猛然感觉到了床上用品的雅致。上面饰着女主人姓名的起首字母……可他怎么也辨不清这些反向饰就的字母，莫非他已经疲惫得神志不清，睡觉时都没有觉察到这床垫的舒适，被褥的轻盈、温暖？也许在马路上，他也会照样呼呼酣睡。

令人感到奇异的，是这间卧室活像个烟盒。房间的四壁、天花板都由珍贵的木料制成，呈玫瑰色。左侧平台一边那宽敞的大落地窗和右侧那些小巧玲珑的窗扉框架用的也是这种珍奇的木料……室内的家具都饰有凹槽。儒斯坦回忆起熄灯前在小木梳妆台上看到的那些闪闪发光的、绿色、玫瑰色的玻璃制品。现在一切又呈现在眼前……一条旧碎花地毯，上面饰着模仿镶木地板的图案……儒斯坦突然充满好奇心，犹如一位游历者刚刚驻足于一个陌生的都市，迫不及待地想看看房子，看看拥有这样一间卧室的房屋到底是什么模样。

儒斯坦出门来到朝阳的平台上。平台几乎还笼罩着一片夜色，一簇簇丁香直碰他的身子。平台相当宽敞，与房子的夹层处于同一水平线，两侧长着茂盛的丁香，正面朝向田野。儒斯坦凝望着初绽的透明色的新绿。眼前，田野轮廓优美，穿上了犹如鸡绒毛被般柔软的绿装。他觉得一种异样的欢乐感在心中陡然升起：莫非交上了好运？盲目抽中的会是个中彩签，给他带来了这般温柔，这等喜悦……他很快穿上衣服，准备到房子、园子周围和附近转一圈，看一看，把什么都了解个一清二楚。

他不慌不忙，不惜花费时间，慢慢地仔细观察每个角落，从顶楼到地窖，从沿村庄小路修建的院子隔墙的小门到院内盲墙中间那朝着田野的宽敞的栅门，一一看了个究竟。房子和院子都不算很大，但院子与田野只有一栅栏之隔，几乎连成一片，显得十分辽阔。房子里，各房间一间连着一间，四通八达，小客厅紧连饭厅。饭厅处于房子右侧，书房的正对面……且饭厅有一面墙壁几乎开满了百叶窗，只要一打开，就和院子连成一体……其他三间屋子也都相互毗连，这三间屋子处在二楼，由小客厅的一座小楼梯上楼。此外，紧挨着饭厅的还有一个厨房间，与厨房间毗连的是车库，车库旁边是一个窄小的工具室。儒斯坦睡觉的那间屋子处在书房后面，但位置要稍高一些，进屋要登三级台阶。

儒斯坦喜爱徒步行走，这是他唯一的体育活动。他信步走去，像观察他的住房和院子一样察看着春天的景色。太阳张开那阔大的手掌，用它那温和的手指抚摸着他疲惫的肩膀，与他脑袋四周的光晕嬉戏、玩耍……儒斯坦细望着大地苍白的脸颊上渐渐露出的色彩。所谓村庄，只不过是一家大农场，总共只有五六座房屋。村口一花园的深处，一座小城堡坐落在一块高地上，窗户全都紧闭着。村庄的另一侧，田野后边可以看到远处工厂那高耸的烟囱。村子的男人们都在那儿上班。他们每天去得很早，有的骑自行车，有的骑小摩托车。孩子们的学校就在工厂附近，他们一大早就得徒步去上学。妇女们都待在家中。儒斯坦拍完片后，没留地址就溜了，现在，他一人独占着这广袤的整个大地。

散散步，呼吸呼吸新鲜空气，再睡睡觉……这样，他激荡的心潮和如维苏威火山般翻滚的大脑就可慢慢平息下来，停止喷射火焰与熔岩。他在通往田野的印着深深车辙的泥路上一走就是几公里，或在矮林和树林的小径上徜徉。景致相当平淡，显得空荡、辽阔、单调。在这样的风景中行走，仿佛置身于空中或海上，似乎在原地踏步，不见往前去。儒斯坦直到吃饭、睡觉的时间才回家。他那湛蓝的目光很快征服了食品杂货店老板娘瓦芳太太，她表现出无比的忠诚，从物质上解除他在吃住方面的一切后顾之忧。她多么希望能到饭厅一日三餐侍候他，可儒斯坦借口自己用膳不规律，摆脱了她，到厨房自己准备吃喝。厨房间饰着蓝色图案的方格瓷砖，里面有一个通风食品柜，藏着冷食，还有一个丁烷气炉。瓦芳太太早把餐具摆在白木餐桌上，将烧好的蔬菜、鲜鸡蛋和牛排放在炉子边。儒斯坦的拿手好戏，就是善于按自己的口味煎个荷包蛋、烤牛排，自得其乐。瓦芳太太要到第二天才会来，整幢房子就他单独一人，他甚觉惬意。

这真的是他的房子？第一天清晨醒来时产生的那种误入他人家门的感觉不时在他心头出现。每次进屋，他几乎总觉得房子的女主人就要回家。夜晚，窗内昏暗无光，这使他惊愕、不安！他常常故意在小客厅里碰倒拐杖，掀翻椅子，把门碰得吱呀直响……然而没有任何声音回答他，尽管他刚才做的一切几乎是下意识的，但他自觉无趣，像个大傻瓜。他钻进书房，书房以审慎的态度迎接他，在这里，除了书籍，他碰不到任何生灵。

无论是在这间书房，还是在别的地方，儒斯坦·梅朗都踏着一个人新近留下的足迹，这人仿佛还未离去。书房里有张躺椅，红色的绒面，高高的靠背按人体背部的曲线制成，每当他躺在这张椅子上，他的手便不由自主地伸向那些触手可及的书，这些书经过反复阅读，一到手上便会自动打开，仿佛已经习惯将其中几页呈现在天知道是来寻觅什么东西的人的眼前。这是些小说、传记、神怪故事……这些贝洛、格里姆、霍夫曼和安徒生的书看去就像是一个恪守教规的天主教徒用的弥撒书。还有的书读得已经破损，比如乔治·德·莫利埃的《特莉勒比》，或《长风怒号》《喀尔巴阡城堡》《大个子莫奈》《乡巴佬雅古》……以及伊莎贝尔·埃贝哈德特的所有作品。伊莎贝尔是位俄国穆斯林，于十九世纪末去了阿尔及利亚，在那儿过着阿拉伯人的生活……许多书架摆满了百科全书和有关飞行、天体物理、宇宙航行的书籍……像公证人用的多屉黑色大写字台前有一张褐色的旧皮椅。每当他坐在写字台前便可看到一张普普通通的硬纸板纸垫夹着的吸墨水纸上那反向的字迹。大大的水晶玻璃墨水瓶里没有一点墨水，笔盘上放着许多铅笔、小刀、铅笔刀……光滑油亮，几乎近于黑色的漂亮小皮盒里装着邮票、回形针和图钉。一只乳白色的盘子里摆着好多不同国家的硬币……一只没有水的银杯里插着一支玫瑰花和几支铃兰花，花都已干枯。

儒斯坦可以什么事都不做，双目茫然，思想模糊，在书房里一待就是很长时间。他喜爱这间屋子，书籍组成的四壁比任何人都更热切地拥抱着他，更充满生机地拥抱着他。书房的天花板相当高，整个儿占了底层和一楼的高度，看去好似一个小教堂，尤其是书房有一面呈圆形，墙角圆形的细木护壁板中带着一个个壁橱，那高而窄长的窗扉令人想起教堂的彩画玻璃窗。窗帘虽然是仿壁毯，但十分宽大，显得极为庄重。当儒斯坦第一次拉上窗帘时，他突然感觉到自己妨碍了某人的私生活，马上转过身子，仿佛做了错事被人当场抓住。毫无疑问，占据这座房子的显然不是鬼怪或幽灵，而是一个始终存在的生灵。

他选择了《特莉勒比》。这部书描写的气氛与房子的气氛很协调，儒斯坦情意绵绵地翻动着发黄的书页。他从未读过这部小说，但在英国出生的母亲给他讲过这个神奇的故事：有一位女子，她的嗓子是世界上最动人的，但不幸耳聋，连《月色溶溶》这首家喻户晓的歌曲都不会唱。后来，一位男子的神奇力量使她成了最令人赞叹的女歌唱家。就在这位男子逝世的那一天，正处于顶峰时代的特莉勒比在舞台上突然失去了声音。儒斯坦躺在红绒面的躺椅里，面朝书架，被这一个情节发展缓慢的英国民间故事，被作者和自己回忆的声音所陶醉，他仿佛正在结识一位他经常耳闻的人物。特莉勒比在这座房子里自然有她的位置……

一天，他上午散步后，比平素回来得要早些，想问瓦芳太太几个问题。因此，当瓦芳太太自告奋勇为他准备午餐时，他欣然同意了，并尽量逗她说话，而对瓦芳太太来说，开口说话是件极易的事，她险些没完没了地唠叨起自己的一生经历来。瓦芳太太围着他转，掀动着炒锅，一边滔滔不绝地说着。她生性活泼，做起事来总是一心一意，干家务事已经习以为常，犹如一只母鸡啄食和下蛋那么自然。

再说，她两条细长的大腿架着一个笨重的躯体，尖尖的鼻子，圆圆的眼睛，似一只母鸡。她身着一件市场上出售的那种白碎花黑色围裙，穿着一双黑色的便鞋：她正在为丈夫戴孝。

不，这座房屋并不是一位夫人出售的，而是属于一家房产公司。而梅朗先生仍想弄清他是从谁手中置下这座房子，谁是这座房子的最后一个主人。可瓦芳太太一无所知……也许这房子的主人就是那位在这儿居住了许多年的妇人，可瓦芳太太和此人不熟悉，因为她自己来这个地区落户的时间还不长，再说，倘若她知道这儿的人的秉性，她当初也决不会抛下在吉索尔的生意。她丧偶后，房产公司的一位经纪人花言巧语，骗走了她的小店……可是，自她搬迁到这个地区以后，那位夫人就一直没有来过？噢，没有，她已经说过，自她到这儿安家后，这座房子一直关闭着。后来，还是那位房产经纪人又找上门来，问她是否愿意代为负责接待购房者的来访，并把房子的钥匙委托给了她。不交给她，他又能交给谁呢？这一带的人很怪……村口城堡的先生和太太只在夏季才到城堡来住一个月，从不驻足于小村庄。瓦芳太太甚至以为除了大农庄的农民外，他们害怕在工厂做工的所有工人，可实际上这儿的农业工人并不比在工厂做工的工人更随和。城堡主是工厂的管委会主任。工厂生产什么？生产的是塑料品。这是一家股份有限公司……凡是大工厂，无 不是股份有限公司。不过工厂还算有个主，名叫热内斯科先生？他个子不高，有可以称得上是金黄色的头发，开着一辆漂亮的汽车……据说他不久前刚刚结婚。工厂里有些事进展不顺利，出了些安全事故。上一个星期，有一个十六岁的童工连手腕带手全给机器轧断了，被送进医院。反正这儿的人跟别处的不一样。男人们一上班,女人们便闭门不出,不到万不得已需要买点盐、糖、肥皂、面条之类,她们不来食品杂货店,而且即使来到小店,也只是说句"您好"之类的话,表示一下意思而已……可是这座房子一卖给梅朗先生后,这些人表面上装着若无其事的样子,暗地里却想方设法打听消息……那位养了一对双胞胎的年轻的玛丽甚至还说:"真遗憾,房子原来的那位女主人,是那么风度翩翩……"玛丽可能还提起过那位女主人的名字,可我没注意听,好像叫什么奥蒂尔、奥塔尔……

瓦芳太太告诉他的一切都不值一提,可儒斯坦得知原住在这座房子里的夫人风度翩翩,甚感满意,说到底,他不喜欢对这位夫人了解得更多,住一位陌生女人住过的地方相对来说不那么令人惶惶不安……他为住进她的房子而高兴,这并非因为那位夫人的情趣与他相投,而是因为他好奇心十足,想发现她的情趣,且她的情趣也没有引起他的反感。恰恰相反,他任凭自己受她的情趣影响,并从中感受到了几分愉悦,心想到巴黎城时,一定要去波拿巴街、圣父街去看看那儿出售的乳白色玻璃制品……

一天夜晚,他终于有了新发现。那是初夏的一个温柔的夜晚,甚至在这荒僻的地方,户外也传来了缓慢、漫无目的的脚步声,就像是一对对情侣在漫步缓行。他从书架上取出一本书,忽然一把钥匙从书中掉下来,跌落在他的脚下。他匆忙捡起钥匙,仿佛这钥匙马上会逃走似的。也许是写字台的钥匙?书房里有张写字台,是一件漂亮的古色古香的桃花心木家具,乌黑发亮,反着光,好似一只高顶礼帽发出的回光。可是，这张写字台的钥匙一直不见踪影，致使写字台俨然成了一座堡垒，高大而深幽，不可攻破，占据了书房许多位置。它那封闭、不透光的表面时刻在嘲弄儒斯坦。

钥匙轻而易举地一转，写字台那宽宽的锁档便慢慢地朝儒斯坦方向落下。真是一张漂亮的写字台……中间的大抽屉完全是新哥特式装饰，里面隔成一个个小文件格，抽屉面和格子框架全都用柠檬树木制成，柠檬树木的黄色史衬托出桃花心木的淡雅。儒斯坦赞叹不已。"写字台"[1]一词是否源于"秘密"一词？若细心寻找，他兴许能发现秘密文件格呢！可新哥特式装饰的大抽屉装满了纸张。儒斯坦拿起一个露在外面的线头一拉，拉出了一沓扎在一起的信纸，其余的全散了，纷乱地落在写字台的绿皮面上！扎成小捆的信札在写字台上弹跳，散乱的纸片则四处乱飞……儒斯坦手足无措，呆乎乎地看着自己不慎引起的像雪片似的纷飞的纸片。这一捆捆信札用细绳、饰绦或牛皮筋扎着……有的扎得不结实，全乱了，信与信封分了家……儒斯坦信手捡起一张信笺，打开一看……上面只有三个字：我爱您。真有趣。这下该怎么收拾这乱糟糟的一摊？儒斯坦想方设法，企图把信放回原位，可要再放进去，得首先把这一封封散乱的信整理好。这得花费时间，还要有耐心，否则甭想放好……儒斯坦甚为恼怒，不想继续整理下去。最简单的办法莫过于把全部信件都拿出来，放到别处去，比如付之一炬。儒斯坦走到写字台旁，拿起废纸篓，把扎成小捆的连同散乱的书信全塞进纸篓，又走回写字台，放在

---

[1] 法语中"写字台"为"secretaire"，"秘密"为"secret"，两词词根形态相同。——译注

上面。在瓦芳太太来处理这些书信前,怎么也得先看看这些到底是什么信吧。

儒斯坦没有坐下,从纸篓里拿出一大把信,放在写字台上摊开,从一个信封中取出一封信,把它打开……就这样,他一封又一封地拆阅着。是些情书。全都是这类信吗?也许不全是……然而这又是写给谁的信呢?儒斯坦在信封上寻找收信人的姓名:布朗诗·奥特维尔夫人……他一叠一叠地查看,全是同一个名字,很可能就是那些书籍、床榻、乳白色玻璃制品及这座房屋的女主人的名字。儒斯坦坐了下来。布朗诗·奥特维尔……他拿起其中一沓信,是为了再查看收信人的名字吗?他又放下了信。总不能冒昧偷看写给这位妇人的情书吧!她已经扔了这些信……这确实不错,但是扔在一件上锁的家具里。她是否遗忘了这些鸿雁呢?瓦芳太太说过,这房子已经一年多没人居住了……哎,真是活见鬼!怎么处理这些信件?该去问谁?问房产公司?儒斯坦重又把纸篓里的一捆捆信件放在写字台上。这些书信有的信纸已经发黄,有的仍很新……他弯腰捡起一张掉落在地的信笺,这是一封信的第三页,写着有棱有角但又带点稚气的蝇头小字:

……因为我丝毫不能为你做点什么。那么,我为我自己也就用不着做什么了。倘若我对你已经毫无用处,那我活在这个世上还有何用呢?为此,我走了,此时此地,我正处于狂热之中……我没有必要欺骗你。我曾想以劳累、好奇心、危险来战胜这种狂热,但无济于事。我曾在茫茫大漠中跋涉,在辽阔蓝天上飞翔,在荆棘丛林中穿行。我也曾和形形色色的黑女人厮混，有的生性软弱，轻易委身，有的十分倔强，心肠若椰子核般坚硬。我曾试着当一名男仆去侍候人，也曾奋发精神，尝试着去管理殖民地；我打猎、垂钓，也当过白人老爷，由黑人抬着游历。在那充满噩梦、幻景、幻影和幻觉的节日和典礼仪式中，我俨如一头野兽，被赤身裸体的黑肤巨人追赶得走投无路……然而，我眼睛看到的只是你！啊！你是珍贵的金银，你是多么伤人、多么冷酷，我温柔的布朗诗！

真有意思……儒斯坦微倾着脑袋，在写字台上那些散乱的书信中翻着，寻觅出自同一个人之手的、字迹有棱有角的书简……没有找到……他索性从写字台下抽出椅子坐下，把纸篓里的信全倒在写字台上，看看是否有必要分拣一下。啊！又是一封同一字迹的信：

亲爱的姑娘，首先，我要向那些现在为你献花的人们致敬。大自然是绝不会容忍空虚存在的，既然我已经离开了……我永远离去了，一切全告终了，就像有人告诉一位母亲，她生下的是一个死胎。我暗自对自己这么说过。长期以来，我期待着、梦想着，然而……到头来却是竹篮打水一场空。真的，我曾努力过。我无私地爱过你，我曾想使你摆脱消沉、孤独和无法与人接触的生活，摆脱那种大家都欣赏你而又不能触摸到你的橱窗似的生活……人们可以目睹到你嚅动嘴唇，却听不到你的声音。当你伸手去抚摸时，橱窗玻璃却又挡住了你的手，这种生活岂不让人到了发疯的地步！我崇高的朋友，我亲爱的妹妹，你不愿做我的终身伴侣……于是，我走了。既然我对你已经无足轻重。我离开了你，投入了虎口之中，但即便如此，我也比在你身边更安全，我亲爱的、温柔的姑娘，我温顺的鳄鱼。我安闲地坐在一只装满炸药的箱子上注视着。这是一种献身于非正义事业的英雄壮举，充满虔诚、充满狂热。啊，上帝！要不怕炎热，不惜流汗！我还要更深切地体验这一切，更进一步去经历这一切！这是我自己选择的职业，我热爱这一职业，就如你爱你的职业一样……

又是一封没有结尾的信……他要更进一步去经历那一切。他干的职业可真是一个有趣的职业！可怎么搞的，他结识了一位最令人瞩目的小说家，这位小说家以引诱女人打开小提包，掏出包中之物为乐事。对他来说，这远比详细叙述一生的故事更有价值，殊不知最为真实的故事也免不了是编造出来骗人的。这座房子犹如一只大提包……主人不在场，随意搜索房内的东西，这不怎么妥当，就像那位小说家与一群充满诱惑力、笑盈盈的女人打交道……可是，这只大提包属于他，属于儒斯坦！可为什么会有捡到失物的感觉，觉得不应该随便乱翻，而应原封不动地交还给女失主呢？儒斯坦开始整理起杂乱的信件：扎成小捆的放在一侧，散乱的和零星的信札放在另一侧。他没有再发现写在薄薄的信纸上的、字迹有棱有角的信……不，这又是一封……

我的布朗诗，你满头棕发，皮肤白皙，光彩照人。我想我不久就要回到蒙特卡洛电台工作。我在这儿实在坚持不下去了。我是个不称职的记者，预感到将发生重大事件，却只有一个念头：赶紧离开。

我平生第一次感到再也不能充当一个传声筒了，我坚信自己定能摆脱这一角色……然而，我决不企求任何人来安慰我。沙砾、妇女的面纱、黑绒绒的乌发、白色无尾常礼服、耀眼的阳光，这儿的一切都已经发展到反面……我想不能在信中跟你谈这些，等我回国后再跟你细叙吧。我就要回去了。

我将于月底乘船归国。眼下还有三个星期，既然我还在这儿，我总还得再干点事。我利用眼下的这些时间整理采访笔记。我手头有不少录音和没有剪辑的录像，但愿能和马奇一起把手头的这些事处理完毕。特别有几位传教士，他们劲头很足，想把这些录像好好修饰一番，以赢得众人的喜爱。总之，大家都忙得不亦乐乎，可是你……太太，你却在空间徜徉，以寻觅引力极……真是耻辱！……

信上的字只写在信笺的一侧，字与字、行与行之间都留有很大的空隙，因此尽管是蝇头小字，通篇并不显得密密麻麻……这种字迹出于一名记者之手，确实令人觉得可笑，看去就像是个孩子写的。儒斯坦站起身，踱步来到敞开的窗前。月亮弯弯，宛如一把崭新的镰刀，高悬在黑暗的夜空。那些旧信札具有强烈的诱惑力……信中的这些话倘若出现在哪部书中，就早已谈不上秘密，失去其令人伤感的色彩了，犹如置身肃穆的乡村墓地，看到那满目生机勃勃的鲜花和扎着锈迹斑斑的铁丝、露珠晶莹闪亮的花圈，墓碑上刻着的名字也就不那么神秘，不那么伤感了。儒斯坦凝视着夜空，任凭黑夜把他吞噬，心头升腾起一种痛苦中交织着幸福的感觉。突然，一阵风起，大自然为之一震，百叶窗咣当一声撞击在墙上。儒斯坦关上窗扉。他重又坐到写字台前。噢,对了,那些情书,他都给忘了。

儒斯坦拿起一小叠用一根相当脏的白绳子扎着的信,这一叠只有五六封……信厚厚的,用打字机打在一种漂亮的水印纸上,只有一封是用工整的手写体写的……所有的信都没有信封,但标有日期……甚至是按时间顺序整理得有条不紊。

三月八日

我到底楼,给您打了电话。

不,我不是要与您说话,而是想听到您的声音。也许您会在电话中回我一声:

"喂。"

抑或没有回音,您会不耐烦地说上几句别的话。可您却没有作任何声音。

我的耳朵定将在寂静的黑潭中丧失官能。

躯体笔直地等待着没有沟通的电话交谈,揉着紧贴寂静无声的听筒的耳朵,这实在滑稽可笑。

通往爱情的道路有两条:一条是"观望",另一条是"希望"。

我就是沿着这两条道路前进的。

在我叙述的事中,我没有说一句假话,我是一个诚实的人。

布朗诗,您并不是个引人注目的女人。人们甚至都不会注意到您。

可是,我却习惯于凭机器发出的声响去控制这些机器。

您的话声透出您思维的步伐和您心脏跳动的节奏,显示出您的愿望是如何产生,而又如何得到满足的。听到您的声音,就可知道您是怎么生活的。我谛听着,我知道女工们在工厂分拣产品是不会排除第二次分拣的可能性的。产品无可挑剔。噢,别谈我的所见所闻了。有关客观的及无关紧要的一切,我都谈到了。接下来,话题该转到赞扬上来了。我并不想赞美您,因为赞扬会使人负下情分。现在,我还是直抒胸臆,谈谈我的愿望吧。

这是难以启齿的事。幸亏您准许我给您写信,您也明白我跟您谈的是爱情。

即使在最大的都市,当人们对它的生活已经习以为常时,它就自然会缩小,显得渺小、俗气。

任何一座城市都有其特有的气息。每件事物都被其特有的气息暴露了它与世俱生的俗气。

您秀发的温馨就像是一座都市的气息,对我来说,唯有这座城市不会变得渺小、俗气。谁都会倾倒在您的双手面前,人们可以听到您身上衣服摩擦发出的窸窣声,或因一时恼怒,连看都没看一眼,便将来信撕个粉碎时发出的声响。我不想再继续打什么比方了,还是一是一,二是二,简简单单,有什么就说什么吧。

我不愿丧失理智。

我不愿在梦想中乞求您对我的爱。

我还没有想过您将来会属于我,抑或说几乎没有想过。

现在,我唯一奢望的是拥抱您。

我为此深感痛苦。

我伏案冥想,渴望着拥抱您。

您对我说:"不该这样,这会带来巨大痛苦的。"

然而,我仍期望拥抱您。

我完全清楚不该去打电话。可我去打电话自有我的理由,我想这是出于礼貌,认为不辞而别,不了解一下您的近况就悄然离去,这太不近人情了。因此,我打了电话。可没有回音。

我胆子愈来愈大了。当我忘记该谨慎行事时,电话里又突然传来了回话……

您瞧,布朗诗,连写任何一封信的机会都不能放过。

我不知为什么会这么唠唠叨叨,仅仅是为了重复我已经对您说过的话,仅仅是为了喊一声您的名字:布朗诗。

啊,我想要和您说的是别的话。

我想对您说:

我爱您。

B.

第二封是同一大册手写体写的信。

三月八日

布朗诗,漫漫长夜也不够我写完这封答应写的信。天气寒冷。回来时,我因双手冻得发僵,连开门都很困难。

天哪,实在太冷了。我怎么都暖和不过来,纵然靠近滚烫的取暖器,也无济于事。

现在已经是早上七点钟。新的一天来临了,又要开始工作。今天要做的事很多,因为在海上航行遇到了大风大浪,有做不完的事。

可我必须继续写这封已经答应过您的信,无论如何得在明天早上写完它。

布朗诗,您知道我发生了什么事?我从一架飞机上跳了下去……当我失去了处在高空的感觉,巴黎灰蒙蒙的景色与周围的乡村融为一体时,我走出驾驶舱,打开了跳伞舱门,跳了下去。您,您完全知道从飞机上往下跳是怎么一回事。

我落到地上,停止了呼吸。心脏也似乎停止了跳动。然而,一点事也没有,不过过了好久,我才恢复了活动能力。布朗诗,从云端上往下跳,并不可怕,远不如从房顶上往下跳可怖。从房顶上往下跳,有可能摔死,可从云端上往下跳……那云端高得不可能发生任何意外的事。

然而,一件意外的事使我诧异:跳机本该给我带来温暖,可我却很冷,冷得浑身哆嗦。这到底是怎么回事?我所希冀的,只是要跳落在花街,其他的一切对我来说都无关紧要。随世间万物怎么发展,我需要的只是:脑袋撞在花街的路石上。我想这就是失恋的痛苦吧。

布——朗——诗!

B.

标着同一日期的两封信期间,肯定发生了什么事……B 有可能在上午寄发了那封用打字机打得工工整整的信。晚上,他见到了布朗诗,两人之间闹了什么别扭……于是,他答应用信来说明……下面这满满的几页纸也许就是 B 在当天夜里未能写完,准备第二天夜里继续写的信……这信看去字斟句酌,像是文学作品,甚至连版面安排也很讲究。

三月十二至十三日

给布朗诗的信

发自肺腑的、毫不夸张的心声。

令人难忘的一天,布朗诗,多么令人难忘的一天!

在昨夜的暴风雨中,我们有一艘船损失惨重。人员没有伤亡,但物质损失很严重。

不过,我们的这次行动极为成功,为法兰西赢得了近十亿法郎,哪怕您的朋友,遇事始终沉着冷静的观察家和新闻报道专家皮埃尔·拉布尔加德也会感到震惊。像这样损失惨重而又收获甚丰的日子是罕见的。

我已经精疲力竭。现在是夜里十一点。可既然我答应了您,这封信必须在今晚写毕,它是我们的一桩心事。

我带着一种酷似恐惧的心情坐在打字机前。

我害怕这一任务的艰巨及我能力的有限。

面对您,我已经束手无策,就像被剥夺了公民权,沦为一位流亡者,尽管我还可以要求您在做出最后判决之前,再赐给我二十四个小时的限期。

您欣然恩准我给您写信。我借此机会,寄希望于您的恩赐,而不指望自己有什么能力。

您今天,请允许我用一个粗俗的词,把我骂了个狗血淋头。我不是恭维您，打从孩提时代起，还从来没有人像您骂得这么淋漓尽致。

尽管我看见连听筒都在我那煞白的耳朵前"涨红了脸"，可您的训斥既没有伤害我，也没有给我造成痛苦。

在我的心底，正义感远比自尊心要强。您那么严厉是有道理的。我的行为确实无法容忍。您的训斥冷酷无情，毫不含糊，也恰到好处。谢谢您，布朗诗，我衷心地感谢您。唯一使我痛苦的，是您不由分说便下了禁令，禁止我再与您见面。

您在预审结束前五分钟就无情地宣布了判决。

这就不仅仅是一种训斥，而不啻是一记耳光了。我在"局促不安"的电话机旁，羞愧得无地自容，几乎就要死去。然而，我不得不接受您的判处，承受您给我造成的创伤。由于我对您深怀敬意，感激不尽，因此，我没有不服，提出异议。

尽管我们只是初交，然而我对您的感激之情是那些在您身边甚至生活了许多个岁月的人所无法比拟的……

儒斯坦一目十行，浏览了下面几页……B 犯了什么错误、什么过失，可儒斯坦看不出他到底错在何处……

您说我行为不端，怀疑我到底怀有何种企图，我对自己确实不了解，确实一无所知！

我曾和您谈过我的企图吗？您好好想一想……

从来没有。

噢，儒斯坦暗自思忖，莫非是毁约？布朗诗婚后还缠着B，而B想方设法，想摆脱这种微妙的困境，儒斯坦觉得这样实在令人厌恶……

……即使我跟您谈过什么愿望，您显然也是不会相信的。您我之间要是出现这种事，那该会遭世人奚落。我相当文雅、有教养，甚至如您所说，也相当可恶，决不会一时心血来潮，做出荒唐的事来，再说您和我都不受任何原始法的限制。

您说您对我没有任何意义上的感情。这并非因为您对我不了解，而是因为您不善于很快选择应持何种态度与我相处。既然现在事情已经无法挽回，请允许我跟您谈谈您未能找到的解决方法。

目前的情况，与任何类似的情况一样，您该当机立断，毫不犹豫地只表示出反感之情。您不该前怕狼，后怕虎。我不是要您憎恨我，只不过给您出个主意而已。只有憎恨我，您心头的压力才能降低到最低程度。

我根本不需要阿司匹林，布朗诗，我没有生病，我用不着治疗。50至96度的温度还不至于引起脑充血，造成死亡。

这高温阻挡不了我为法兰西赢得五亿法郎。

它并不能阻挡我弥补海上遭受的巨大损失的决心。

跟皮埃尔·拉布尔加德踏上一个荒凉的小岛，这一尝试只不过是一次小规模的训练。

即使我需要治疗，我也决不接受您施舍的任何药品，布朗诗，因为我没有权利接受。您想与我订立一个类似与皮埃尔·拉布尔加德订立的"协约",从而给予我根本不能奢望得到的东西。其实,在我们的对话结束时,您的施与就像是一种赦免。您的这一举动如此慷慨,我只能对您表示感谢。用不着如此大度,人们对您也会一见钟情。

然而,您的馈赠,我拒绝接受。

不要责怪我。

您可以不再把我当作您的男朋友,一则我荣幸至极,愧不敢当,二则您勉强为之,过分为难。

但是,或许有必要尽量理解我的行为。我的行为确属罕见。最异乎寻常的,是我不愿接受您的任何东西,没有任何企求,没有任何要求。可我变得确实太快了。我就像一个压紧的弹簧,突然间松开了。我爱您。我的表是快是慢,这又有何妨?不管您怎么想,都改变不了这一事实。这是我的事,我用不着向别人,甚至用不着向您要求准许我爱。

当然,要和您谈谈我对您的爱,这需要得到允许,可我已经得到允许,已经骗得您的允许。

您必须知道,我不奢望从我的爱情中得到什么,且从来没有指望您接受我的爱。

我想在爱情方面,我的经验要比您丰富,尽管我还从来没有特别专心于此。

我工作忙得不可开交,这是个遁词,对吗?我的经验告诉我,倘若我追求您,其结果肯定是零。我无法得到您,要想得到您,纯属徒然。正因为如此,我才没有耍什么手腕。也许在我的一生中,我对任何女人都从来没有像对您这样坦诚。

我只向您隐瞒了一件事，一个举动。要向您透露这件事，这对我来说太痛苦了，也毫无必要。倘若您允许我把这一秘密深藏我的心底而离去，我将不胜感激。

尽管我今天已经像磨成粉末的麦粒，但我对您的爱并不比昨日少一分，也许比昨日还更深，我将一如既往，不指望得到任何什么东西，对您一无所求，哪怕在梦中。

我所希望的只是能见到您，当别人在我面前提到您的名字时，我还有权利不为此而羞愧脸红。

布朗诗，您还想再一次洗刷我的脑袋，训斥我一顿吗？

布朗诗，您是我的光明，我再也不能给您写信了。我担心会禁不住说出不该启齿的最关键的事。

B.

三月十五日

布朗诗：

来信收阅。

上帝，我难过。布朗诗，我多么难过！

我将每天都重温您的来信，就像一位基督徒每日不忘读《圣经》。

当我年过半百，不会为爱过或痛苦过而羞愧难言时，我会将这封信作为自传发表。

我看到自己就像一件物品，被一只灵巧而精明的手放置到了原位。

我感谢您恢复了我见您的权利。

读了您的来信后,我感到愈来愈坚强,愈来愈聪明了。

B.

儒斯坦把信扔在桌上,站起身来。这种玩意儿只有当事双方才会感兴趣。他伸了伸懒腰,打了个呵欠,推开了座椅。

寂静……夜间一片静悄悄的,这正是这座房屋的最大优点之一。儒斯坦现已补足了睡眠,清晨六时就早早醒来,上班的轻骑声再也不打扰他了。明天,他要去远足。他的双腿渐渐灵活了,他要进行一次长途跋涉。

他登上楼梯,推开房门,打开了灯:在这间形如烟盒的明亮、珍贵的房间里,梳妆台上的那些乳白色玻璃制品在灯光照耀下大放异彩,有的呈玫瑰色,有的一片绿色。那种异样的感觉重又袭上他的心头:误入他人家门,踏入了一位陌生女人的内屋。他不禁感到恼怒。所有这一切分明属于他,他是这座房子的主人,而她不该把自己的书信遗忘在这里。

儒斯坦来到户外的平台上,大口大口地呼吸夜间这春意融融的湿润的空气。布朗诗跟谁到过这里?是和国务活动家?那位能为法兰西赢得五亿法郎的情人可能就是位国务活动家……或许是位科学家,他俩也许都是。谈情说爱,他并不内行,唯一的愿望是要有诗情画意,以自己的情爱为材料搞文学创作。虽然对自己的作家天赋并不满意,但他暗自思忖,说不定自己也能像"新法兰西杂志"派的作家先生们一样一鸣惊人呢……这就是他所极力掩饰的用心之所在。这人说不定府邸门前有接待员，出门有摩托车队为他的轿车开道，然而，他和普通年轻人一样有着爱。布朗诗完全可以牵着他的鼻子走！这个布朗诗或许和她的那位记者皮埃尔·拉布尔加德来过这里。儒斯坦·梅朗突然感到滑稽可笑……"这个"布朗诗，"她的"记者，听他这口气，仿佛他有些恼恨似的。别人的私生活总有旁人难以理解的地方。比如在一家旅馆里，透过隔墙听到这么两句话："这屁股玩意儿是谁的？""是约瑟夫的！……"继而在接待厅遇到一位上了一定年纪的、胸前别着法兰西玫瑰花形荣誉勋章的先生，夫人体面、可敬，可没想到夫人喊了一句："约瑟夫！快点，我们要赶不上火车了！"弄得人简直如坠梦境，不敢相信那隔墙后面的粗话竟会出自她之口。

儒斯坦心想，布朗诗乱扔下的这些情书没有任何淫秽的东西，不是些见不得人的信件。那两位写信求爱的男子在信中表现了他们的最崇高的情感，当然也痴情得愚蠢至极。

儒斯坦本人在爱情方面有不少隐私。在电影界，人们私下对他大加议论，但在影视界，这类事尢关紧要。

他接触的女人何其多！她们一个个都巴不得委身于他，要知道这些女人的梦想能否实现，往往取决于他。众所周知，他一心考虑多出片子，在男女私情上难以攻破，于是人们便寻找他的恶习、恶癖。也许他确实有恶习。然而，他那双连眼圈都发蓝的眼睛和头上那形似光晕的一圈头发——随着岁月的流逝，这光晕越来越往后移——在一定程度上，可使他免遭众人过分粗俗的猜测。把自己比作淫荡的修士也许是对宗教的一种亵渎。倘若他真有恶癖的话，那该会比别人的更奇特……不，他在这一方面并引不起公众强烈的好奇心。他的创造天才犹如一道屏幕，遮住了一切。

他就像圣父一样善于创造，为此赢得了众人的尊敬。在他的作品中，一切都是相互关联，不可缺少的，就像世界上的万事万物，缺一不可，作品的美产生于其合理性和一种不可言状的非规则性及无意识性，这些作品似乎赋予了儒斯坦·梅朗特殊的权利……

名士风流

导读

西蒙娜·德·波伏瓦是享誉世界的法国著名作家。曾任法国总统的密特朗对她赞赏有加,称她为"法国和全世界最杰出的作家"。她的存在主义女权理论著作《第二性》对西方的思想和习俗产生了深刻的影响。她的文学创作也有很高的成就,代表作有《女宾》《名士风流》《他人的血》等。

《名士风流》于一九五四年出版,荣膺龚古尔文学奖。这部小说着力于描述法国知识精英的命运,以遒劲的笔触,深刻展现了第二次世界大战后法国知识界彷徨歧路、求索奋进的众生相,成为观照那一时代知识分子心态与命运的一面镜子。《名士风流》全书六十余万字,采取了双重的叙述视角,第三人称与第一人称互为呼应。第三人称叙述的重点是宏大的历史境况和知识精英的心路历程,而第一人称叙述的,则是小说女主人公安娜灵与肉的搏斗。安娜是一位出色的精神分析专家,热爱自己的工作和家庭,但在战后那个特殊的时代,她的生存轨道发生了变化,个性觉醒。本选集选取的是该书下卷第八章,写的是安娜的一段私情。小说语言洗练而有感染力,对情爱的叙述与思考构成了波伏瓦小说创作的存在主义底色。有评论说,《名士风流》带有波伏瓦自传的性质,读《名士风流》,有助于我们追踪波伏瓦的人生轨迹,走进波伏瓦的精神世界。

第八章

　　靠拒绝这一份爱去体验这一份爱,这事是多么奇特啊!刘易斯的来信让我心碎。他在信中给我写道:"我难道还要继续下去,对您一往情深吗?"还有一次,他写道:"您对我玩弄的这一招可真怪啊。我再也不想把女人领进家中过夜,对那些我本可以赋予一丁点儿爱心的女人,如今我再也没有任何东西可以奉献了。"每当我读着这些话语,总恨不得扑进他的怀抱!既然我不能这样做,那就应该对他明说:"忘了我吧!"但是,我不愿明言相告,我希望他爱我,我需要给他造成的这一切痛苦,在内疚之中承受他的忧伤。我也是为自己在经受痛苦。时间过得多么缓慢,又流逝得多么迅速啊!刘易斯离我仍然那么遥远,可我却一天天走近我的垂暮之年,我们的爱情在渐渐衰老,他终将离开人世而没有真正享受到这份爱。这一念头令人难以忍受。我庆幸离开了圣马丁,回到巴黎重又和病人、朋友相聚,重又听到昔日的声音,重又忙忙碌碌,迫使自己再也不去想自己。

　　自六月来,我一直没有见到波尔。克洛蒂缠上了她,邀请她到她家在勃艮第的城堡去度夏：波尔竟然接受了邀请，令我极为惊诧。我一回到巴黎，便给波尔打了电话，对她话声中那种轻快而又冷淡的客气劲儿，我实在困惑不解。

"当然，我很高兴见到你。明天有时间一起去参加马尔加迪埃画展的开幕式吗？"

"我更乐意找个更安静的地方和你见一面。你没有别的空暇吗？"

"我很忙。等等。你能在明天午饭后来一下吗？"

"没问题。一言为定。"

多少年来，波尔第一次一身城市人的打扮给我开门。她身着一套灰色交织呢新潮西服，里边是一件黑色的衬衫，头发高高地挽起，额前留着刘海，眉毛修得细溜溜的，脸上变得臃肿起来，还有点轻微的酒糟鼻。

"你好吗？"她满怀深情地问，"你假期愉快吗？"

"很好。你呢？你高兴吗？"

"十分高兴。"她答道。听她口气，好像带着深长的弦外之音。她一副既尴尬又挑衅的神态细细打量着我："你不觉得我变了吗？"

"你好像气色很好。"我说，"你还有一套十分漂亮的西装。"

"是克洛蒂送给我的礼物，是巴尔芝时装店制作的。"

她衣服裁剪考究，鞋子式样雅致，确实无可挑剔。可是比起她以前为自己创造的那种过时的装束来，我觉得她现在这身打扮反倒显得更加奇怪了，也许只是因为我对她这种新的风度还不习惯吧。她坐下来，叉起双腿，点燃了一支香烟。"你知道，"她微笑着说，"我是一个新派女郎了。"

我不知如何回答才好，傻乎乎地说道："是克洛蒂的影响吧？"

"克洛蒂只不过是个托词而已，尽管她是一个十分了不起的女人。"她说道，接着思索了片刻，"人呀，比我想象的要有意思得多。一旦不再与他们疏远，他们便一心跟你亲近。"她用挑剔的神态打量着我，"你应该多出门走走。"

"也许。"我怯懦地答道，"那边都有些什么人？"

"噢！什么人都有。"她兴高采烈地说。

"你难道也要搞一个沙龙？"

她答道："你以为我没有这个能耐？"

"恰恰相反。"

她一抬眉毛："恰恰相反？"出现了一阵短暂的沉默，她接着冷冷地说："反正眼下要顾其他的事。"

"什么事？"

"我在写作。"

"那好！"我满怀热情地说。

"我并不认为自己是个才女，"她笑眯眯地说，"可那边的人都说白白浪费如此的天赋，岂不是罪孽。"

"你写什么呢？"我问。

"叫什么都行，短篇小说或者诗，难以归类。"

"你把自己写的给亨利看过吗？"

"当然没有。我告诉他我在写作，可我什么也没给他看过。"她一耸肩膀，"我肯定他看了准会困惑不解。他从来就没有想过要创造新的形式。再说，我眼下进行的试验，该独自去搞。"她正面看了我一眼,接着庄重地说:"我发现了寂寞。"

"你不再爱亨利了?"

"当然爱,可把他当作一个自由人来爱。"她把香烟往空壁炉里一扔,"他的反应真奇怪。"

"他意识到你变了吗?"

"显然知道,他又不傻。"

"说来也是。"

可我却感到自己真傻。我用目光询问着波尔。

"首先,他回巴黎后,我对他没有任何表示。"她得意扬扬地说,"我等着他先来电话,他果然很快就打了电话。"她静思片刻,接着说:"我穿上了漂亮的西服,样子十分安宁地给他开了门,他脸色骤变,我感觉到他慌乱不堪。他转过身去,把额头倚在窗台上,以便遮着自己的脸,我呢,却从容不迫地跟他讲述我们俩和我自己的事。后来,他神态十分古怪地看了看我。我马上明白了他已经打定主意,要考验我。"

"为什么要考验你?"

"他一时憋不住想建议我重新一起生活,可他很快控制住了自己。他想对我有十分把握,他有权表示怀疑。这两年来我对他可不怎么顺。"

"后来呢?"

"他严肃地向我解释他爱上了小若赛特。"她纵声大笑道,"你想象得到吧?"

我吞吞吐吐:"他真的跟她有事,不会吧?"

"当然不会。可他根本用不着跟我说爱她。若爱她，他决不会告诉我的。他是要观察观察我，你明白吧。可是我先赢了，既然我自己得到了满足。"

"我明白。"我说道，尽力扮出一个信赖的笑脸。

"最有趣的，"她快活地说，"是他同时又大献殷勤，真难以想象：他只是不愿意我影响他，可一旦我不再爱他，我想他准能把我给杀了。好了，他跟我谈起了格雷万博物馆。"

"怎么谈起的？"

"就像这样，随便谈起的。传说有一个院士，好像是莫里亚克或者杜阿梅尔，马上就要在格雷万博物馆有自己的塑像，你知道亨利对此是不在乎的。实际上，他是在暗示他恋上我的那个美妙的下午。他希望我回想起过去。"

"真复杂。"我说。

"不，"她说，"真幼稚。再说，最容易做的事只有一件。四天后就是彩排，我找若赛特说去。"

"为什么事要找她谈去？"我不安地问。

"噢！什么都为，也什么都不为。我想制服她。"波尔轻佻地一笑，站起身来问道："你真不愿意参观那个画展？"

"我没有时间。"

她在自己头上搭了一顶黑色的贝雷帽，戴上了手套。

"说真心话，你觉得我怎么样？"

我再也不是从心底，而是从她脸上寻找答案。我认认真真地答道："你美极了！"

"星期四看彩排时见。"她说,"你参加夜宵招待会吗?"

"当然。"

我和她一起下楼。她连走路的姿态也变了。她从容不迫地径自走去,可这是一般夜游者的从容劲头。

彩排前的三天,我和罗贝尔看了《幸存者》的排演。我们俩的心全被抓住了。我喜爱亨利所有的作品,就我个人而言,这些书无不打动我的心;可我不得不承认他写的东西再也没有比这部剧更好的了。这种语言表达的激烈程度,这种集诙谐与忧伤为一体的抒情手法,在他作品中都是首次出现。此外,在此作品中,剧情与思想之间没有任何距离:只要你注意剧情的发展,自然而然就会了解其意义。正因为这一意义与那一奇特但却令人信服的故事紧紧结合在一起,所以便具有了丰富的现实性。"这才是真正的戏剧!"罗贝尔这样评价道。我希望所有观众的反应都会像我们一样。只是这一集闹剧与悲剧为一体的剧作有股生肉的味道,很可能会吓了观众。彩排那天晚上,启幕时,我真感到忐忑不安。小若赛特明显缺乏表演才能,可当一些观众开始起哄时,她表现不凡。第一幕后,掌声大起。终场时更是掌声雷动,取得了真正的巨大成功。当然,在一个命运不算太差的作家的生涯中,肯定有过名副其实的欢乐时刻,可当他像这样一下子得知大获成功时,该是多么激动。

走进餐厅时,我突然一阵冲动,内心腾起对亨利的好感。真正的纯朴感情是多么难得啊!在他的周围,一切都显得虚假,无论是微笑,还是话语,而他呢,却仍然是他自己。他一副幸福的神态,略显局促不安。我多么想对他说一些赞扬的话,可是我不该等待。五分钟后，我的喉咙便像打了结似的。应该说我是自找悲伤。我偶然看见吕茜·贝洛姆指着两个年轻的犹太女演员对伏朗热说:"德国人搞的不是焚尸炉,而是孵化场!"这种玩笑的分量我是知道的,可从来没有亲耳听过。我既为吕茜·贝洛姆,也为我自己感到恐怖。我暗自责怪起亨利来。他在剧中对人们的遗忘说了许多漂亮话,可更确切地说,他自己也忘了过去。樊尚说贝洛姆被剃过头,而且是罪有应得,那伏朗热呢,他在这儿干什么?我再也不想对亨利表示祝贺,我相信他已经感觉出我不舒心。因为碍于波尔的面子,我留下待了一会儿,可感到十分不自由,只得无节制地多喝酒;然而这也帮不了我的忙。我回想起了朗贝尔对纳迪娜说的那番话:"我有什么权利非要固执地记住过去吗?"我扪心自问:"我做的不如别人多,受的苦也比别人少,若他们都忘记了,那就是应该忘记,我跟着他们忘记就是了。"但是,纵然我痛饮暴食也无济于事。我憋不住想骂人,想大哭一场。重归于好,宽恕他人!这是些多么虚伪的字眼。大家全都忘记了,这才是实质。忘记死去的人们这还不够,如今,我们还要忘记遭受的残杀,忘记杀人凶手。算了,我没有任何权利:如果说我眼中涌出泪水,那这只与我个人相关。

那天晚上,波尔和若赛特谈了许久,可对她说了些什么我不得而知。继后的几个星期里,我觉得波尔似乎在回避我。她经常出门做客,或在家写作,一副忙碌的样子,神气活现。我对她很少顾及:我太忙了,要忙的事太多了。一天下午我回到家中,发现罗贝尔气得脸色发白。我生来第一次看见罗贝尔气得这个样子。原来他刚刚与亨利闹翻了。他三言两语、声音断断续续地向我诉说了事情的经过,接着以命令的口气对我说："别想法子原谅他。他不可宽恕。"

我当时哪能立即为他辩解呢，我连声音都发不出来了。十五年的友情竟在一个小时中抹去了！亨利再也不会坐在这把扶手椅上了，我们再也听不到他那欢快的话语了。罗贝尔将是多么孤独！而对亨利来说，他生活中将是多么空虚！不，这不可能彻底崩了。我终于又说出了声。

"荒唐，"我说道，"你们俩都气疯了。在这种情况下，您可以在政治上宣布亨利的错误，而不要断了您的友情。我肯定他是诚心诚意的。要明鉴是非谈何容易。应该说如果要我负责做出决定，我定会乱了方寸。"

"看你的样子，好像以为我拳打脚踢赶走亨利似的。"罗贝尔说，"我巴不得能和和气气地解决问题。是他哐当一声关门而去的。"

"您肯定没有逼得他无路可走，要么您屈服，要么断绝友情吗？"我说道，"当初您要求《希望报》成为革命解放联合会的报纸时，他肯定知道一旦拒绝就会失去您的友谊。这一次，既然他不愿屈服，无疑希望就此了结。"

"你没有看见当时的场面。"罗贝尔说，"他一开始就明显怀着恶意。我不认为重归于好是轻而易举的事，可是至少可以想办法避免大吵一场。他没有这样去做，反而对我们的理由全盘否认，拒绝与委员会一起讨论，他甚至含沙射影，说我暗中参加了共产党。你还用我对你明说：这次断交是他自找的吗？"

"瞧您想到哪里去了！"我说。

亨利无疑对罗贝尔心存积恨，可那是很早以前的事了。为何现在闹崩呢?

罗贝尔神色严厉地凝望着远处:"我妨碍了他,你明白吧?"

"不,我不明白。"我说。

"他现在的所作所为可真古怪。"罗贝尔说,"你看见他都跟哪些人交往吧?我们都是他的一块心病,巴不得早日摆脱。"

"您冤枉人!"我说,"那天晚上我也感到反感,可您自己亲口对我说过,如今要上演一部剧本,那就非得妥协不可。亨利做得也并不过火。他跟那些人只勉强来往。他是跟若赛特睡觉,可人们尽可放心,她影响不了他。"

"那次夜宵招待会本身并不严重,这我同意。"罗贝尔说,"可这是一个信号。亨利这个人就看重自己,他恨不得能随心所欲,只顾自己,用不着对任何人负责。"

"他只顾自己?"我问道,"他整天都在干那些让他烦恼的事情。您自己也经常承认他是多么忠心耿耿。"

"当他感兴趣时,是这样。但是事实是他讨厌政治,他真正关心的只是自己。"罗贝尔不耐烦地一挥手,挡住了我的话,"我最责怪他的就是这一点。在这件事上,他一心只考虑别人会议论他什么。"

"别跟我说什么他会对集中营的存在无动于衷吧。"我说。

"可我也不会对此无动于衷。问题不在这里。"罗贝尔说,接着耸耸肩膀,"亨利不愿意别人说他被吓唬住了,反倒心甘情愿投入反共阵营。在这种情况下,与我闹翻便解决了他的难题。他可以无拘无束地为自己塑造一个胸怀宽广的漂亮的知识分子形象,整个右派都将为之拍手称道。"

"对讨好右派亨利可不感兴趣。"我说。

"他本意是为了自己,可这轻而易举就会把他投向右派,因为在左派,漂亮的形象可得不到多少人喜欢。"罗贝尔举手伸向电话机,"我马上召集委员明天上午开会。"

整个晚上,罗贝尔都一副凶神恶煞的样子,处心积虑地琢磨着欲提交给委员会的公开信。第二天早上,当我打开《希望报》,看见上面印着亨利和他相互攻击侮骂的两封公开信时,我的心里万分悲痛。纳迪娜也感到十分难过,她对亨利抱有深厚的友情,可她也不容忍别人公开攻击她父亲。

"是朗贝尔怂恿他干的。"她怒不可遏地对我说。

我多么想了解亨利脑子里到底是怎么想的。罗贝尔的解释怀有过分的敌意。最让他气愤的,是亨利跟他谈话时对他根本就没有一点儿信任。可不管怎么说,我心里想,对罗贝尔的所作所为,亨利确实有理由存有戒心。他可能会对我说亨利应该既往不咎吧?可说得好听,过去的事哪能随随便便就忘掉呢!我凭自己的经历知道一点,那就是对待那些不习惯对其进行评判的人,人们总是很容易不公道。我也一样,仅仅因为罗贝尔在小事上变得有些陈腐,我有时便对他表示怀疑。如今我才意识到如果他下决心避而不谈集中营的事,那也肯定是有其充足理由的,可我却误认为是出于忸怩。我也理解亨利,他盲目钦佩过罗贝尔,尽管他了解罗贝尔十分专横,可还是处处跟着他走,哪怕有时不得不违心地生活下去。特拉利奥事件很可能伤了他的心,正是因为这样,亨利才认为罗贝尔会不择手段,什么事都可以干得出来。罗贝尔不是已经深深失望过一次吗?

到底，对此再多言也无济于事，已经过去的事谁也不可能挽回。如今的问题是革命解放联合会走向何处。它已经四分五裂，组织混乱，又失去了报纸，必定很快土崩瓦解。通过勒诺瓦，拉福利建议该会与共产党近邻组织合并。罗贝尔的回答是在选举结束之前暂不做出任何决定。可我心里清楚，他是不会走这一步的。确实，发现集中营存在，他没有无动于衷，可他也绝没有半点想要与共产党人靠拢的意思。革命解放联合会的成员有其加入共产党的自由，可该联合会作为一个运动干脆不再存在算了。

勒诺瓦第一个加入了共产党。他庆幸解放联合会的分裂擦亮了他的眼睛。许多人纷纷效法于他：在十一月份，自从共产党取胜之后，擦亮了眼睛的人多着呢。小玛丽·昂热找上门来，请罗贝尔接受她为《铁钻》周报搞的一次采访。

"您是什么时候成了共产党员的？"我问道。

"从我明白了必须表明态度开始。"她以一副倦怠、高人一等的神态打量着我说。

罗贝尔拒绝接受她采访。有关他的种种议论令他大为气恼。尽管他对亨利怀恨在心，可他对拉舒姆的文章十分反感。当勒诺瓦也来帮着凑热闹时，罗贝尔听得很不耐烦了。

"选举获胜，这是共产党人对那次卑鄙行动的最后反击。"勒诺瓦声音热烈地说，"佩隆及其一小撮的阴谋未能得逞，没有拉走一票。"他以蛊惑的神态看了看罗贝尔："眼下，如果您向革命解放联合会提出我们那一天谈过的合并问题，它准会团结得像一个人，跟着您走。"

"算了吧,"勒诺瓦说,接着微微一笑,"革命解放联合会的成员都还活着呢,只要您一声令下,就可把他们召集过来。"

"我没有心思下这个令。"罗贝尔说,"在集中营事件之前,我都不同意与共产党人联合,用不着现在投入他们的怀抱。"

"集中营,可是,您不是拒绝参加那种蛊惑人心的宣传吗?"

"我拒绝谈集中营的事,但并不是拒绝相信集中营的存在。"罗贝尔说,"首先,什么时候都应该考虑最糟糕的结局,这才是真正的现实主义。"

勒诺瓦眉头一皱:"必须善于考虑最坏的结果,而不被其吓倒,这我同意。"他说,"但是,随您怎么责怪共产党人,这总不该妨碍您与他们共同行动吧。"

"不行,"罗贝尔重复道,"政治和我,已经完蛋了,我得回到自己的小窝去。"

我完全清楚革命解放联合会已经不复存在,罗贝尔也没有任何新的打算,可听他宣告他要彻底回到自己的小窝去,我心里不由得一惊。勒诺瓦一走,我便问道:"您真的永远不搞政治了?"

罗贝尔微微一笑:"我倒觉得是政治和我了结了。我能有什么法子呢?"

"我肯定,如果您寻找,定能找到办法的。"我说。

"不,"他说,"我已经开始坚信一点:如今少数派再也没有任何机遇了。"他耸了耸肩:"我既不愿与共产党人共事,也不愿反对他们。怎么样?"

"噢,那就潜心搞文学吧。"我快活地说。

"对。"罗贝尔毫无热情地说。

"您尽可在《警觉》上写文章。"

"我需要时一定写。可写什么都无足轻重。勒诺瓦言之有理,亨利的文章对选举没有产生任何影响。"

"勒诺瓦好像以为亨利会对此感到遗憾似的。"我说,"这是很冤枉人的,据您自己对我说的,亨利并不希望产生那种结果。"

"我不知道他的愿望。"罗贝尔声调傲慢地说,"可我也不肯定他自己心里清楚。"

"反正,"我急忙说,"您承认《希望报》没有投入反共派一边。"

"至今还没有。"罗贝尔说,"以后嘛,还要等着瞧。"

一想到罗贝尔和亨利为一件不甚了了的事情闹翻了,我心里真感到气恼。他们不可能再重归于好,可显而易见,罗贝尔深感孤独。这可不是一个欢快的冬天。我从刘易斯那儿收到的信是欢跃的,可它们并不给我以慰藉。芝加哥下了雪,人们在湖上滑冰,刘易斯一连好几天闭门不出,默默地给自己讲述故事:他说我们在五月乘船下密西西比河显得并不那么遥远。但是我知道对我来说,每天醒来时重又开始的这种寒冷、昏暗的日子将永无尽头地周而复始。"我们永远都不可能再相会。"我心里想,再也没有春天了。

正是在这样一个毫无出路的夜晚,我从电话中听到了波尔的声音。她急切地说:"安娜!是你吧?赶快来,我急需跟你谈谈,是急事。"

"我感到遗憾。"我说,"我家里有人吃饭。我明天早上去吧。"

"你不明白,我遇到一件可怕的事情,只有你才能帮上我的忙。"

"你不能来我这儿一趟?"

出现了一阵沉默:"谁在你家吃晚饭?"

"佩勒迪埃和康热夫妇。"

"亨利不在那儿吧?"

"不在。"

"肯定不在?"

"当然肯定。"

"那我来。千万不要跟他们说什么。"

半小时后她敲响了我的家门,我让她进了我的卧室。一条灰色的头巾遮住了她的头发,她脸上虽然抹了粉,可还是盖不住她那只发肿的鼻子。她的呼气中散发出浓重的薄荷和劣质酒味。昔日的波尔是那么美丽,我绝对想象不到她的姿色突然会荡然无存:她的脸上有着某种抗拒一切的东西,刹那间被人看得一清二楚。原来这张脸和别人的没有任何差别,都是由海绵质肌肉所组成,内含百分之八十几的水分。她摘下头巾,瘫坐在长条沙发上:"瞧我刚刚收到了什么。"

这是一封亨利的信。一小张白色信笺上写着几行字迹清晰的小字:"波尔,我们给对方造成的只是痛苦,还不如就此为止,永远不再相见。尽量再也不要想我。我希望我们哪天能成为朋友。亨利。"

"你明白什么意思吧?"她问道。

"他没有勇气跟你面谈,"我说,"所以宁愿给你写信。"

"可这封信是什么意思?"

"在我看来十分清楚。"

"你真幸运。"她以困惑不解的神色盯着我,终于低声说道。

"这是一封绝交信。"

"绝交?你见过这种写法的绝交信?"

"这封信没有什么特别的。"

她耸了耸肩膀:"算了!首先,我们之间还有什么交可断。既然他已经接受友谊这种想法,我别无指望。"

"你肯定没有跟他说过你爱他吗?"

"这个世界上谁也没有我那么爱他,可这怎么会妨碍我们的友情呢?再说,他要求得到这份爱。"她说道,其声音之激烈,不禁使我想起了纳迪娜说话的声音。"这封信虚伪得令人作呕!再读读:尽量再也不要想我。他为何不干脆说'别再想我了'?他暴露了他的心机,他想要我尽量不想他而遭受折磨,而不是要我真的能不再想他。同时,他不是庸俗地称呼我'亲爱的波尔',而是只写'波尔'。"当她说到自己名字时,她的声音软了下来。

"他担心'亲爱的'这几个字你看了会觉得虚伪。"

"绝对不会。你完全清楚在交欢时,每到最令人销魂的时刻,人们只是呼唤对方的名字。他想让我听到做爱时的呼唤声,你懂吗?"

"为什么?"我问。

"正是我刚刚问你的问题。"她以斥责的神态盯着我说,接着移开了双眼,"我们给对方造成的只是痛苦。天大的笑话!他硬说我在折磨他!"

"我猜想是他为让你经受痛苦而感到痛苦。"

"那他以为这封信会让我感到愉快?算了吧!算了!他不会这

么蠢!"

出现了一阵沉默。我问道:"那你是怎么想的?"

"我弄不明白,"她说,"一点儿也不明白。我不认为他会是这样一个虐待狂。"她神情倦怠地用手摸了摸双颊。"我觉得我差不多已经胜利了,他重又变得给人以信赖,和蔼可亲,我不止一次地感觉到他时刻准备告诉我考验已经结束。可前不久有一天,我错走了一着。"

"怎么回事?"

"记者们报道了他与若赛特结婚的消息。我自然一点儿也不信。既然我是他的妻子,他怎能娶若赛特呢? 这是考验的组成部分,我马上明白了这一点。后来他果然来告诉我这是个谣言。"

"是吗?"

"我不是跟你说了吗! 难道你也怀疑我?"

"我说'是吗?'这又不是什么问题。"

"你是说'是吗?'噢,算了。他回到家里,我尽可能向他说明理由,他可以结束这场闹剧了,而且在这个世界上他不管发生什么事,从此再也与我无关。我爱他,但这是一种彻底忘我的爱。我不知道是我自己笨嘴拙舌还是因为他疯了。从我嘴里说出的是一个字,到他耳朵里便变成了另一个字。真可怕……"

出现了一阵沉寂。我小心翼翼地问道:"可你觉得他要的就是你吗?"

她满腹狐疑地打量着我,问道:"你到底在要什么游戏?"

"我什么游戏也不要。"

"你给我提的却是些蠢问题。"

又出现了一阵沉默,她接着说道:"你完全知道他想要的是什么。他要我把一切都奉献给他而不向他提出任何要求,就这样。我唯独不明白一点,那就是他写这封信到底是因为他认为我还会要求得到他的爱,还是因为他担心我拒绝把我的爱献给他。如属于第一种情况,那说明这场闹剧还在继续演。如属第二种……"

"如属第二种情况呢?"

"那就是报复。"她阴郁地说。她的目光又落到我的身上,显得犹豫、多疑,但很急切。"你必须帮助我。"

"怎么帮?"

"你得跟亨利谈谈,说服他。"

"可是波尔,你十分清楚罗贝尔和我刚刚与亨利闹翻了。"

"我知道,"她茫然地说,"可你还会见到他的。"

"绝对不可能。"

她犹豫了一下:"就算这样吧。可不管怎么说,你可以见见他,他绝不会把你往楼下推的。"

"他准会认为是你派我来的,这样我说什么都没有分量。"

"你是我的朋友吗?"

"当然!"

她朝我投来一束战败者的目光。突然,她的面孔松弛了下来,顷刻间泪如泉涌。"我对什么都不相信。"她说道。

"波尔,我是你的朋友。"我说。

"那你就去找他谈谈,"她说,"告诉他我已经受够了,再也受不了了。我可能是有过错,可他折磨我的时间也太长了,让他别再折磨我了!"

"假设我是这么去做了,"我说,"当我回来把亨利说的话告诉你,你会相信吗?"

她站起身,揩了揩泪水,又披上了头巾。

"要是你跟我说实话,我一定会相信你。"她边说边朝门口走去。

我知道找亨利去谈纯属枉然。至于波尔,从今之后,与她进行任何友好的交谈也都无济于事。该把她安顿到我的长沙发上,向她提问。幸好对我们认识的知己朋友,不允许采取这种医治方式,如果这样做了,我会觉得犯下了背信罪。我给她打电话,她一概拒绝去摘电话机;我又给她写了两封信,她只简短地回了几个字:"原谅我。我需要清静。需要时我哪天会给你个信儿的。"这样一来,我反而卑怯地感到从此了却了一块心病。

寒冬还在继续拖延。自从与朗贝尔闹崩之后,纳迪娜情绪极不稳定。除樊尚之外,她什么人也不见。她不再搞通讯报道,只是管她的《警觉》杂志。罗贝尔阅读大量的东西,经常领我上电影院,几个小时几个小时地听音乐。他开始发疯似的买起唱片来。每当他像这样又染上一个新的怪癖,就说明他的工作很不顺利。

一天早上,我们正在一边吃早饭一边浏览报纸,无意中我看到了勒诺瓦的一篇文章,这是他第一次在共产党的报纸上发表文章。文章写得很不客气,对以前的朋友,他都一一照例加以谴责,对罗贝尔算是最客气的,可对亨利是疯狂地大加攻击。

"看看这。"我说。

罗贝尔读后把报纸一扔:"亨利没有变成反共分子,应该承认他能这样做真值得钦佩。"

"我跟您说过他会挺得住的!"

"报社里该有不少麻烦。"罗贝尔说,"据萨玛泽尔的文章看,人们完全可以感觉得出他巴不得向右派跑,特拉利奥显然也如此,朗贝尔嘛,远远不只是让人怀疑啰。"

"噢!亨利的处境可不妙!"我说道,接着微微一笑,"实际上,他的处境和你差不多:你们俩跟大家都不和。"

"这对他来说比我可能要更艰难些。"罗贝尔说。

他的话声中几乎隐含着关切。我感觉到他对亨利的积恨已经开始消除了。

"我怎么都弄不明白他为什么这样子跟你闹翻。"我说,"我保证他如今肯定后悔不已。"

"我经常反省这件事。"罗贝尔说,"开始时,我责备他在这件事上太顾及自己了。如今我在想他并不怎么有错。实际上,我们俩都应该明确今日的知识分子能够和应该担任怎样的角色。保持沉默,无疑是选择极为悲观主义的解决方法。像他那个年纪,表示不满是自然而然的。"

"矛盾的是亨利远不如您那么非要起到政治作用。"我说。

"他也许认识到事关其他事情。"罗贝尔说。

"什么事情呢?"

罗贝尔犹豫片刻:"你要听我的心里话?"

"当然。"

"一个知识分子再也起不了任何作用。"

"怎么会呢？他总可以写作吧，不是吗？"

"噢！人们尽可以闹着串字玩，就像串珍珠那样，可要加倍小心，什么都不要说。即使这样做，也有危险。"

"哎哟，"我说，"您在您的书中不是捍卫文学的嘛？"

"我希望我有关文学的论断哪一天重又变成真理。"罗贝尔说，"可眼下，我认为我们最好还是让别人忘掉我们。"

"总不至于停止写作吧？"我问道。

"当然要停止。等我写完这部论著，我就再也不写了。"

"为什么？"

"我为什么非要写作？"罗贝尔说道，"因为人活着不仅仅只吃面包，因为我相信这项多余的工作是有必要的。我写作是为了拯救被行动所忽视的一切：现实的真实，个人和即时。我迄今为止一直认为这一工作是革命工作的一部分。可是不，它妨碍了革命工作。目前，任何文学，只要它致力于把面包之外的食粮提供给人们，别人都会利用它来表明人们完全可以不用吃面包。"

"您一直在避免这种误会。"我说。

"可情况发生了变化。"罗贝尔说，"你明白，如今革命掌握在共产党人手中，只在他们手中。我们所捍卫的价值观念再也没有位置。也许哪一天会重新获得这些价值观念，但愿如此。可是如果我们在眼下极力维护它们，那就是为反革命效劳。"

"不，我不愿相信。"我说，"对真理的追求，对个人的尊重，绝对没有害处。"

"当我拒绝说集中营的事时，就是因为我看到说真话是有害的。"

罗贝尔说。

"这是一个特殊情况。"

"类似的特殊情况有千百个。不,"他说道,"要么就说真话,要么就干脆不说。如果没有横下一条心,永远都说真话,那就不要掺和进去,最好还是保持沉默。"

我打量着罗贝尔:"您知道我有什么看法吗?您还继续认为应该对苏联的集中营保持沉默,可您付出的代价已经够大了。您和我在这一点上是一致的,我们都不喜欢牺牲什么,这只会造成我们悔恨。可正是为了惩罚您自己,您才放弃写作。"

罗贝尔微微一笑:"应该说通过牺牲某些东西——大体上,就是你说的我的知识分子职责——我才意识到这些东西纯粹是虚的。你还记得一九四四年的圣诞节前夜吗?"他问道,"当时就有人说也许将出现文学丧失其权利的时刻。那么,我们现在就处于这种时刻!不是因为缺少读者,而是我可以提供给他们的书要么有害,要么毫无意义。"

我犹豫不决地说:"这里面有一点站不住脚。"

"什么?"

"如果在您看来古老的价值观念真的那么毫无用处,那您就会跟共产党人一起走。"

罗贝尔点点头:"你言之有理,是有一点站不住脚。我这就跟你说为什么:我太老了。"

"您的年纪与这又有什么相干?"

"我清楚地意识到我所珍惜的许多东西都已不合时宜,我不得不去接受一个与我所想象的迥然不同的未来，只是我已经无法改变自己。于是在这个未来之中我便看不到自己的位置。"

"换言之，您希望共产主义获胜，而同时心里又清楚您无法在共产主义的世界中生活？"

"差不多是这样。我以后再跟你细谈。"他又补充一句，"我在这一方面要写一写，将作为我这部书的结论。"

"那等这部书写完之后，您准备干什么？"我问道。

"大家干什么我就干什么。有二十五亿的人不写作呢。"

我不愿过分担惊受怕。罗贝尔不得不为革命解放联合会的失败承担责任，他眼下正处于危机之中，以后还会转变的。但是，我承认我不喜欢他这种想法：大家干什么他就干什么。是为了活着而吃饭，还是为了吃饭而活着，这个噩梦始终缠绕着我的整个少年时代。如果不得已到了这个地步，那还不如立即打开煤气死了算了。但是我猜想大家也都想过这种事：立即打开煤气死了算了，可谁也没去开。

我感到相当沮丧，继后的日子里没有一点儿心思去见任何人。一天早晨，有个送货员忽然给我送来了一大束红玫瑰，我感到十分惊奇。玫瑰花包着透明纸，别着别针，上面夹着波尔的一封短信：

"好了！误会消除了！我感到幸福，给你送上玫瑰花。今天下午来我家。"

我对罗贝尔说道："情况并没有好转。"

"没有任何误会吧？"

"没有。"

他又重复了一遍跟我说过多次的话:"你该送她去马德吕斯诊所看看。"

"要让她下决心去可不容易。"

我不是她的医生,可我再也不是她的朋友。我唇边挂着谎言,一步步登上她家的楼梯,双眼中潜藏着职业的目光。敲门时,我扮出一个笑脸,可在我看来,这种笑脸像是一种背叛。没想到波尔迎接我时竟出乎意料地亲热,她亲了我,为此我为自己的举动感到更加惭愧。她穿着一件式样已经过时的长裙,在挽起的头发和胸口上分别别着一朵玫瑰。整个房间都摆满了鲜花。

"你来了真好!"波尔说,"你始终都这么好,我可真担当不起。我待你很不客气,我当时是实在控制不了自己。"她以抱歉的口吻补充道。

"我应该感激你,你给我送去了那么华美的玫瑰花。"

"啊!这是个值得庆贺的日子!"波尔说,"我要你也一起高兴高兴。"她神情幸福地朝我微微一笑:"我在等着亨利,他立刻就到。一切都已重新开始了。"

一切都重新开始了?我表示怀疑。我想亨利恐怕是出于怜悯才下决心来看看。不管怎么说,我不愿遇到他。我朝门口迈了一步:"我跟你说过我们和亨利闹翻了。他见到我在这儿会气愤的。我明天再来。"

"我求求你!"她说道。

她两眼惊恐万状,我只得把包和手套扔在沙发上。活该,我就待在这儿吧。波尔步履轻盈地大步向厨房走去,出来时端着一只托盘,上面放着两只酒杯和一瓶香槟。"我们为未来干杯。"

瓶塞打开了,我们一起碰杯。

"到底是怎么回事?"我问道。

"要不,我真是蠢。"波尔快活地说,"我手中早就掌握了各种迹象,可在昨天夜里才把事情理出个头绪来。我当时没有睡着,可当我一闭上眼睛,我突然间看得清清楚楚,就像明信片上贝尔琼斯城堡的大水池那般清晰。天亮我就给亨利发了一封快信。"

我忐忑不安地看着她。对,我留下来是对的,情况并没有好转,没有一点儿好转。

"你还不明白吧?这场戏简直像滑稽歌舞剧那么可笑!"波尔说,"亨利是吃醋了!"她真的开心地大笑,"这似乎不可想象,是吧?"

"确实。"

"可这是实际情况。他那么残忍地以折磨我为乐,如今我终于明白了其中的原因。"她把头发上的红玫瑰插稳,说道,"当他突然向我提出我们俩以后再也不在一起睡时,我还以为是因为他情操高尚呢,可我彻底错了。实际上他误以为我变得冷漠了,这深深地伤害了他的自尊心;我没有很认真地为自己辩解,这就更让他生气了。后来,我开始经常外出,注意穿着打扮,他恼羞成怒。我快活地跟他说再见,说得太轻巧了,他实在受不了。有一次在勃艮第,我做了许多不合时宜的大蠢事。我向你发誓我并不是存心干的。"

这时,有人轻轻敲门。波尔脸色异常地看着我,我起身前去开门。门口站着一个提着篮子的女人。

"对不起,请原谅,"她说,"我找不着女门房。我是来阉猫的。"

"诊所在楼下,门的左侧。"我说。

我关上门,看见波尔那茫然的目光,我脸上的笑容顿时凝固住了。

"怎么回事?"她问道。

"女门房不在,经常不在吧。"我快活地说。

"可为什么到这儿来敲门?"

"随便找的呗,总要敲哪家的门问问吧。"

"随便找的?"波尔问道。

我以鼓动的神态微微一笑:"你刚才跟我谈起了你度假的情况。你到底做了什么伤害亨利的事?"

"啊!对了。"她的话声中没有丝毫的热情。"呃,我先给他发了一张明信片,跟他谈起我正忙些什么,最后写上了这么一句不该说的话:我在这儿经常长时间地漫步,有人说这地方与我很相似。显而易见,他很快想到了我有了一个情夫。"

"我不明白。"

"'有人'",她不耐烦地说,"这个'有人'就值得疑心。当有人把一个女人比作某种风光,一般来说这人就是她的情夫。后来,我在威尼斯又给他寄了一张明信片,明信片上是贝尔琼斯公园,正中是一个水池。"

"那又怎么了?"

"是你自己告诉我的,泉井、喷泉的承水盘、水池等都是一种精神分析象征。亨利马上明白了我是故意侮辱他:我找了一个情夫!他大概知道路易·伏朗热当时也在那里。你没有发现在彩排夜宵招待会上，我跟伏朗热说话时，他是用怎样的目光瞪着我？这就像二加二等于四一样明白。这样一切都连接起来了。"

"你在快信中跟他说的就是这事？"

"对。如今他什么都明白了。"

"他给你回信了？"

"为什么要回信？他马上就会来的，他完全清楚我在等着他。"

我缄默不语。波尔心底明明知道他不会来的，正是为此她才求我留下，她最终将不得不承认他没有来，等到了那一刻，她准会昏死过去。我唯一的希望就是亨利已经明白她正在变疯，出于怜悯之心来看看她。此间，我找不到任何东西可说。她目光直勾勾地盯着房门，我实在难以忍受，我觉得，这儿的玫瑰芬芳像是一股停尸房的气味。

"你一直在写吗？"我问道。

"是的。"

"你答应过我要把你写的东西给我看看的。"我灵机一动说道，"可你还没有给我看。"

"你真的感兴趣吗？"

"当然。"

她向工作间走去，拿出了一大叠蓝色的稿纸，上面写满了浑圆的字迹。她把稿子放在我的膝上，她向来就爱犯拼写错误，可从来没有这么多过。我匆匆浏览了一页，以掩饰自己的窘态，而波尔则继续盯着房门。

"我看你的字很困难，"我说，"麻烦你给大声念念？"

"随你。"波尔说。

我点燃了一支香烟。至少当她朗读时,我知道她嗓子里发出的是什么音。我并不指望什么东西,可我还是感到十分惊诧:那声音可真让人震惊。有个句子刚念到一半,楼下响起了门铃声。波尔应声而起:"你瞧!"她揿了揿控制大门的开关。她站立在我的面前,脸上洋溢着狂喜的神色。

"快信。"

"谢谢。"

来人关门离去了。她递给我一页蓝纸:"打开,给我念念。"她坐在长沙发上,双颧和双唇全都发紫。

"波尔,从来就没有任何误会。一旦你接受了我们的爱情已经死亡这一点,我们就会是朋友。在此之前,再也不要给我写信。后会有期。"

她整个儿猛地扑倒在沙发上,震得壁炉上的一朵玫瑰花落下了花瓣。"我不明白,"她呻吟道,"我什么也不明白了。"她呜咽着,面孔埋在靠垫里。我语无伦次地劝她,说出的话没有任何意义,仅仅是为了能听到我发出的嗡嗡声而已。"你一定会好起来的。应该会好的。爱情并不是一切……"我自己心里也完全清楚,若处在她的位置,我也决不愿意亲手医治和埋葬我自己的爱。

我在圣马丁度了周末,刚刚回到家里便收到了她的快信:"明晚八点晚餐见。"我拿起电话。我觉得波尔的声音冰冷冰冷的。

"啊!是你!什么事?"

"我只是想告诉你明晚的事,一言为定。"

"当然,一言为定。"她说道,然后便挂了电话。

我料想这是一个艰难的夜晚,可当波尔给我开门时,我心里不禁一震。我从未见过她这副样子,她脸上未加任何修饰,身着一件旧裙和一件灰不溜秋的旧套衫,头发全都向后挽成一个很不讨人喜欢的发髻。房子里,经她用活动桌面加长的餐桌从这头一直顶到墙那头,桌上放着十二只盘子和同样数量的酒杯。她向我伸过手来,一边噘着嘴巴对我说道:

……

沙漠

导读

　　勒克莱齐奥先生为法国著名作家，二〇〇八年获得诺贝尔文学奖，在国际文坛具有重要影响。他二十三岁发表处女作《诉讼笔录》，迄今为止已发表了四十余部作品，包括长短篇小说、游记、童话、散文，以及翻译作品等，代表作有《诉讼笔录》《流浪的星星》《沙漠》《奥尼恰》等。其中《诉讼笔录》获勒诺多文学奖，《沙漠》获得第一届法兰西学院保尔·莫朗文学奖，一九九四年勒克莱齐奥被法国《读书》杂志评选为在世最伟大的法语作家。

　　勒克莱齐奥在《沙漠》的写作中，清晰地表明了自己的文化立场和审美追求。他在书中把非洲大沙漠的荒凉、贫瘠与西方都市的黑暗、罪恶进行对比和联系，把那里的人民反抗殖民主义的斗争与主人公拉拉反抗西方社会的种种黑暗的斗争交织在一起，不仅在布局谋篇上显出匠心，具有思想的深度，而且在诗意的历险中，创造了独特的叙事风格。本选集选取的是《沙漠》结尾部分，写的是小说女主人公回到非洲大地时的动人情景。拉拉，这位沙漠的女儿，沙漠始终牵动着她的心。在她当上封面女郎，她的照片风靡法国之时，她却毅然地离开了所谓幸福的国度，回到了故乡。当她踏上故土的沙丘，她感到了躯体沉重，一阵阵剧痛，知道新的生命就要降生了。勒克莱齐奥在《沙漠》的结尾处，不吝笔墨，细腻而又充满诗意地描写新生命的诞生过程，让大海、沙滩和沙丘上那根苍劲有力的无花果树融入了拉拉回归故乡的时刻，融入了新生命的降生。小说语言具有的独特质感和字里行间透溢出的诗意，是翻译的难点所在，也是翻译再创造的着力点。

提兹尼其特　一九一○年十月二十三日

　　就这样，她不辞而别了。这一天，她在拂晓前就起了床，像她通常在故乡那样，披着晨曦，走向海边或沙漠中的城门。她听了听被酷热折磨得疲倦不堪的摄影师在酣睡中的呼吸声。门外，已经响起了雨燕的尖厉的啁啾，远处，可能还有喷水车轻轻的喷水声。拉拉犹豫了片刻，心想，该给摄影师留个信，道个别，可身上没有任何书写工具，于是拿了一小块肥皂，在上面画下了她的古老部落的著名标记。这是她所知道的最古老的图案，在巴黎街头，她就是把这个图案画在送她签字的照片上做纪念的，它多么像一颗心。

　　然后，她走出了门，穿过了她将永远不再返回的街道。

　　在车上，她度过了一个又一个白天，一个又一个黑夜，穿过了一个个城市和国家。她曾在车站里长时间地等车，双腿发硬，腰部和臀部一阵阵酸痛。

　　人们来来往往，有说话的、看热闹的，可谁也没有注意这位脸色憔悴的年轻妇女的身影，她不顾酷热，身上依然披着一件拖到地上的栗色旧大衣。人们也许会想，她只不过是个穷人，或者是个病人。有时，人们在车厢里跟她攀谈，可她却不懂对方的语言，只是对他们报之以微笑。

下了火车，她搭上了轮船。船只慢慢地往满是油污的大海驶去，离开了阿尔赫西拉斯，开往摩洛哥的丹吉尔。烈日高照，海水温热，甲板上，男人女人儿童杂沓横陈，身边放着纸盒和旅行箱。有人不时地哼上两句，想驱走烦扰，这歌声是多么沉闷和悲切，接着，歌声消失，耳边只能听到船机的轰轰声。

透过舷墙，拉拉望着淡蓝的光滑的海面，排排长浪滚滚而来。在船尾白花花的水浪中，海豚跳跃，戏逐，旋又各自离去。拉拉想起了在纳曼大叔那年代展翅飞翔在海滩上空的白鸟，那是真正的大海王子。她的心更激烈地跳动着，兴奋地遥望着，双臂伸向海面，仿佛就要真的看到它。她身上的皮肤感觉到了往日太阳的灼热，她举目仰望天空，阳光如此美丽而又如此残酷。

男人们带鼻音的歌唱突然使她纷乱万分，不知为什么，她感到泪水从眼睛里簌簌地流下。这歌声，她曾在很久以前听到过，仿佛就像一个几乎遗忘的旧梦。这是一些黑皮肤的人，他们身上只穿一件豹皮衬衣，一条过短的布裤，光脚拖着日本拖鞋。他们一个接着一个摇晃着身躯，半闭着眼睛，唱着一支低沉悲切的歌，这是一支别人谁也不懂的歌。

拉拉听到这歌声，重见故乡的热望悄悄地爬上了心头，她是多么渴望重新看到白色的土地，红色幽谷里参天的棕榈，一望无垠的沙石和广阔寂寞的海滩，甚至那到处是污泥、木板、铅皮油毡小屋的村庄。她微微闭起眼睛，面前马上浮现出这一切，仿佛她没有离开过故乡，只是昏睡了一两个小时。

在她的躯体内，在她隆起的腹部的深处，还有这胎儿的躁动，扯动着她的皮肉，使她感到不适。此刻，她想着将要诞生的孩子，想着这已经在生活、在梦想的婴儿，她一阵颤抖，双手握住隆起的腹部，背靠着抖动的铁质隔板，让自己的躯体随着摇晃的轮船晃动着。她甚至微微张开口，开始轻轻地为自己，也为在她腹中躁动、听她歌唱的胎儿哼起了母亲传下来的，阿玛姑妈常唱的那支古老的歌曲。

"总有一天，乌鸦将换上白色的羽毛，大海将完全干涸，仙人掌的花瓣中将流出蜜糖……啊，总有一天，啊，总有一天，毒蛇将不再喷射毒液，枪弹将不再夺走生命，因为这一天，我将离开我心爱的人……"

船机隆隆声淹没了她的歌声，然而在她腹中，未见天地的胎儿却听清了这动人的歌，安然入睡了。为了使歌声更加嘹亮，增强自己的勇气，拉拉放声唱起了她十分喜爱的歌：

"地……中……海……"

轮船在布满油污的海面上慢慢滑行，头顶是沉闷的天穹。此刻，远处出现了一个灰蒙蒙的黑点，就像挂在海岳上的一朵云彩。啊，这就是丹吉尔。一张张脸庞一下都转向了它，说话声戛然而止，甚至黑人们也停止了歌唱。非洲慢慢地出现在艏柱的前面，一片荒凉和朦胧。海水发灰，越来越浅。天空中，飞来了海鸥，也是那样灰灰的颜色，瘦弱，胆怯。

难道一切都变了？拉拉想起了刚到马赛时的情景，街道、房屋、人群，一切都显得那么陌生。她想起了阿玛的斗室、白圣人饭店、油库旁的空地，想起了已经远远留在她身后的，置人于死地的大城市里的一切。她想起了乞丐拉第茨、摄影师、记者和所有那些已经成为影子的人们。此时，她只剩下了身上穿的衣服——一件她初到马赛时阿玛给她的栗色大衣。对了，还有钱，出走前从摄影师口袋里拿来的一叠用别针扣好的崭新的钞票。可这仿佛一切都没有发生过似的，她似乎根本没有离开这木板油毡小屋，离开过阿尔塔尼生活过的石山和沙漠。她好像觉得只是昏睡了一两个小时。

她伫立在船头，眺望着空荡荡的前方，眼前慢慢地出现了一块灰色的土地和高山，上面是一幢幢阿拉伯城市里常见的房子。她止不住一阵颤抖，因为腹中的胎儿在猛烈地躁动。

汽车在尘土飞扬的道路上行驶，不时地停下，上来一些农民、妇女、孩子，拉拉在车上仍然有一种无法形容的兴奋。阳光照到她的全身，公路两旁的尘土像团团细雾一样升起来，飘进车里，钻进她的喉咙，在她手指中沙沙作响。阳光、干旱、尘土，拉拉感觉到了它们的存在，这就像是她身上的一层新生的皮肤，一股新的活力。

难道有可能存在过别的东西吗？难道曾有过别的世界，别的脸庞，别的阳光吗？这记忆中的假象不能在汽车的颠簸中继续存在，也不能在沙漠的灼热中，漫天的飞尘中存在。像往日一样，阳光扫除了一切，磨去了石山上的一切。拉拉身上又一次感到了那无形的目光的力量，这不再是男人们充满着欲望的目光，而是那熟悉拉拉，像真主一样控制她的一种神秘的目光。

汽车行驶在飞尘漫天的道上，登上了山丘。这儿，展现在眼前的是无边无际的土地，干燥，焦黑，犹如一张发旧的蛇皮。汽车顶上，阳光猛烈地燃烧着,车内尤感灼热,如同火炉一般。拉拉感到额头上流淌着豆大的汗珠,挂在脖子上,滴到脊背上。车里,人们一动不动,毫无表情。男人们裹着羊毛大衣,女人们蹲在座位之间,蒙着蓝黑色的面纱。只有司机边做鬼脸边挪动身子,朝后视镜里看。他的目光多次与拉拉相遇,拉拉马上扭过头去。一副扁平脸庞的胖司机调整了一下后视镜,想好好看看拉拉,忽又怒气冲冲地把镜子复为原位。高音旋钮拧到顶的收音机发出刺耳的声音,当汽车开到电线杆附近的时刻,便传来了一片沉闷的音乐声。

汽车在柏油公路和尘土小道上整整开了一天,越过干涸的河床,停在一片污泥的村庄前,光着身子的孩童们正等待着它的到来。瘦骨嶙峋的家狗在车旁乱窜,试图咬住汽车轮。有时,发动机有气无力,汽车不得不停在旷野中。扁鼻子司机俯身打开车头洗刷喷嘴,男女乘客们便乘机下车,就地坐在车影下,有的则蹲到大蓟丛中解手。有的从口袋中掏出小小的柠檬,伸着舌头,慢慢地吮着。

接着,车又开动了,在马路上颠簸,朝着日落的方向继续登坡行驶。夜幕很快降临在荒芜的半原上,暮色遮住了沙石,尘土变成了灰粉。于是,车子在夜色中骤然停止,拉拉发现了远处的河对岸闪动着光亮。车外,天气闷热,一片昆虫的嗡嗡声和癞蛤蟆的呱呱声。然而,在汽车上颠簸晃荡了几小时后,这一切又显得十分宁静和谐。

拉拉从车上走了下来,沿河岸慢慢地行走。她认出了海滨浴场的简陋大楼和那浅滩。河水黑乎乎的一片,潮水缓缓推进。拉拉涉过水滩,水深齐腿,可这清凉的河水使她感到很舒服。在若明若暗中,拉拉朦胧地看到了一位妇人的倒影,她头顶包裹,长长的裙子一直卷到腹部。

在对岸不远的地方，一条小道直通城区。接着是一间间木板泥土房。拉拉已经辨不出这都是哪家的房子，新建的小屋到处可见，甚至在汛期大水漫及的河滩边都有。黯淡的电灯光照着泥地小巷，铁皮木板小屋仿佛被人废弃。拉拉沿街信步走去，耳边传来了人们的窃窃私语声和婴儿哭泣声。从城郊的某处，还不时传来一两声隐隐约约的狗吠。拉拉的双脚踏着往日的足迹，禁不住脱下了网球鞋，更好地感触一下家乡土地的沙粒，体会一下清凉的滋味。

在这城市的大街小巷里，总是有一束永久不变的目光为人指路。这是一束柔和深长的目光，它来自四方，从天空深处射来，随风闪动。拉拉走到一间间熟悉的小屋前，闻到了正在熄灭的炭火味，听出了铁皮屋顶柏油纸在风中的瑟瑟声。这一切一下全涌到她的脑海中，仿佛她从未离开过，仿佛她只昏睡了一两个钟头。

拉拉没有到泉井附近的阿侬可家去，她继续往沙丘走去。她感到十分疲倦，全身变得像铅一样重，腰部隐隐作痛，可给她指路的是一束陌生的目光，她确信自己能够走出村庄。她赤着双脚，穿过荆棘和矮棕榈树丛，尽快地来到了沙丘旁。

这儿一切如故。拉拉像从前一样，沿着沙丘走去。她不时地停下脚步，环顾着四周，采一节多肉植物，用手指碾碎，闻闻她曾十分喜爱的胡椒味。她熟悉这儿的每一个坑洼，每一条小道，不管是通向碎石山，还是通向盐田，指向天边，她都熟悉。黑夜深沉而柔和，头顶上，群星闪烁。它们度过了多少时光？星儿没有改换位置，它们的火花没有燃尽，就像一束束神灯的火光。也许沙丘已经移动了，可怎能知道？往日曾使她那样害怕，张牙舞爪的铁架已经消失了，丢弃的罐头盒不见了，有些小灌木烧得焦黄，树枝被折成供火盆烧火用的小段柴火。

拉拉在沙丘顶上再也找不到自己往日的位置。通向海滩的小道被沙砾湮没了。拉拉踏着冰冷的沙砾，吃力地登上山顶。她喉咙里喘着粗气，腰间疼痛难忍，不由得呻吟起来。她咬紧牙，把呻吟变成了歌唱。她想起过去自己害怕时十分喜欢唱的那支歌曲。

"地……中……海！"

她想唱，可没有足够的气力。

她踏着海滩坚硬的沙粒走着，身边是浪花千层。风微微吹来，海浪声在夜间显得轻柔无比，拉拉像在轮船上、汽车上一样，又一次感到了一阵心醉，仿佛这一切都在等待着她，盼望着她的到来。也许是神秘人埃斯·赛尔的目光射到了这海滩上，和星光、海声、白色的浪花混合在一起。这是拉拉从未度过的安然无忧的夜晚，一个遥远的夜晚。

拉拉走到了老纳曼喜欢停靠船只，烧树脂修船、补网的地方，可周围空荡荡的，海滩在夜空中向前伸展，一片凄清，只见老无花果树靠着沙丘依然挺立着，枝叶被风吹得全往后伸展。拉拉高兴地闻到了它那浓郁而又平淡的味道，望着迎风飒飒抖动的树叶。她在离无花果树不远的沙丘脚下坐定，久久地望着它，仿佛老渔夫即刻就会出现。

疲倦重压着拉拉的躯体，疼痛使她手脚麻木。她仰面躺在冰冷的沙滩上，大海的呼唤和无花果树的芳香使她心静，她很快进入了梦乡。

月亮从东边升起，爬上石冈，苍白的月光照着大海和沙丘，沐浴着拉拉的脸庞。夜深了，风，那温暖的风儿又从海上吹来，掠过拉拉的面孔、头发，把沙粒撒满她的全身。夜空多么辽阔，大地消失了。天上，繁星闪烁，星光下，一切都已经变化，移动。城市沿着海湾、河湾不断地扩大了，仿佛山谷深处片片地发霉，人们死去，房屋倒塌，遍地是尘土和蟑螂。然而，海滩上，老纳曼常来的无花果树旁，仿佛依然如故，这位年轻的妇女像是一直在这儿酣睡着。

月亮慢慢移动，挂在正空。接着，往西边大海的方向沉去。夜空清澈明亮，没有一丝云彩。平原和石山那边的大沙漠上，沙砾的寒气像水流一样无声无息地散开。这儿，整个大地，甚至天空、月亮、星星都仿佛屏住了呼吸，中止了时光的流逝。

沙漠上的一切都停止了运动，这时，出现了第一抹曙光。

沙漠上，再也看不到狐狸、豺狼追赶跳鼠和野兔。在黑沉沉的夜空下，角蝰蛇、蝎子、蜈蚣冻僵在冰冷的土地上。第一抹曙光向它们射去，将它们变为石块，化为粉末，化为气体。同时，光亮洒向了大地，冻结了它们的躯体，甚至中止了它们的生命和呼吸。拉拉在沙洼里一动不动。她全身一阵阵战栗，四肢哆嗦，牙齿冻得咯咯响，可是，她还在沉睡中。

接着，第二束曙光出现了。光亮开始和夜空的黑色糅合在一起，很快洒在浪花上，崖石盐质层上和无花果树下的尖石上，闪闪发光。这灰白色的光亮照耀着石山之巅，渐渐抹去了星星：五车二星、犬星座、巨蛇星座、天蝎星座和三姐妹星星——参宿三、参宿二、参宿一。瞬间，天空仿佛在倾动，遮上了一块微白色的云翳，熄灭了最后几颗星星。沙洼里，荆棘微微颤抖，挂满一颗颗亮晶晶的露珠。

在拉拉的脸颊上，露珠像泪珠微微滚动。年轻的妇女醒了，低声呻吟着。她还没有睁开眼睛，但她痛苦的呻吟慢慢高起来，和大海不停的呼啸交织在一起，然后传到她的耳朵里。她腹中出现一阵阵疼痛，使她的呼喊越来越响，像汹涌的波涛发出的节奏一样。

拉拉在沙床上略微挺起了身子，可疼痛是那样剧烈，使她难以呼吸。于是她突然明白了，孩子出生的时刻到来了，就在此刻，就在这海滩上，恐惧侵袭着她，像电波一样透过了她的身躯，她知道这儿只有自己一人，无人会来帮她。她站起身来，在冰冷的沙地上摇晃着走了几步，又跌倒在地，呻吟声变成了呼叫声。可这儿，唯有灰色的海滩，蒙着夜色的沙丘，面前是沉闷的大海，灰灰的、绿绿的、暗淡，还杂着黑色。

拉拉侧躺在沙地上，曲着双膝，又随着大海缓慢的节奏呻吟起来。疼痛像一阵阵波浪击来，浪尖在昏暗的水面上缓慢地前进，有时与苍白的光亮混合在一起，直到腾起汹涌的波涛。拉拉忍受着随大海节奏而起伏的疼痛，大海的每一搏动来自天际，来自夜色浓重的地方，慢慢传开，直到海滩，然后又在东部弯弯曲曲地散开，激起层层浪花，海浪拍打着坚硬的沙滩，那沙沙声向她传来，在她四周回响。有时，疼痛异常剧烈，她的腹部仿佛被掏空了内脏，一片片地撕裂，她大声的呼叫湮没了海浪拍击沙滩的声音。

拉拉蹲了起来，想沿着沙丘一直爬到小道。她费了好大的劲向前爬行，尽管黎明时分天气寒冷，可她脸上、身上浸满了汗水。她双目紧盯着泛白的大海，等待着。她转身面向沙丘另一端的小道，叫喊着，呼唤着："阿——尔塔尼！阿——尔——塔——尼！"就像她往日在山顶上寻找着躲进岩洞里的牧羊人一样。她也试图像牧羊人一样打起口哨，可双唇皲裂，激烈颤抖着。

不久，人们就要在居民区的房屋里醒来，掀开被单，妇女们将到泉边打第一桶水。也许，姑娘们就要到荆棘丛中游荡，捡烧火用的枯枝；女人们将点燃火盆烤肉、煮燕麦稀粥、烧茶水。然而这一切都很遥远，仿佛是在另一个世界。这好像是个梦，或许在更远的地方，在大海的彼岸，在到处是乞丐、小偷的大城市中，这个梦还继续着。正当老人们在沉寂中、在恐惧中和死神相会的时候，黎明前的黑暗将一片白色的冰冷的光亮洒向了大地。

拉拉感到内脏已被掏空，心开始跳得十分缓慢了，疼痛万分。阵痛更频繁更剧烈了，那不停息的疼痛犹如海浪在她腹中不断地搏动、撞击。拉拉慢慢地、无比吃力地拖着身子，张开双臂，沿着沙丘爬去。在她前面几米远的地方，在苍白的天际下，有棵漆黑的树影挺立在石堆上。这棵无花果树在她眼里从未有过这样高大，这样有力。阔大的树干往后弯曲，粗粗的树枝往后伸展，美丽、齿形的茂叶在习习的凉风中摇曳，在曙光中闪着晶莹的光亮，而那味道尤为诱人、强烈。这味道在拉拉周围弥漫着，仿佛吸引了她，使她心醉而又想呕吐，它随着拉拉阵阵疼痛而轻轻飘游。拉拉吃力地呼吸，十分缓慢地抬起身子，爬过挡道的沙砾。叉开的双腿像纤夫拉的一只搁浅的小船，在她身后的沙地留下了一道道清晰的印子。

拉拉吃力地、慢慢地拖着过于沉重的躯体，一阵剧痛，一阵呻吟地走着。她目光始终没有离开树影高大的无花果树，树干是黑的、清晰的，茂叶在曙光中闪亮。随着她一步步靠近，无花果树显得越来越大，变得阔大无比，仿佛遮去了整个天空。树影在周围散开，像一个还蒙着最后几抹夜色的昏暗的大湖。拉拉艰难地拖着身子，慢慢爬进了树影中，爬到了像巨人铁臂一样有力的粗大的树枝下。这就是拉拉所需要的。她清楚地知道，此时，只有它能帮助她。浓郁的清香在她四周弥漫，减轻了她那遍体伤痕的痛苦，继而和海味、藻味交融在一起。大树底下，沙砾中露出几块被海风侵蚀，在风吹雨淋中磨得光光的崖石。崖石间，是像铁臂一样粗大有力的树根。

拉拉咬着牙齿，不让自己呻吟，双臂紧抱着树干，慢慢地挺起身子，双膝颤抖地跪立着。躯体内的剧烈疼痛犹如一个伤口渐渐张开、撕裂。拉拉心想着自己见到的、听到的、感觉到的一切。老纳曼、阿尔塔尼、阿玛，还有摄影师，他们是何人？他们现在怎样？剧痛像一股可怕的气流从年轻妇女的腹部迸发出来，散发在整个海面上、无边无际的沙漠上，一直传到苍白的天际。它比一切都强烈，抹去一切，排空一切。疼痛犹如一声响亮的声音，充满了整个躯体，使她的躯体像一座山一样倒在大地上。

时光仿佛随着这剧烈的疼痛放慢了脚步，它随着心脏跳动的节奏，随着肺部呼吸的节奏，随着子宫收缩的节奏而移动。拉拉像掀动一块巨石一样，慢慢地抬起自己的身子，靠在无花果树的树干上。她知道唯独它才能帮助她，就像在她出生的那天，那棵帮助她母亲的树那样帮助她。从来没有任何人教过她，而拉拉本能地学会了前辈的动作，其意义远远超过动作本身。她蹲在昏暗的大树底下，解开了裙带。她把栗色大衣铺在满是石头的沙地上，把裙带卷紧，卷结实，挂在无花果树的白色主干上。接着，她双手拉着布带，树微微摇动着，撒落了一地露珠。这纯净的水珠在拉拉脸颊上滚动，拉拉用舌头舔着双唇，快乐地吮着。

朝霞在空中出现了。最后的几抹夜色消失了，乳白色的光亮变成了在东方石山顶上燃烧的红霞。大海变得更加深暗，几乎成了紫色，此时，浪峰上闪烁着万道紫光，浪花一片白，闪着耀眼的光芒。拉拉从未这样用心地看过白天的到来，她双眼睁得大大的，十分疼痛，脸庞上充满着炽热的光辉。

在痉挛一下变得剧烈可怕的时刻，疼痛简直像红色的光芒一样令人眼花头晕。为了不喊出声，拉拉紧咬着肩上的裙布，举在头顶上的双臂使劲地紧拉着布带，以至摇动了大树，拉直了身躯。随着这带有节奏的每一阵剧痛，拉拉的躯体就一次次悬挂在树枝上。汗水在脸上流淌，模糊了她的眼睛，令人痛苦的带血的颜色闪现在她的眼前，出现在海面上、天空中和浪涛汹涌的海浪中。偶尔，从紧咬的牙缝中不由自主地发出一声喊叫，消失在大海的呼啸中。这是在光亮中，在孤寂中的痛苦而绝望的呼叫。无花果树随着每一次抖动而弯下身子，闪动着宽大的叶子。拉拉一小口一小口地品吸着树香，吮吸着这甜蜜的液汁；这仿佛熟悉的幽香使她心静，减轻了她的痛苦。她紧拉着白色的树干，腰部撞到了树根，露珠继续像雨点似的落到她的手上、脸上、身上。一些黑色的小蚂蚁沿着拉拉紧抓布带的双臂，爬下她的躯体，往地下逃跑。

就这样持续了很久，拉拉感到胳膊像粗绳一样硬实，她的手指紧紧地抓住布带，什么也不能使她松手。可突然，她感到躯体难以置信地一下空了，双臂死命地拉着布带。慢慢地，犹如盲人一般，拉拉顺着布带向后滑去，腰部、背部触到了树根。空气终于进入了她的肺部，与此同时，她听到了婴儿坠地的第一声尖利的啼哭。

海滩上，曙光由红色变成了橙色，接着又变成了金色。此时，太阳大概已从东部牧羊人居住的石山顶上升起了。拉拉抱起婴儿，用牙咬断脐带，像腰带一样缠在因啼哭而抽动的小肚子上。她在坚硬的沙地上一点一点地往大海爬去，蹲在轻柔的浪花中，把啼哭的婴儿放在咸咸的海水中，细心地给他洗净。接着，她又回到无花果树旁，把婴儿放在栗色大衣上，然后，她又本能地用手在无花果树的树根边挖了一个小坑，把胎盘掩埋了起来。

她终于躺在树下，头紧紧地倚在如此粗大的树干上。她打开大衣，把婴儿抱进怀里，让小生命凑近鼓起的乳房。当孩子紧闭眼睛，小脸蛋紧贴着母亲的乳房开始吮奶的时候，拉拉不由得感到一阵轻快，一阵欣慰。她一时望着美丽的日光和蓝蓝的大海，大海歪歪斜斜的波涛犹如奔腾的动物。她闭起了双目，可她没有睡觉，仿佛在水面上漂动，久久地漂动。她感到温暖的小生命紧贴着自己的胸膛。孩子要生活，在贪婪地吮着奶水。"海娃，海娃的女儿。"拉拉想，只有一次这样想，这想法很有意思，像经受了如此大的痛苦之后的一次微笑，使她感到了快乐。接着，她毫不焦急地等着有人从居民区木板油毡小屋里走来，等待着捉螃蟹的小伙子、拾柴火的老人，或喜欢在沙丘上游荡、观望海鸟的姑娘。这儿，总会有人来的，这棵无花果树下是多么温馨、凉爽啊。

阿加迪尔　一九一二年三月三十日

他们来了，最后一次出现在大河入海处的平原上。他们来自四面八方，有北部的伊达特鲁玛人、伊达塔玛纳人、艾特达乌特人、梅斯加拉人、艾特哈迪人、伊达赞金人、西迪阿米尔人、布古迪纳人、阿米兹米兹人、伊查米伦人；有越过塔拉丹特的东部人、塔泽纳克特人、瓦尔扎扎特人、艾特卡拉人、阿萨拉克人、艾特凯迪夫人、安塔兹基纳人、艾特乌迪纳尔人、艾特莫德里特人、萨尔罗山区部落人、巴尼山人；有来自从埃萨尼拉到阿加迪尔城堡辽阔海滨地区的人们；有提兹尼特人、伊夫尼人、阿雷拉人、坦坦人、古利明人、艾特梅罗尔人、拉乌西纳人、艾特贝拉人、艾特布卡人、西迪艾哈迈德或穆萨人、依达·古格马尔人、艾特巴哈人（特别是来自最南部地区的大沙漠自由人）、安拉根人、阿里布人、乌拉德雅依阿人、乌拉德·德林人、阿罗西依纳人、卡里菲亚人、拉基贝特·萨埃尔人、赛巴人；还有讲色勒斯语的依达乌贝拉尔人、依达乌梅里巴特人、艾特巴姆兰人。

他们会合在河床上，人山人海，布满了整个河谷。可他们中大多数不是斗士，而是些老人、小孩、妇女、伤员，是所有被外国军队赶出家园，无家可归，在尘土飞扬的道路上不停奔逃的人们。大海拦住了他们的去路，把他们阻挡在阿加迪尔城前。

他们大多都不知为什么会来到这儿，来到这苏萨河床上。也许只是饥饿、疲倦、绝望把他们带到这儿，带到这大河入海处。他们能到哪里去？为了寻找一块土地、一条河流、一个泉井，能够有个落脚之地，支上帐篷，修起羊圈，他们整整奔波了几个月、几年。许多人在茫无目标的小道上、沙漠中，在马拉喀什城周围，在韦德·塔德拉河谷上，死亡、消失。那些得以逃脱的人们返回了南部，可往日的泉井干涸了，而到处都驻有外国士兵。斯马拉城、马·埃尔·阿依尼纳红石宫殿耸立的地方，沙漠之风吹个不停，把一切都刮得干干净净。基督教士兵慢慢地将大沙漠的自由人围在墙内，霸占了哈姆拉神圣谷地的泉井。他们到底要什么，这些外国人？他们需要整个大地，他们不吞噬掉整个世界，决不会罢休，这一点是毫无疑义的。

几天以来，大沙漠的人们待在这设防的城市的南边，等待着什么。山区部落中混入了马·埃尔·阿依尼纳的最后一些斗士，由于老教长死了，他们个个脸上流露出了垂头丧气的表情。他们的目光中，奇怪地闪烁着焦躁饥饿的光亮。每天，大沙漠的人们往城堡，往率领骑士的"雄狮"可能出现的地方眺望。然而，远处红色的城堡总是紧闭着大门，了无动静。几天以来一直延续的沉寂带着几分恐惧。黑色的大鸟在蓝天中盘旋，夜间，传来阵阵豺狼的嗥叫。

努尔独自坐在战败者中间。很久以来，他就习惯了孤寂。他父亲、母亲和姐妹返回了南部，踏上了遥无尽头的小道。可是他没有能够回头，即使老教长死后也没有。

每天晚上，努尔躺在冰冷的沙地上，想着老教长马·埃尔·阿依尼纳开创的通往北方，通向新的天地的道路，而"雄狮"将要走上这条道路，成为真正的国王。两年来，他经受了饥饿、疲倦的考验，他渴望着进入不久将要打通的道路。

一天清晨，一阵喧哗在整个营地传开了："莫莱·依巴，'雄狮'莫莱·塞巴！我们的国王！我们的国王！"紧接着几声枪响，妇女、孩子激动地呼叫起来，人们往尘土飞扬的平原转过头，努尔看见了红色的尘雾中出现了老教长的骑士。

喊声、枪声掩盖住了马蹄声。红色尘雾在清晨的天空中升起，在河谷上空飘忽。斗士们一边用他们的长管马枪往天上射击，一边跑着迎上前去。这些骑士大部分是山区人，身穿粗呢大衣、操色勒斯语的人和一些野蛮人，一个个蓬头垢面，目光闪亮。努尔在他们身上没有看出大沙漠的斗士的样子，没有看出那些跟着马·埃尔·阿依尼纳直至他死去的蓝面人的样子。这些人没有饥饿和干渴的表征，没有在大沙漠里几天、几个月地奔波而留下灼伤的痕迹，他们是从自己的田里跑来，从自己的村庄跑来的，根本不明白是为了什么，将要跟谁斗争。

整整一天，"雄狮"的斗士骑着马，沿着河谷，往阿加迪尔城墙飞奔，卷起团团红尘。他们要干什么？他们只是奔跑，呼喊。妇女、孩子们的声音在河床上颤抖。努尔不时地望着骑士，个个披着一身金光，在一片红尘中飞速而过，"雄狮"的骑士挥动着长枪。

"莫莱·依巴！'雄狮'莫莱·塞巴！"孩子们的呼喊在努尔身边回响。只见骑士们消失在平原的尽头，往阿加迪尔城墙奔驰。

整整一天,整个河谷都沉浸在欢腾之中,阳光灼烫着人们的嘴唇。夜晚时分,吹起了大沙漠的风,金色的尘霭遮盖着营地,湮没了城墙。努尔穿着大衣,躲到一棵树下。

随着黑夜的到来,狂热渐渐消失了。在祈祷的时刻,黑夜的凉意来到了,牲畜蹲在干燥的地上,防御夜间的潮湿。

努尔想起了将至的夏天和干旱,想起了泉井,想起了父亲将赶着羊群一直到海滨,到达大沙漠边缘的瓦尔拉塔、瓦尔达纳、欣昌地区。他想起了这无边无际的土地上的孤寂,这土地是多么遥远,以至于人们再也听不到有关大海和高山的信息。很久以来,努尔没有好好歇口气。仿佛面前只有这茫茫的尘土和碎石,只有洼谷、干涸的河流和尖刀一样的崖石,特别是那恐惧,像个幽灵一样到处显现。

吃饭时,努尔在与蓝面人分享面包和小米稀粥前,仰望着星光闪烁的黑夜。疲倦使他皮肉发烫,寒热病使他浑身发抖。

营地里,蓝面人在枝叶搭起的小棚子下默默无声。他们不再讲述马·埃尔·阿依尼纳的传奇故事,不再歌唱。他们裹着穿破了的大衣,望着盆火,风儿撩起烟雾,使他们不时地眨动着眼睛。他们双目茫然,心脏缓慢地跳动,也许,他们不再等待什么了。

盆火一个个渐次熄灭了,黑暗笼罩着整个河谷。远处,黑魆魆的海湾中显出了阿加迪尔城的轮廓。于是,努尔躺在地下,头朝着光亮,跟每个夜晚一样,又想起了掩埋在提兹尼特城倒塌了的房屋前的老教长。人们把老人安葬在土坑里,面朝东方,在他手中放上了他仅有的财产:他的圣书、芦苇笔、乌木念珠。人们在他的躯体上撒了松软的沙土和一层大沙漠红色的沙末,接着盖上了宽大的石块,防止豺狼掀开，叼走他的躯体，人们用光脚板踏实沙土，直到它像石块一样光滑、结实。坟墓旁，挺立着一棵幼小的白刺洋槐，跟斯马拉圣城祈祷堂前的那棵一样。

大沙漠的蓝面人、贝里克·阿拉人、古德菲亚教的最后一批信徒纷纷跪在老人的墓前，双手慢慢地抚摸着光滑的沙土，然后放在自己的脸上，仿佛在接受老人的最后一次祝福。

努尔脑中又浮现出那入夜晚的情景：人们都离开了提兹尼特平原，他独自和拉拉·梅莫娜待在老人的墓旁。在寒冷的黑夜里，他听到了老妇人在倒坍的屋子里不停哭泣，哭声犹如悲切的哀歌。他躺在墓旁，渐渐昏睡过去，没有做梦，没有动弹，也像死去一般。次日和以后的几天里，他几乎没有离开坟墓，裹着羊皮大衣，坐在滚烫的沙地上，寒热病使他双眼和喉咙像着了火一般。风向坟墓吹来了沙土，慢慢地将它抹去。后来，寒热病折磨着努尔，使他失去了知觉。当他说着谵语，在死亡线上挣扎的时候，提兹尼特城的几位妇人发现了他，把他抬回家中，给以照料。几星期后，努尔病愈了，他又回到了老教长死去的破屋前，可是，不见一个人影；拉拉·梅莫娜已经离开，去寻找自己的部落了，风带来的沙土已经填平了坟墓，使他无法再找到它的踪迹。

也许，事情就应该这样完结吧，努尔想，也许，老教长已经被风带回自己的故乡，消失在大沙漠中。此时此刻，努尔凝望着黑夜中茫茫的苏萨河床，它隐约地闪现在银河迷蒙的星光下，传说这银河的光亮是加布里埃尔天使的羔羊留下的血迹。这儿，像提兹尼特城附近一样，也是一块沉寂的土地，努尔有时仿佛听到了拉拉·梅莫娜长长的悲泣声,可这声音很可能是黑夜里某只豺狼的嗥叫。在这儿的土地上,马·埃尔·阿依尼纳的灵魂还活着,它带着沙粒、尘埃,在整个大地游荡,它藏在石缝中,它在每块尖石上隐隐发光。

努尔感到老教长的目光落在天空,落在大地的团团黑影中。他感触到老人的目光像过去在斯马拉城的广场上一样落在他的身上,于是他的身躯不由得一阵战栗。那目光潜到他的心底,引起他一阵昏眩。老人想要说什么?也许他这样无声无息地出现在平原,以他的目光环抱着人们,还想要求些什么?也许,他要求人们到他那儿去跟他围聚,跟他一样埋入灰色的沙土,被风吹散,变成尘埃……努尔渐渐地被这不灭的目光带走,入睡了,毫不动弹,毫无梦幻。

当他们第一次听到炮声时,蓝面人和斗士便飞快地往山丘跑去,观看大海。炮声如雷鸣,震天动地,只见阿加迪尔城外海面上,一艘巨大的装甲巡洋舰,犹如一只畸形、迟钝的怪物,喷着火舌。过了好一会儿,才传来轰轰的炮声,接着就是炸弹在城内爆炸的撕裂声。瞬间,高高的红色石墙变成了一片废墟,大火冲天,黑烟滚滚。接着,城里的男女老少,一个个满身是血,呼叫着纷纷跑出断壁残垣。他们很快布满了整条河谷,惊骇万分,飞快地逃离海边。

火在"宇宙号"巡洋舰的炮口上一次又一次地喷射,炮弹不断地落在阿加迪尔城,令人心碎的爆炸声在整个苏萨河谷上回响。大火的滚滚黑烟升向蓝色的天空,似一片阴云遮住了游牧人的营地。

这时,"雄狮"的骑士出现了,他们在城市居民面前越过河床,往山丘撤退。远处,"宇宙号"巡洋舰在呈现出金属色泽的海面上一动不动,炮口慢慢地转向了大沙漠人溃逃的河谷方向。可是,炮口的火光没有闪亮,出现了一阵长长的沉寂,只听得人们逃命的呼叫声、牲畜的叫声,而浓烟继续不断地升向天空。

当基督教士兵出现在破碎的城墙前时,谁也没有很快地明白过来他们到底是何人,可能"雄狮"和他的部下还一时以为他们是信徒主教莫莱·阿菲德派来参加圣战的北部斗士呢。

然而,这是曼郎上校率领的四营人马,急行军前来镇压反叛城市阿加迪尔,这是四千身穿非洲射手军服的塞内加尔人、苏丹人、撒哈拉人,他们携带着勒贝尔步枪和十来挺机枪。士兵慢慢地往河岸前进,成半圆形散开,在河对岸,石山脚下,"雄狮"的三千名骑士开始原地转动起来,形成了一个巨大的旋涡,扬起漫天的红尘。"雄狮"身穿白色大衣,在旋涡的一边,忐忑不安地望着基督教士兵的长队,像一列昆虫在干涸的土地上移动。他想起了布德尼卜之战,黑人射手的子弹夺去了他一千多名来自南部的骑士,他清楚地知道眼下这场战斗是输定了。他一动不动地骑在焦躁不安的马上,望着像演习一般慢慢往河岸前进的离奇的人们。多少次,"雄狮"想下令撤退,可斗士们拒绝执行。他们在那狂热的旋涡中骑着马,沉醉在飞沙和尘埃的气息中,粗野地呼喊着,高呼着他们圣人的名字。当这狂热的旋涡一平息,他们将冲向朝他们张开的陷阱,一个个将全部死去。

"雄狮"已经陷入绝境,悲痛的泪水夺眶而出。在干涸的河床对岸,曼郎上校让各翼部队把机枪架在石山顶上。当摩尔骑士往中心冲锋,越过河床时,交叉的机枪火力将把他们扫倒在地,然后,只需用刺刀把他们挑死就行了。

骑士们停止了在平原上的转动，营地上是一片令人窒息的沉寂。曼郎上校用望远镜观察着，企图弄明白，他们现在还会不会边战边退呢？要是这样，他又得在这荒芜的大沙漠上朝着使人绝望的遥远的天边整整地追上几天。然而，"雄狮"在马背上一动不动，因为他知道末日到了。山区斗士、部落首领的儿子们是来战斗，而不是来逃命的。他们停止了骚动，正在做冲锋前的祈祷。

接着，在正中午毒辣辣的太阳光下，一切都很快地进行着。三千名骑士以紧凑的队形，像接受检阅一般高举火枪、长矛，向前冲锋。他们一到达河床，担任机枪射手的士官们就看见曼郎上校抬起了胳膊，等第一批骑士越过河床，又猛然放下胳膊，于是，机枪以每分钟六百发的速度喷射出密集的子弹，只听得可怕的声音在空中呼啸，响彻整个河谷，一直传到深山。在短短几分钟就足以使一千名骑士、一千匹坐骑丧生的情况下，时间难道还有存在的价值吗？当骑士们明白已经陷入陷阱，无法越过这弹幕时，他们想撤退，可已经太迟了。机枪的密集扫射荡平了整个河床，只见人仰马翻，仿佛一把无形的大刀将骑士们砍倒在地。河滩上，血流成河，与细细的水流汇成一体。接着，沉寂又降临了，最后一批幸免于难的骑士全身沾满了血迹，骑着惊马向山丘逃去。

黑人射手沿着河床从容不迫地前进，一队接着一队，走在前面的是军官和曼郎上校。他们踏上了东部小道，往塔鲁丹特、马拉喀什进发，追击"雄狮"。他们无视横躺在沙滩上的碎尸，无视翻倒在地的马匹和已经在河床上飞旋的秃鹰，头也不回地离开了大屠杀的场所。他们也没有回头看看阿加迪尔城的废墟和还在蓝天中缭绕的黑烟。远处,"宇宙号"巡洋舰在金属色的海面上慢慢滑去,往北行驶。

沉寂被打破了,只听得一片幸存者的呼号,有受伤的人和牲畜的呻吟,有妇人和小孩的哭喊,组成了永无休止的长泣,犹如一首哀歌。这些充满着恐惧和痛苦的声音,从四面八方传来,在平原上,在河床上空回响。

此时,努尔在沙滩上,在遍地的尸首中走着。贪婪的苍蝇、马蜂,像团团黑云,围着尸体嗡嗡乱飞,努尔感到哽塞的喉头涌起一阵恶心。

男人、女人和小孩都犹如噩梦初醒,动作缓慢地拨开荆棘,默默无言地在河床上行走。整整一天,他们把死者抬到河岸上,将他们掩埋起来。黑夜降临的时刻,他们在河岸两边点燃了篝火,以驱走豺狼和野狗。附近村寨的妇女们送来了面包和炼乳,努尔尽情地吃饱、喝足,便躺在地上睡着了,甚至想都没想这死亡的厄运。

翌日,天一亮,男男女女便又开始挖掘土坑,掩埋骑士和他们的战马。他们在坟墓顶上压上几块大大的鹅卵石。

当一切都料理完毕之后,最后幸存的蓝面人又踏上了南下的小道,这小道是多么漫长,仿佛永远都没有尽头。努尔身上只穿一件大衣,一件湿漉漉的内衣包着几块面包,光着脚跟他们一起行走。他们是最后一批自由的人们:丹巴尔特人、德克纳人、迪特拉兰人、阿罗西依纳人、赛巴人、拉甚贝特·萨埃尔人,最后一批受到上帝祝福的贝里克·阿拉人。他们一无所有,只有双眼看到的小道,光脚踩到的沙砾。面前,坦荡如砥的沙漠像大海一样伸展开去,盐粒般闪闪发亮。大沙漠波动起伏,出现了一座座四壁华丽,圆顶如肥皂泡一般艳丽的白色城堡。这时,阳光刺炙着他们的脸和手,使他们一阵阵昏眩。烈日当空，人们的身影就在他们的脚下，好似无底的深井。

他们的嘴唇干裂流血，每天夜晚，他们都想寻找泉水的清凉，碱水河泥的咸味。寒冷的黑夜将他们团团围住，摧残他们的四肢，窒息他们的呼吸，沉重地压在他们的脖子上。自由没有终极，它像大地一样广阔，像阳光一样美妙而残酷，像泉水般清凉甜蜜。每天，当黎明到来的时刻，自由的人们便动身，走向自己的家园，走向南部故国，走向任何别人都不能生存的地方。每天，他们抹去篝火的踪迹，埋起粪便。他们面朝大沙漠，默默地祈祷。他们像在梦中一样离去了，消失了。

不能承受的生命之轻

导读

　　米兰·昆德拉是近四十年来在中国得到最系统的翻译、拥有最广泛的读者、最具影响力的西方作家之一。他一九二九年生于捷克，一九七五年移居法国，先后用捷克文和法文创作，成就卓著，小说代表作有《玩笑》《生活在别处》《告别圆舞曲》《不能承受的生命之轻》等。

　　《不能承受的生命之轻》是昆德拉最具影响力的小说。从情节而言，《不能承受的生命之轻》看上去像是一个有关爱的故事。它讲述了几位人物——托马斯、特蕾莎、萨比娜、弗兰茨的人生经历，尤其是他们的感情经历。所有的情节都是围绕着两条主线展开的：一条就是特蕾莎与托马斯，另一条就是萨比娜与弗兰茨。这两条线又常常交织在一起，指向人的存在之两极：灵与肉、生与死、轻与重、背叛与忠诚、崇高与鄙下、高雅与粗俗、美丽与丑陋。小说着力阐明对立的二元所产生的必然境遇，而遭遇二元对立处境的我们，要走出对立的二元，应该去努力去寻找，去开拓每个个体生命的可能性。本选集选取的是该小说的开头部分。昆德拉的叙述兼具哲思与诗意，语言简练，内涵丰富，且在行文中,有一种属于昆德拉特有的节奏,在结构上,形成了一种复调。读昆德拉的小说,会给你诗意的享受,也会导向哲学的思考。

第一部　轻与重

1

永恒轮回是一种神秘的想法，尼采[1]曾用它让不少哲学家陷入窘境：想想吧，有朝一日，一切都将以我们经历过的方式再现，而且这种反复还将无限重复下去！这一谵妄之说到底意味着什么？

永恒轮回之说从反面肯定了生命一旦永远消逝，便不再回复，似影子一般，了无分量，未灭先亡，即使它是残酷、美丽，或是绚烂的，这份残酷、美丽和绚烂也都没有任何意义。我们对它不必太在意，它就像是十四世纪非洲部落之间的一次战争，尽管这期间有三十万黑人在难以描绘的凄惨中死去，也丝毫改变不了世界的面目。

若十四世纪这两个非洲部落之间的战争永恒轮回，无数次地重复，那么战争本身是否会有所改变？

会的，因为它将成为一个突出的硬疣，永远存在，此举之愚蠢将

---

[1] 尼采（1844—1900），德国哲学家，著作有《悲剧的诞生》和《查拉图斯特拉如是说》等。

不可饶恕。

若法国大革命永远地重演，法国的史书就不会那么以罗伯斯庇尔[1]为荣了。正因为史书上谈及的是一桩不会重现的往事，血腥的岁月于是化成了文字、理论和研讨，变得比一片鸿毛还轻，不再让人惧怕。一个在历史上只出现一次的罗伯斯庇尔和一位反复轮回、不断来砍法国人头颅的罗伯斯庇尔之间，有着无限的差别。

且说永恒轮回的想法表达了这样一种视角，事物并不像是我们所认知的一样，因为事情在我们看来并不因为转瞬即逝就具有减罪之情状。的确，减罪之情状往往阻止我们对事情妄下断论。那些转瞬即逝的事物，我们能去谴责吗？橘黄色的落日余晖给一切都带上一丝怀旧的温情，哪怕是断头台。

不久前，我被自己体会到的一种难以置信的感觉所震惊：在翻阅一本关于希特勒的书时，我被其中几幅他的照片所触动。它们让我回想起我的童年，我的童年是在战争中度过的，好几位亲人都死在纳粹集中营里。但与这张令我追忆起生命的往昔，追忆起不复返的往昔的希特勒的照片相比，他们的死又算得了什么？

与希特勒的这种和解，暴露了一个建立在轮回不存在之上的世界所固有的深刻的道德沉沦，因为在这个世界上，一切都预先被谅解了，一切也就被卑鄙地许可了。

---

[1] 罗伯斯庇尔（1758—1794），法国大革命领导人。

2

如果我们生命的每一秒钟得无限重复,我们就会像耶稣被钉死在十字架上一样被钉死在永恒上。这一想法是残酷的。在永恒轮回的世界里,一举一动都承受着不能承受的责任重负。这就是尼采说永恒轮回的想法是最沉重的负担(das schwerste Gewicht)的缘故吧。

如果永恒轮回是最沉重的负担,那么我们的生活,在这一背景下,却可在其整个的灿烂轻盈之中得以展现。

但是,重便真的残酷,而轻便真的美丽?

最沉重的负担压迫着我们,让我们屈服于它,把我们压到地上。但在历代的爱情诗中,女人总渴望承受一个男性身体的重量。于是,最沉重的负担同时也成了最强盛的生命力的影像。负担越重,我们的生命越贴近大地,它就越真切实在。

相反,当负担完全缺失,人就会变得比空气还轻,就会飘起来,就会远离大地和地上的生命,人也就只是一个半真的存在,其运动也会变得自由而没有意义。

那么,到底选择什么?是重还是轻?

巴门尼德[1]早在公元前六世纪就给自己提出过这个问题。在他看来,宇宙是被分割成一个个对立的二元:明与暗,厚与薄,热与冷,

---

[1] 巴门尼德(约前515—?),希腊哲学家,是公认的埃利亚学派(Eleatic)的最杰出的代表人物。

在与非在。他把对立的一极视为正极（明、热、薄、在），另一极视为负极。这种正负之极的区分在我们看来可能显得幼稚简单。除了在这个问题上：何为正，是重还是轻？

巴门尼德答道：轻者为正，重者为负。他到底是对是错？这是个问题。只有一样是确定的：重与轻的对立是所有对立中最神秘、最模糊的。

3

多年来，我一直想着托马斯。但只是在这些思想的启发下，我才第一次真正看清他。我看见他，站在公寓的一扇窗户前，目光越过庭院，盯着对面房子的墙，他不知道他该做什么。

大约是三个星期前，他在波希米亚的一个小镇上认识了特蕾莎，两人在一起差不多只待了个把钟头。她陪他去了火车站，陪他一起等车，直到他上了火车。十天之后，她来布拉格看他。他们当天就做了爱。夜里，她起烧，因为得了流感，在他家整整待了一星期。

对这个几乎不相识的姑娘，他感到了一种无法解释的爱。对他而言，她就像是个被人放在涂了树脂的篮子里的孩子，顺着河水漂来，好让他在床榻之岸收留她。

她在他家待了一个星期，流感一好，便回到她居住的城镇，那儿离布拉格两百公里。正是在这个时候出现了我方才提及的那个片刻，即我看到了托马斯生活关键的那个时刻：他站在窗前，目光越过庭院，盯着对面房子的墙，在思忖：

是否该建议她来布拉格住下？这份责任令他害怕。如果现在请她来家里住，她一定会来到他身边，为他献出整个生命。

要么该放弃？这样一来，特蕾莎还得待在乡下的小酒店做女招待，那他就再也见不到她了。

他是想她来到他身边，还是不想？

他目光盯着院子对面的墙，在寻找一个答案。

他一次又一次，总是想起那个躺在他长沙发上的女人的模样：她和他过去生活中的任何女人都不一样。既不是情人，也不是妻子。她只是个他从涂了树脂的篮子里抱出来，安放在自己的床榻之岸的孩子。她睡着了。他跪在她的身边。她烧得直喘气，越喘越急促，他听到了她微微的呻吟。他把脸贴在她的脸上，在她睡梦中轻声安慰她。过了一会儿，他感觉她的呼吸平静了一些，她的脸不由自主地往他的脸上凑。他感到她的双唇有一股微微有点呛人的高烧的热气味。他吸着这股气息，仿佛想啜饮她身体的隐秘。于是他想象她已经在他家住了许多许多年，此刻正在死去。突然，他清楚地意识到她要是死了，他也活不下去。他要躺在她身边，和她一起死。受了这一幻象的鼓动，他挨着她的脸，把头埋在枕头里，许久。

此时，他站在窗前，回想着当时的一刻。如果那不是爱，怎么会出现这样的情景？

可这是爱吗？他确信那一刻他想死在她的身边，这种情感明显是太过分了：他不过是生平第二次见她而已！或许这更是一个男人疯狂的反应，他自己的心底明白不能去爱，于是跟自己玩起了一场爱情戏？与此同时，他在潜意识里是如此懦弱，竟为自己的这场戏选了这个原本无缘走进他生活的可怜的乡间女招待！

他望着院子脏乎乎的墙，明白自己不知道这到底是出于疯狂，还是爱情。

而在一个真正的男人本可立刻采取行动的时刻，他却在责怪自己犹犹豫豫，剥夺了自己一生中最美好的瞬间（他跪在年轻女子的枕边，确信她一死他自己也不能再活下去）的一切意义。

他越来越责备自己，但最终还是对自己说，说到底，他不知道自己想要什么是非常正常的：

人永远都无法知道自己该要什么，因为人只能活一次，既不能拿它跟前世相比，也不能在来生加以修正。

和特蕾莎在一起好呢，还是一个人好呢？

没有任何方法可以检验哪种抉择是好的，因为不存在任何比较。一切都是马上经历，仅此一次，不能准备。好像一个演员没有排练就上了舞台。如果生命的初次排练就已经是生命本身，那么生命到底会有什么价值？正因为这样，生命才总是像一张草图。但"草图"这个词还不确切，因为一张草图是某件事物的雏形，比如一幅画的草稿，而我们生命的草图却不是任何东西的草稿，它是一张成不了画的草图。

托马斯自言自语："Einmal ist keinmal." 这是一个德国谚语，是说一次不算数，一次就是从来没有。只能活一次，就和根本没有活过一样。

4

一天，在一次手术间歇，一个女护士告诉他有电话找他。他在话筒里听到的是特蕾莎的声音。她是从火车站打来的电话。他很高兴。但不巧的是，那天晚上他有事，只能请她第二天上他家。可一挂上电话，他又自责没有让她马上过来。他还有时间取消已定的约会！他寻思，特蕾莎在他们见面前这漫长的三十六小时里在布拉格会干什么，恨不得立即开车到城里的大街小巷去找她。

第二天晚上，她来了。她斜挎着一个包，长长的背带，他觉得她比上次见到时要优雅。她手里拿着一本厚书，是托尔斯泰的《安娜·卡列尼娜》。她显得挺开心的，甚至有点儿聒噪雀跃，努力对他装出她只是偶然路过的样子，是为了一件特别的事：她来布拉格是出于工作上的原因，或许（她的话非常含混）想找一份新工作。

之后，他们并排躺在长沙发上，光着身子，已精疲力竭。夜深了。他问她住在哪儿，他想开车送她回去。她有点尴尬地回答说她正要找一家旅社，来之前把行李寄存在车站了。

前一天晚上，他还担心如果他请她来布拉格，她会来为他奉献一生呢。现在，听说她的行李寄存在火车站，他心想，在她把自己的一生奉献给他之前，已把它存放在那个行李箱里，并寄存在了车站。

他和她一起上了停在房前的汽车，直奔火车站，取出箱子（箱子很大，重极了），带它和特蕾莎一起回家。

他怎么能这么快就做出决定？近半个月来，他一直犹豫不定，甚至都没给她寄过一张明信片。

他自己也对此感到惊讶。他这样做不符合他的原则。他和第一个妻子离婚有十年了，他是带着愉快的心情离婚的，就像别人庆祝结婚一样开心。于是他明白自己天生不是能在一个女人身边过日子的人，不管这个女人是谁，他也明白了只有单身，自己才感到真正自在。所以他费尽心机为自己设计一种生活方式，任何女人都永远不能拎着箱子住到他家来。这也是他只有一张长沙发的原因。尽管这张沙发相当宽敞，可他总和情人们说他和别人同床就睡不着觉，午夜后，他总是开车送她们回去。而且，就在特蕾莎第一次患流感住在他家的时候，他也没有和她一起睡。头一夜，他是在大扶手椅上过的，后几夜他都去医院的诊室，里面有一张他上夜班时用的长椅。

可这一次，他在她身边睡着了。早上醒来，他发现特蕾莎还睡着，攥着他的手。他们是不是整夜都这么牵着手？这让他感到难以置信。

睡梦中她呼吸沉重，她攥着他的手（很紧，他无法摆脱），笨重的行李箱就摆在床边。

他不敢把手抽出来，怕把她弄醒，他小心翼翼地侧过身，好仔细地看看她。

他又一次对自己说，特蕾莎是一个被人放在涂了树脂的篮子里顺水漂来的孩子。河水汹涌，怎么就能把这个放着孩子的篮子往水里放，任它漂呢！如果法老的女儿没有抓住水中那只放了小摩西的摇篮,世上就不会有《旧约》,也不会有我们全部的文明了!多少古老的神话,都以弃儿被人搭救的情节开始!如果波里布斯没有收养小俄狄浦斯,索福克勒斯[1]就写不出他最壮美的悲剧了。

托马斯当时还没有意识到,比喻是一种危险的东西。人是不能和比喻闹着玩的。一个简单比喻,便可从中产生爱情。

5

他和第一个妻子一起生活不到两年,有一个儿子。离婚宣判时,法官把孩子判给了母亲,要托马斯将三分之一的薪水付给母子俩,由此保证他每月可以看儿子两次。

但每次托马斯该去看儿子时,孩子的母亲总是爽约。要是他给他们送上奢华的礼品,他见儿子肯定要容易一些。他终于明白,要付钱给母亲才能得到儿子的爱,而且这笔钱还要预付。他经常设想日后要把自己的思想灌输给儿子,他这些想法与孩子母亲的想法是格格不入的。每次一想到这个问题,他就已经累了。一个星期天,母亲又在最后一分钟不让他跟儿子一起出门,他于是决定这辈子都不要再见到他。

再说,他为什么非要牵挂这个孩子而不牵挂别的孩子呢?他和他没有任何维系,除了那个不慎之夜。抚养费,他可以严格照章

---

[1] 索福克勒斯(约前469—前406),古希腊三大悲剧诗人之一。

支付，可用不着别人来以什么父爱的名义，让他去争什么做父亲的权利。

显然，没人能接受这种理由。父母都谴责他，申明如果托马斯拒绝把自己儿子放在心上，那他们，作为托马斯的父母，也同样不会再关心自己的儿子。为此，他们故意和媳妇保持良好关系，常在亲友面前吹嘘自己的模范态度和正义感。

没过多长时间，他就让自己从妻子、儿子、母亲和父亲处脱了身。从中给他留下的唯一东西，就是对女人的恐惧。他渴望女人，但又惧怕她们。在恐惧和渴望之间，必须找到某种妥协，这就是他所谓的"性友谊"。他常对情人们说：谁无感情投入，谁就无权干涉对方的生活和自由，唯有这种关系才能给双方带来快乐。

为了确保"性友谊"永远不在爱的侵略面前让步，就算是去看老情人，他也要隔上好一阵子。他认为这种方式无懈可击，对朋友炫耀说："要坚持'三'的原则：可以在短期内去会同一个女人，但绝不要超过三次；也可以常年去看同一个女人，但两次幽会间至少得相隔三周。"

这种方式让托马斯既能和老情人不断线，又能拥有许多露水情人。他并不总是被人理解的。在他这些女友中，只有萨比娜最理解他。她是画家。她常说："我很喜欢你，因为你是媚俗的对立面。在媚俗之王国，你会是个恶魔。在任何一部美国片或俄国片里，你都只能是那种让人嫌恶的角色。"

所以他请萨比娜帮忙替特蕾莎在布拉格找一份工作。按照不成文的"性友谊"的约定，她答应尽力而为，事实上她没多久就替她在一家周刊的照片冲洗室找了一份差事。这份工作不需要特殊的技能，但让特蕾莎的地位从一个女招待上升到了一个新闻从业人员。萨比娜亲自把特蕾莎介绍给周刊社的人。托马斯心想，他从没有过比她更好的女友。

6

"性友谊"的不成文约定要求托马斯这一生与爱情绝缘。如果他违背这一规定，那他的那些情人就会马上觉得低人一等，就会闹腾。

于是他给特蕾莎弄了一个转租的单室套，她得把她笨重的箱子搬到那儿去。他想照看她，保护她，享受她在身边的快乐，但他觉得没有任何必要改变自己的生活方式。而且他也不想让别人知道她睡在他家里。一起过夜，便是爱情之罪证。

和别的女人一起，他从来都不过夜。要是去她们家幽会，事情很简单，他爱什么时候走就什么时候走。如果她们来家里就麻烦一些，他得跟她们解释说下半夜他得送她们回去，因为他有失眠症，身边有人睡不着觉。这差不多是实话，但主要的原因比较糟糕，他不敢向他的情人们承认：做爱后，他有一种无法克服的需要独处的强烈愿望。他讨厌深夜在一个陌生的身体旁醒来；男女早上起床的情景让他憎恶；他不想有人听见他在浴室刷牙，两人一起亲密用早餐也无法打动他。

这就是为什么他醒后发现特蕾莎紧紧地攥着他的手时会如此惊讶！他看着她，难以明白到底发生了什么事。他回想起刚刚逝去的几个小时的时光，以为从中呼吸到了莫名的幸福的芬芳。

从那以后，两人都乐滋滋盼着共同入眠。我甚至想说，他们做爱的目的并不是追求快感，而是为了之后的共枕而眠。尤其是她，没有他就睡不着觉。如果得一个人待在单室套（它越来越成为一个托词），她整夜都闭不了眼睛。在他怀中，无论有多兴奋，她都能慢慢入睡。他为她编故事，轻声讲给她听，或者说一些无关紧要的事，声音单调，翻来覆去，但却有趣，给人抚慰。在特蕾莎的脑海中，这些话渐渐化作朦胧的幻影，带她入梦。他完全控制了她的睡眠，要她哪一刻入睡，她就在哪一刻入睡。

睡着时，她还像第一夜那样攥着他：紧紧地抓住他的手腕、手指或脚踝。当他想离开又不弄醒她，他就得使点花招。他从她手中抽出手指（手腕或脚踝），这总会让她在模糊中惊醒过来，因为睡着的时候她也很用心地守着他。为了让她安静，他就塞一件东西到她手中（一件揉成一团的睡衣、一只拖鞋、一本书），而她随后紧紧地攥着它，好像那是他身体的一部分。

一天，他刚哄她入睡，但她还没有进入梦乡，还能回答提问。他对她说："好了！现在我要走了。""哪儿？"她问。"我要出门。"他认真地说。"我要和你一起去。"她边说边从床上坐了起来。"不，我不要。我这一走就不回来了。"他说着走出了房间，到了门口。她起身跟他到了门口，眨着眼睛。她只穿了一件短睡裙，下面什么也没穿。她的脸麻木，没有表情，但她的动作很有力。他从门口走到走廊上（是楼房的公共走廊），当着她的面关上门。她猛地打开门，跟着他，在半睡眠中确信他想永远地离开她，而她应该留住他。他下了一层楼，站在楼梯口等着她。她在那儿找到他，抓住他的手，拉他回到自己身边，回到床上。

托马斯心想：跟一个女人做爱和跟一个女人睡觉，是两种截然不同，甚至几乎对立的感情。爱情并不是通过做爱的欲望（这可以是对无数女人的欲求）体现的，而是通过和她共眠的欲望（这只能是对一个女人的欲求）而体现出来的。

7

夜半时分，她在睡梦中呻吟起来。托马斯叫醒她，可她一见他的脸，就恨恨地说："你走！你走！"而后她给他讲了她的梦：他俩和萨比娜一起待在某个地方。一个大大的房间。正中间有一张床，就像是剧院的舞台。托马斯命令她待在一边，而他当着她的面跟萨比娜做爱。她在一旁看着，这个场面让她痛苦难忍。她想用肉体的痛苦强压住灵魂的痛苦，便用针往指甲缝里刺。"真是钻心痛！"她边说边握紧拳头，好像她的手真的受了伤。

他把她拉到怀里（她身体直抖个不停），慢慢地，她又在他的怀中睡着了。

第二天，联想到这个梦，他想起了什么。他打开写字台的抽屉，取出一叠萨比娜的信。不一会儿就找到了下面这段话："我想在我的画室和你一起做爱，就像是在剧院的舞台。周围尽是观众，他们无权靠近我们。但他们的目光却无法离开我们……"

最糟糕的是这封信标有日期。信是新近写的，特蕾莎住到托马斯家都好一阵子了。

他顿时发起火来："你翻过我的信！"

她没有设法否认，回答说："是的！那把我撵出门去呀！"但他没有把她撵出门。他看到了她，就靠在萨比娜的画室的墙上，把针往指甲缝里刺。他双手捂着她的手指，抚摸着，把它们送到唇边，吻着，好像上面还留有丝丝血痕。

但是，从那以后，一切都仿佛在暗中和他作对。几乎每一天，她都能对他隐秘的艳史了解到一点新的东西。

起初他什么都不承认。当证据再确凿不过，他便设法说服她，说他跟多个女人风流与他对特蕾莎的爱情毫不矛盾。可他的说辞前后不一：一会儿否认自己不忠，一会儿又为自己的不忠行为辩解。

有一天，他打电话约一个女友。电话挂掉后，他听到隔壁房间有一阵奇怪的声音，像是牙齿在打战。

她碰巧来他家，而他却没有发觉。她手中拿着一瓶安定剂，正要往喉咙里灌，但她的手抖得厉害，玻璃瓶磕着牙齿直响。

他冲了过去，像是要把溺水的她救上岸。装缬草根剂的药瓶掉到地上，在地毯上弄了一大块污渍。她拼命挣扎着，想摆脱他，他紧紧按住她，有一刻钟之久，像是在她身上套了一件疯人衣，直到她安定下来。

他知道自己处在无法辩解的境地，因为这一境地是建立在完全不平等的基础之上的：

早在她发现他和萨比娜通信之前，他们曾和几个朋友一起去过一家酒吧。大家庆贺特蕾莎有了份新的工作。她离开了相片冲洗室，成了杂志社的一名摄影师。因为他不喜欢跳舞，医院的一个年轻同事就陪特蕾莎跳。他们优雅地滑入舞池，特蕾莎显得比以往任何时候都美。他不胜惊讶，看到她心领神会无比精确而又温顺地配合着舞伴。这支舞仿佛在宣告，她的忠诚，她对在托马斯眼中看到的每一个热望的满足，并不一定要只维系在他托马斯一人身上，而是随时准备迎合她能遇见的无论哪个男人的召唤。谁都不难把特蕾莎和这个年轻同事想象成一对情人。正是这种极易想象的可能性在刺伤他！特蕾莎的身体在别的男人的怀中充满爱恋地紧紧抱着，这完全可以想象，而这一想法让他的心情糟透了。深夜回家后，他向她承认他很嫉妒。

这种荒诞的、由理论上的可能性所引发的嫉妒，是一个证明，证明他把她的忠诚当作了一个必要条件。可她嫉妒他那些真实存在的情人，他又怎能去责怪呢？

8

白天，她尽力（但难以真正做到）相信托马斯的话，而且尽力像以前那样，始终一副开开心心的样子。然而，白天受抑制的妒意在夜里的睡梦中倍加凶猛，每次做梦末了，必定是一场哭叫，不得不把她唤醒，才能停止。

她的梦好似变奏的主题,或像一部电视连续剧的片段,反反复复。比如有一个梦经常做,那是个猫的梦。小猫总是跳上她的脸颊,爪子伸到她的皮肤里。说真的,这种梦很容易解释:在捷克语中,"猫"为俗语,指漂亮姑娘。特蕾莎感到女人的威胁,感到所有女人的威胁。所有女人都可能成为托马斯的情人,她为此而恐惧。

还有另一类梦,梦中她总是送死。一天夜里,他把她从恐怖的叫声中唤醒,她告诉他做了这样一个梦:"那是一个封闭的游泳馆,很大。里面有二十来个人,全是女的。一个个赤身裸体,得围着游泳池不停地走。游泳馆顶上悬挂着一个硕大的篮子,里面有个人。他戴着顶宽檐帽,脸被遮住了,可我知道那是你。你不断给我们大家下令,又喊又叫,要大家边走边唱,还要不断下跪。如果哪个女人没跪,你朝她就是一枪,她一命呜呼跌进游泳池里。这时,剩下的女人会一阵哄笑,又起劲地唱起来。而你呢,你的眼睛始终盯着我们,要是我们中的哪个人做错了动作,你就又是一枪打去。游泳池里到处是死尸,漂在水面。我呢,我很清楚,我实在没有力气再做一个下跪动作了,你马上就会把我杀了。"

第三类梦做的尽是她死后发生的事情。

她躺在一个巨大的棺材里,足有搬家用的卡车那么大。身边,尽是女人的尸体。尸体实在太多了,车后门只得敞着,一条条大腿耷拉在门外。

特蕾莎惊叫着:"哎!我没有死!我还有各种感觉!"

"我们也一样,我们都还有各种感觉。"那些死尸在冷笑。

死去的女人同活着的女人笑得一模一样。那些活着的女人曾开心地笑着告诉她说,她的牙齿以后会烂,卵巢会得病,脸会长皱纹,她们还说,这完全正常,因为她们牙齿已烂,卵巢已经得病,脸上都长了皱纹。此刻,她们笑着向她解释说,她已经死了,一切都了了。

突然,她憋不住想尿尿。她叫起来:"我既然还想尿尿,这证明我没有死!"

她们又哄然大笑:"你想尿尿,这很正常!你所有的感觉,都还会持续很长时间。就像有人砍掉了一只手,但很长时间内都会感觉到手还在。我们这些人已经没有尿了,可是我们还总想尿。"

特蕾莎在床上紧靠着托马斯说:"她们都同我以你相称,好像她们早就认识我似的,像是我的同志,而我,我真害怕自己不得不永远跟她们在一起待着!"

9

在从拉丁语派生的所有语言里,compassion(同情)一词都由前缀 com- 和词根 passion 组成,该词根原本表示"苦"的意思。在其他语言中,例如捷克语、波兰语、德语、瑞典语,这个词用作名词,由相类似的前缀加"情感"一词组成(捷克语:sou-cit;波兰语.wspot czucie;德语:Mit-gefuhl;瑞典语:med-kansla)。

在从拉丁语派生的语言中,compassion 这个词的意思是说人们不能对他人的痛苦无动于衷;换言之,也就是人们对遭受痛苦的人具有同情之心。另一个词的意思几乎相同(英语为 pity,意大利语为 pieta,

等等),该词甚至意味着应该对遭受痛苦的人表示某种宽容。"怜悯"一位妇女,意味着处境比她好,也就意味着降贵纡尊,要与她处于同一位置。

正因为如此,"同情"这个词一般会引发蔑视,它指的是一种处于次要地位的感情,同爱情没有瓜葛。出于同情爱一个人,并非真正爱他。

而在以"情感"而非 passio 即"痛苦"作为词根组成"同情"一词的语言中,该词使用的意义基本相同,但是,很难讲它特指的是不好的或是一般的情感。该词的词源所包含的神秘力量给该词投上了另一层光芒,使其意义更为广泛:有同情心(同-感),即能够与他人共甘苦,同时与他人分享其他任何情感:快乐、忧愁、幸福、痛苦。因此这种同情(soucit, wspotczucie, Mitgefuhl, medkansla 的意思)是指最高境界的情感想象力,指情感的心灵感应艺术。在情感的各个境界中,这是最高级的情感。

当特蕾莎梦见往自己的指甲缝里扎针的时候,她暴露了自己的情感,由此向托马斯表明了她在背地里曾搜查过对方的抽屉。如果另一个女人也这样做,他会永远不再理睬她。特蕾莎了解他,当她对他吼:"把我撵出门去吧!"他不仅没有把她撵出去,反而还捂住她的手,吻她的手指尖,是因为在那个时刻,他本人与她有着同样的感觉,感到了手指尖的痛苦,仿佛特蕾莎的手指神经直接连着他的大脑。

要是不具备同情心(同-感)这一魔鬼之禀赋,那必定会冷酷地谴责特蕾莎的行为,因为别人的隐私是神圣不可侵犯的,绝对不能打开别人珍藏私人信件的抽屉。可是，同情心已经变为托马斯的命运(或是厄运)，他甚至觉得是自己跪在写字桌打开的抽屉前，无法让自己的目光从萨比娜书写的词句中移开。他理解特蕾莎，他不仅无力责怪她，反而因此更喜爱她了。

10

她的举止越来越粗鲁，越来越不近情理。两年前她发现了他的不忠，从此每况愈下。没有任何出路。

怎么回事！难道他就不能断绝那些性友谊吗？不能。不然定会使他撕心裂肺。他无法控制对女人的占有欲。再说，他觉得这样做也毫无用处。他这些艳遇对特蕾莎没有任何威胁，这一点他比任何人都心知肚明。他为什么非要断掉呢？这无异于放弃看一场足球赛，这样做让他觉得十分荒唐可笑。

但还能谈什么乐趣吗？他刚刚出门去同某个情人幽会，便马上对她感到厌恶，发誓这是最后一次见她。他眼前呈现的是特蕾莎的形象，他必须立即麻醉自己才能不再想她。从他认识她起，他不醉酒便无法同别的女人上床！然而，恰恰是他醉酒呼出的气味让特蕾莎更轻易地发现他不忠诚的蛛丝马迹。

他整个儿陷入了怪圈：刚出门去见情妇，马上就没了欲望，可一天没见情人，他会立即打电话约会。

还是在萨比娜那里，他的感觉最好，因为他很清楚她不会声张，他不用担心被人发现。画室里，仿佛浮现着他往昔生活的记忆，那是他牧歌般美妙的单身汉日子。

他可能根本没有意识到自己的变化有多大：他害怕太晚回家，因为特蕾莎在等着他。一次，萨比娜发现他做爱时偷偷看表，明显想尽快草率完事。

完事后，她没精打采，光着身子在画室里走，然后站在床头尚未完成的一幅油画前，朝托马斯瞥了一眼，发现他在急匆匆地穿衣服。

他很快穿好了衣服，但一只脚还光着。他查看周围，然后四肢趴在地上，在桌子下面寻找什么东西。

她说："当我看着你，我感觉到你同我油画中的永久主题渐渐融为了一体。两种世界的相遇。双重的展示。在放荡的托马斯的身影后，一张浪漫情人的面孔隐约可见，令人无法置信。或者反过来说吧，在一心只想着他的特蕾莎的特里斯丹[1]的身影下，居然可以看到放荡之徒所表现出的美妙世界。"

托马斯又站起身，漫不经心地用一只耳朵听萨比娜说话。

"你在找什么？"她问。

"一只袜子。"

她和他一起在房间内寻找起来，他又四肢着地趴在桌子底下找。

"这里没有袜子。"萨比娜说，"你来的时候肯定没穿。"

"什么？我来时没穿！"托马斯看着手表叫了起来，"我肯定不会穿着一只袜子上这儿来的！"

---

[1] 特里斯丹，中世纪爱情传说《特里斯丹和绮瑟》中的男主人公，为纯洁爱情的象征。

"不能排除这种可能。近些日子,你整个儿心不在焉。你总是急匆匆的,老看表,忘记穿袜子,也没什么大惊小怪的。"

他决定赤脚穿上鞋。

"外面很冷,"萨比娜说,"我借你一只袜子吧。"

她递给他一只新潮的白色长筒网袜。

他十分清楚,这是报复。是她将袜子藏了起来,以惩罚他在做爱时看表。外边天气那么冷,他也只能听她的了。他回到了家,一只脚上穿着自己的袜子,另一只脚套的是女人穿的白色长袜,袜子卷到脚踝处。

他已是毫无出路。在情妇们眼里,他带着对特蕾莎之爱的罪恶烙印,而在特蕾莎眼中,他又烙着同情人幽会放浪的罪恶之印。

11

为了减轻特蕾莎的痛苦,他娶了她(他们终于退掉转租的那套单室公寓,实际上她早就不住在那里了),还给她弄了只小狗。

小狗是托马斯同事的一头圣伯尔纳纯种母狗生的,公狗是邻居家的一头狼狗。没有人要这样的一窝小杂种,可把它们杀了,他的同事又于心不忍。

托马斯不得不在那窝小狗中挑一只,他知道,没有被选中的,是死的命。他觉得自己简直像是个共和国总统,四个死刑犯中只能赦免一个。他最终选了其中一只,是一只母的,身体模样像狼狗,可头很像那只圣伯尔纳纯种母狗。他把小狗带给了特蕾莎。她抱起小家伙,紧贴在怀里,不料这畜生尿了她一裙子。

得给它起个名字。托马斯想别人一听到这个名字,就知道是特蕾莎的狗。他想起,当时她不打招呼来到布拉格时,腋下夹着一本书。他于是提出那狗就叫托尔斯泰吧。

"不能叫托尔斯泰,因为这是个小丫头,"特蕾莎反驳说,"倒可以叫它安娜·卡列尼娜。"

"不能叫它安娜·卡列宁娜,一个女人的嘴,根本不会长得这么滑稽。"托马斯说,"不如叫卡列宁。对,卡列宁。这正是我原来一直想象的。"

"叫它卡列宁会不会造成它的性倒错?"

"有可能,要是主人总用公狗的名字来叫一条母狗,那母狗很有可能产生同性恋倾向。"托马斯说。

事情太奇怪了,托马斯预见的事情果真发生了。通常,母狗更依赖男主人,而不是女主人,但卡列宁恰恰相反,它铁了心跟特蕾莎亲。托马斯对它心怀感激之情。他常抚摸着它的头对它说:"卡列宁,你做得对,我期待你的正是这一点。那事我一个人做不到,你得帮我。"

但是,即使有卡列宁的帮助,他还是无法让特蕾莎幸福。俄国人的坦克占领他的国家十来天后,他才明白了这一点。那是在一九六八年八月,苏黎世有一家医院的院长,托马斯是在一次国际研讨会上同他结识的,他每天都从苏黎世给托马斯打电话。他为托马斯担惊受怕,主动提出给他提供一份工作。

12

瑞士那位院长的好意托马斯毫不犹豫地回绝了,这完全是因为特蕾莎的缘故。他觉得她是不想走的。况且,占领的最初七个日子,她是在一种兴奋的状态中度过的,简直像是某种幸福。她常在街上转,手里拿着照相机,还给外国记者发胶卷,那些记者争着要。一天,她胆子实在也太大了,竟然贴近一个军官,拍下了他用手枪对准游行人群的镜头,她因此而被捕,在俄军司令部关了一夜。他们甚至威胁要枪毙她。可刚一放出来,她又跑到街上去拍照。

占领的第十天,她问托马斯:"你到底为什么不想去瑞士呢?"对这一问,托马斯当然也就不感到惊奇了。

"那我为什么非要去呢?"

"在这里,他们可是要跟你算账的。"

"他们跟谁没账算?"托马斯做出一个听天由命的动作,反驳道,"告诉我,你能在国外生活吗?"

"为什么不能?"

"瞧你已准备为自己的国家奉献自己生命的样子,我在纳闷,你现在怎么能离得开呢?"

"打从杜布切克[1]回来后,一切全变了。"特蕾莎说。

---

[1] 杜布切克(1921—1992),捷克斯洛伐克政治家,曾任捷共第一书记。

事实确实如此：兴奋的日子只持续了占领后的头七天。捷克的国家政要被俄国军队像罪犯一样一个个带走，谁也不知道他们在什么地方，大家都为他们的性命担忧，对俄国人的仇恨像酒精一样，让人昏了头脑。那简直是仇恨的狂欢节。波希米亚的各城镇贴满了成千上万的大字报，有讽刺的，有挖苦的，还有诗歌和漫画，矛头直指勃列日涅夫和他的军队，嘲笑他们像是一群没有文化的马戏团小丑。但是天下没有永远不散的节日。就在这些日子里，俄国人强迫那帮被劫持的捷克政要妥协，在莫斯科签了协议。杜布切克带着这份妥协的协议，回到布拉格，并在电台发表了讲话。六天的监禁竟把他折磨得不成人样，连话都讲不出来，结结巴巴，不停地喘气，连一个句子都讲不完整，一停就差不多有半分钟。

这一妥协，倒是使国家免遭厄运，没有造成大批的人被枪决，被流放到西伯利亚，这种命运，谁不怕呢。但是有一件事很快再也清楚不过：波希米亚不得不在征服者面前下跪。这个国家将永远像亚历山大·杜布切克那样，结结巴巴，忍气吞声，仰人鼻息。狂欢节结束了。屈辱从此成了家常便饭。

特蕾莎对托马斯细述这一切，他也知道这是事实，但是在这一事实背后，还隐藏着另外的理由，让特蕾莎想离开布拉格的更主要理由：她在这里过得一直很痛苦。

她在布拉格街上冒着生命危险拍摄俄国士兵的镜头，这是她度过的最美好的日子。在这些日子里，她梦中的电视连续剧终于断了，夜里得到了安宁。俄国人用他们的坦克给她带来了安详。可现在，狂欢节结束了，她又开始害怕夜晚的到来，她想逃离那些夜晚。她发现，让她充满力量和快乐的环境是存在的，她渴望到国外去，希望找到类似的环境。

"萨比娜已移居瑞士，你一点也不介意吗？"托马斯问。

"日内瓦不是苏黎世，"特蕾莎回答说，"她在那里肯定不会像在布拉格那样让我在意。"

谁要是想要离开自己生活的地方，那他准是不快活。特蕾莎渴望移居国外，托马斯像被告接受判决一样接受了特蕾莎的这一愿望。他是身不由己，就这样没过多久，他便带着特蕾莎和卡列宁来到了瑞士最大的城市。

13

他买了一张床，安置在一间空空的居所里（他们还没有钱添置其他家具），随后便以一个年过四十、开始新生活的男人所有的一切热情，狂热地投入了工作。

他给在日内瓦的萨比娜打了多次电话。在俄国人入侵一个星期前，萨比娜碰巧到日内瓦办画展，瑞士那些爱画的人出于对她弱小祖国的同情，买了她展出的全部画作。

"多亏俄国人，我才发了财！"她在电话里边说边笑起来。她请托马斯去她的新画室看看，并向他保证，新画室与他在布拉格熟悉的那一间没有多少差别。

他巴不得去看看她，但找不到向特蕾莎解释出门的理由。于是萨比娜来到了苏黎世。她住进一家饭店。托马斯下班后去看她，他在大堂通过电话通知萨比娜，然后上楼到她的房间。她打开门，站在他的面前，修长的漂亮大腿，裸露着，除了短裤和胸罩，头上戴着一顶圆礼帽。她久久地凝望着托马斯，一动不动，一句话也没有。托马斯也呆在那里，一动不动，没有言语。随后，他发现自己是太激动了。他伸手摘下她头上的圆礼帽，放在床头柜上。两人开始做爱，还是没说一句话。

从饭店回苏黎世那个家（早些天添置了一张桌子、几把硬椅、几张扶手椅和一块地毯）的路上，他自言自语，带着一种幸福感，说他这种生活方式是走到哪儿带到哪儿，就像蜗牛驮着整个家。特蕾莎和萨比娜代表着他生活的两极，相隔遥远，不可调和，但两极同样美妙。

然而，由于他总是带着自己的这种生活方式，如同割舍不了身上的阑尾，特蕾莎也就永远得做那些不变的噩梦。

他们来到苏黎世六七个月后的一天晚上，他回家晚了，到家后发现桌子上有一封信。她告诉他，她已回布拉格去。她之所以走，因为她实在没有力量在国外生活下去。她心里清楚，她在这里对托马斯来说本应是一种支持，但她知道自己没有这样的能力。当初她太幼稚了，原以为国外的生活会改变她。她以为，经历了在占领的日子里她所经历的一切之后，自己已经不再平庸，已经长大、懂事、变得勇敢，但她过高估计了自己。她成了托马斯的负担，而这又正是她不愿意的事情。她想在不可救药之前承担后果，还请他原谅将卡列宁也带走了。

他吃了药效很强的安眠药,可是直到清晨才迷迷糊糊睡着。庆幸的是,那是个星期六,他可以待在家里。他反反复复,对形势做了估量:波希米亚与世界其他地方的边境已经封闭,与他们离开的时候已经不一样了。电报也好,电话也罢,都无法将特蕾莎唤回来。官方怎么也不会再让她离境的。对眼下的这一切,他怎么也难以相信,可是特蕾莎的出走已是无法挽回的事实。

14

一想到自己已经绝对无能为力,他便陷入了一种惊恐状态,但同时反倒镇静下来。没有人逼他非做出决定不可。他用不着非盯着对面楼房的墙,一边追问自己到底想或不想与她生活在一起。这一切,特蕾莎本人已经决定了。

他去饭店吃午饭。他感到很伤心,但吃着吃着,原本绝望的情绪好像放松了,仿佛绝望已经淡去,只剩下几许忧郁。他回想起与她共同度过的时光,心想他们的故事不可能会有更好的结局。即使让人来编造这个故事,也很难有别的结局:

一天,特蕾莎没有打一声招呼就来到他的家里。又一天,她以同样的方式离去了。她来时带着一个沉重的行李箱。她走时,还是带着一个沉重的行李箱。

他付了账,走出饭店,想在街上逛逛,满怀的忧郁渐渐地令他心醉。他同特蕾莎已经生活了七个春秋,此刻他才发现,对这些岁月的回忆远比他们在一起生活时更加美好。

他和特蕾莎之间的爱情无疑是美好的，但也很累人：总要瞒着什么，又是隐藏，又是假装，还得讲和，让她振作，给她安慰，翻来覆去地向她证明他爱她，还要忍受因为嫉妒、痛苦、做噩梦而产生的满腹怨艾，总之，他总感到自己有罪，得为自己开脱，请对方原谅。现在，再也不用受累了，剩下的只有美好。

星期六的夜晚开始了，他第一次独自在苏黎世漫步，深深地呼吸着自由的芬芳。在每个角落，都潜藏着诱惑。未来成了一个谜。他又回到了单身汉的生活，他曾坚信自己命中注定要过这种生活，因为只有在这样的生活中他才真正是他自己。

他跟特蕾莎捆在一起生活了七年，七年里，他每走一步，她都在盯着。仿佛她在他的脚踝上套了铁球。现在，他的脚步突然间变得轻盈了许多。他几乎都要飞起来了。此时此刻，他置身于巴门尼德的神奇空间：他在品尝着温馨的生命之轻。

（他是否想给住在日内瓦的萨比娜打电话？是否想跟近几个月在苏黎世结识的某个女人联系？不，他丝毫没有这份欲望。一旦他同别的女人在一起，他非常清楚，对特蕾莎的怀念会给他造成无法承受的痛苦。）

15

因忧郁而造成的这份奇异的迷醉一直持续到星期天的晚上。到了周一,一切都变了。特蕾莎突然闯入他的脑海:他感受到她在写告别信时的那种感觉;他感到她的手在颤抖;他看见了她,一只手拖着沉重的行李箱,另一只手用皮带牵着卡列宁;他想象着她把钥匙插进了布拉格的那套公寓的锁眼里转动,当门打开的那一刹那,扑面而来的是废弃的凄凉气息,而此时,这气息直钻他的心扉。

在这美好而忧郁的两天里,他的同情心(这一惹祸的心灵感应)在歇息。这同情心在睡大觉,就像一个矿工劳累了一个星期之后,在星期天好好睡上一觉,以便星期一有力气再下井去干活。

托马斯在给一个病人做检查,眼前的病人变成了特蕾莎。他定了定神:别想了!别想了!他自言自语:我得了同情病,所以她走了,我再也看不见她了,这倒是件好事。我要摆脱的不是她,而是同情病,是我原来没有得过、由她给我接了种的同情病!

星期六和星期日,他感觉到温馨的生命之轻从未来的深处向他飘来。星期一,他却感到从未曾有过的沉重。重得连俄国人的千万吨坦克也微不足道。没有比同情心更重的了。哪怕我们自身的痛苦,也比不上同别人一起感受的痛苦沉重。为了别人,站在别人的立场上,痛苦会随着想象而加剧,在千百次的回荡反射中越来越深重。

他不断呵斥自己,警告自己不要向同情心投降,于是同情心乖乖听从,好像犯了罪似的低下了头。同情心清楚自己滥用了权利,但又暗暗地较劲儿。因此,特蕾莎走后五天,托马斯告诉(俄国人入侵后曾每天打电话给他的)那个医院院长,说他要立即回去。他自感羞愧。他知道院长准会觉得他这样做实在不负责任,因而不可原谅。他多少次想向他倾诉一切,告诉他特蕾莎的事情,以及她留在桌子上的信。但他什么也没有做。在一位瑞士医生看来，恐怕特蕾莎的行为只能是歇斯底里的反应，让人反感。而托马斯不允许任何人觉得特蕾莎不好。

院长果真生了气。

托马斯耸了耸肩膀，说道："Es muss sein. Es muss sein."这是借用的话，是贝多芬最后一首四重奏最后一个乐章的两个动机：

为了让这几个字的意义绝对清晰明了，贝多芬在最后一个乐章上方标注了如下字眼：Der schwer gefasste Entschluss（细加掂量的决断）。

一提到贝多芬，托马斯觉得已经回到特蕾莎身旁，因为当初是她逼他非买下贝多芬的那些四重奏和奏鸣曲唱片。

再说，这一提实在及时，完全出乎他的想象，因为院长是音乐迷。他带着清澈的笑容，轻轻地用嗓子模仿贝多芬的曲调："Muss es sein? 非如此不可？"

托马斯又说了一遍："对，非如此不可！Ja, es muss sein!"

16

同巴门尼德不同，贝多芬似乎将重当作某种正面的东西。"Der schwer gefasste Entschluss"，细加掂量的决断与命运之声（"Es muss sein!"）联系在一起；重、必然和价值是三个有内在联系的概念：必然者为重，重者才有价值。

这一信念产生于贝多芬的音乐，尽管责任可能（或者大概）应该归于贝多芬的阐释者，而不是曲作者本人，我们大家今天都多多少少分享这份信念：对于我们所有人来说，人的伟大在于他扛起命运，就像用肩膀顶住天穹的巨神阿特拉斯一样。贝多芬的英雄，是托起形而上之重担的健将。

托马斯开车向瑞士边境驶去，我在想象，满怀忧伤、一头乱发的贝多芬本人，正在指挥着当地的消防员乐队，为他演奏着一曲名为"Es muss sein!"的告别流亡进行曲。

但是不久，他穿过捷克边境后，迎头而来的却是一长列俄国坦克。他不得不把车停在一个十字路口等着，坦克队伍过了足足半个小时。一个吓人的坦克兵穿着一身黑军装，站在十字路口指挥车辆，好像波希米亚的所有道路都只归他一个人似的。

"Es muss sein! 非如此不可！"托马斯重复着。但是，他很快又开始怀疑：真的非如此不可？

是的，要是留在苏黎世，想象特蕾莎一个人待在布拉格，这实在让他受不了。

那他将遭受同情心多长时间的折磨？整个一生？整整一年？一个月？或只是一周？

他怎么能知道呢？他又怎能证明这一点？

在物理实验课上，任何一个中学生都能验证科学假设的准确性。但是，人只有一次生命，绝无可能用实验来证明假设，因此他就永远不可能知道为自己情感所左右到底是对还是错。

打开公寓门时，他正在思考上面的问题。卡列宁迎面跳到他身上来，重逢时刻竟是这样轻易来到。投进特蕾莎怀抱的欲望（他在苏黎世上车时分明还感到这份欲望）消失得无影无踪。他俩面对面站在雪原中央，冻得瑟瑟发抖。

17

从占领第一天起，俄国飞机便整夜整夜在布拉格城市上空飞。这种声音托马斯已经不习惯，实在难以入睡。

他在已经入睡的特蕾莎身边辗转反侧，想起若干年前在谈及无关紧要的话题时她对他说过的话。他们当时谈到她的朋友Z，她声明说："如果我没有遇到你，我肯定会爱上他。"

当时，这番话曾将托马斯抛入莫名的忧郁之中。确实，他突然醒悟到，特蕾莎爱上他而不是Z，完全出于偶然。除了她对托马斯现实的爱，在可能的王国里，还存在着对其他男人来说没有实现的无数爱情。

我们都觉得，我们生命中的爱情若没有分量、无足轻重，那简直不可思议；我们总是想象我们的爱情是它应该存在的那种，没有了爱情，我们的生命将不再是我们应有的生命。我们都坚信，满腹忧郁、留着吓人的长发的贝多芬本人，是在为我们伟大的爱情演奏"Es muss sein!"。

托马斯想起特蕾莎谈 Z 朋友时说的话，发现"她"生命中的爱情故事并非建立在"Es muss sein"之上，而是建立在"Es konnte auch anders scin"上面，即"别样亦可"……

七年前，在特蕾莎居住的城市医院里，偶然发现了一起疑难的脑膜炎，请托马斯所在的科主任赶去急诊。但是，出于偶然，科主任犯了坐骨神经痛病，动弹不得，于是便派托马斯代他到这家外省医院。城里有五家旅馆，可是托马斯又出于偶然在特蕾莎打工的那家下榻。还是出于偶然，在乘火车回去前有一段时间，于是进了旅馆的酒吧。特蕾莎又偶然当班，偶然为托马斯所在的那桌客人提供服务。恰是这六次偶然把托马斯推到了特蕾莎身边，好像是自然而然，没有任何东西在引导着他。

他回到波希米亚是因为她。如此必然的决定依赖的却是这样偶然的爱情，七年前如果不是科主任犯了坐骨神经痛病，这一爱情根本就不会存在。这个女人，这个绝对偶然的化身，现在就睡在他的身边，在睡梦中深深呼吸着。

已经很晚了。托马斯感到自己的胃开始痛起来，每逢绝望的时刻，他都会胃痛。

特蕾莎的呼吸有一两次变成了轻轻的鼾声。托马斯感觉不到自己丝毫的同情心。他唯一感觉到的，是胃中央的压迫和归来的绝望。

许钧译著年表

一、译著

1. 《永别了,疯妈妈》,[法]亨利·古龙热著,钱林森、许钧译,湖南人民出版社,1982年。
2. 《沙漠的女儿》,[法]勒克莱齐奥著,钱林森、许钧译,湖南人民出版社,1982年。
3. 《安娜·玛丽》,[法]博达尔著,许钧、钱林森译,江苏人民出版社,1985年。
4. 《潜影》,[法]夏布莱著,许钧译,军事译文出版社,1986年。
5. 《最后的季节》,[法]克朗西耶著,陈宗宝、许钧译,海峡文艺出版社,1986年。
6. 《拿破仑外传》,[法]奥布里著,杨松河、许钧译,军事译文出版社,1987年。
7. 《法律社会学》,[法]布莱尔著,许钧译,上海人民出版社,1987年。
8. 《莫斯科人》,[法]特鲁瓦亚著,钱林森、许钧译,春风文艺出版社，1987年。

9. 《月神园》，[法]特丽奥莱著，许钧译，海峡文艺出版社，1988年。

10. 《反间谍战》，[法]诺尔著，杨松河、许钧译，群众出版社，1988年。

11. 《追忆似水年华》(卷四)，[法]普鲁斯特著，许钧、杨松河译，江苏人民出版社，1990年。

12. 《白杨谷》，[法]52集电视连续剧，许钧译，江苏电视台，1990年。

13. 《名士风流》，[法]波伏瓦著，许钧译，漓江出版社，1991年。

14. 《翻译的理论问题》，[法]乔治·穆南著，许钧节译，《语言与翻译》，1991年第1、2、3期。

15. 《诉讼笔录》，[法]勒克莱齐奥著，许钧译，安徽文艺出版社，1991年。

16. 《荒唐的游戏》，[法]瓦扬著，许钧、蔡锦秀译，安徽文艺出版社，1991年。

17. 《约翰·地狱》，[法]德库安著，许钧译，漓江出版社，1992年。

18. 《中国之欧洲》(上卷)，[法]艾田蒲著，许钧、钱林森译，河南人民出版社，1992年。

19. 《中国之欧洲》(下卷)，[法]艾田蒲著，许钧、钱林森译，河南人民出版社，1994年。

20. 《桤木王》，[法]图尔尼埃著，许钧译，安徽文艺出版社，1994年。

21. 《邦斯舅舅》，［法］巴尔扎克著，许钧译，译林出版社，1995年。
22. 《贝姨》，［法］巴尔扎克著，许钧译，上海译文出版社，1999年。
23. 《心心相诉》，［法］波尔·贡丝坦著，周小珊译，许钧校，春风文艺出版社，1999年。
24. 《第一个人》，［法］加缪著，袁莉、周小珊译，许钧校，译林出版社，1999年。
25. 《桤木王》(修订版)，［法］图尔尼埃著，许钧译，上海译文出版社，2000年。
26. 《名士风流》(修订版)，［法］波伏瓦著，许钧译，中国书籍出版社，2000年。
27. 《关于电视》，［法］布尔迪厄著，许钧译，辽宁教育出版社，2000年。
28. 《无知》，［法］米兰·昆德拉著，许钧译，上海译文出版社，2004年。
29. 《世界化的民主化进程》，［埃及］布特罗斯-加利著，张晓明、许钧译，南京大学出版社，2003年。
30. 《左手的记忆》，［法］米歇尔·图尼埃著，许钧译，台湾皇冠文化出版有限公司，2003年。
31. 《被遗忘的性》，［法］托尼·阿纳特勒拉著，刘伟、许钧译，广西师范大学出版社，2003年。
32. 《不能承受的生命之轻》，［法］昆德拉著，许钧译，上海译文出版社，2003。
32. 《失却家园的人》，［法］托多洛夫著，许钧、侯永胜译，台湾桂冠图书股份有限公司，2004年。

33. 《现代性的五个悖论》，[法]安托瓦纳·贡巴尼翁著，许钧译，商务印书馆，2005年。

34. 《海上劳工》(修订版)，[法]维克多·雨果著，许钧译，长江文艺出版社出版，2005年。

35. 《沙漠》，[法]勒克莱齐奥著，许钧、钱林森译，人民文学出版社，2006年。

36. 《安娜·玛丽》(再版)，[法]博达尔著，许钧、钱林森译，上海人民出版社，2007年。

37. 《不能承受的生命之轻》(百万纪念版)，[法]米兰·昆德拉著，许钧译，上海译文出版社，2007年。

38. 《一只狮子在巴黎》[法]阿勒玛尼娅著，许钧译，南京大学出版社，2010年。

39. 《关于电视》，[法]布尔迪厄著，许钧译，南京大学出版社，2011年。

40. 《追忆似水年华》(卷四)，[法]普鲁斯特著，许钧、杨松河译，台湾联经出版事业股份有限公司，2011年。

41. 《追忆似水年华》(卷四)(再版)，[法]普鲁斯特著，许钧、杨松河译，译林出版社，2012年。

42. 《海上劳工》(再版)，[法]维克多·雨果著，许钧译，译林出版社，2012年。

43. 《音乐教师与音乐神童》，[法]亚埃勒·哈森著，沈珂、许钧译，湖南少年儿童出版社，2009年。

44. 《贝姨》(译文名著精选版),[法]巴尔扎克著,许钧译,上海译文出版社,2014年。

45. 《无知》(新版),[法]米兰·昆德拉著,许钧译,上海译文出版社,2014年。

46. 《月神园》,[法]特丽奥莱著,许钧译,南京大学出版社,2016年。

47. 《邦斯舅舅》,[法]巴尔扎克著,许钧译,江西教育出版社,2016年。

48. 《贝姨》,[法]巴尔扎克著,许钧译,江西教育出版社,2016年。

49. 《现代性的五个悖论》,[法]贡巴尼翁著,许钧译,商务印书馆,2018年。

50. 《贝姨》[法]巴尔扎克著,许钧译,四川文艺出版社,2018年。

51. 《寻金者》,[法]勒克莱齐奥著,王菲菲、许钧译,人民文学出版社,2018年。

52. 《一个像大象一样大的谎》,[比利时]罗伯雷希特著,许钧译,湖南少儿出版社,2019年。

53. 《关于电视》,[法]布尔迪厄著,许钧译,北京大学出版社,2020年。

54. 《米兰·昆德拉:一种作家人生》,[法]布里埃著,刘云虹、许钧译,南京大学出版社,2021年。

二、专著与编著

1. 许钧著,《文学翻译批评研究》,译林出版社,1992年。
2. 许钧编著,《文字·文学·文化——〈红与黑〉汉译研究》,南京大学出版社,1996年。
3. 许钧主编,《法国中篇名作精品丛书》,漓江出版社,1996年。
4. 张柏然、许钧主编,《译学论集》,译林出版社,1997年。
5. 许钧、袁筱一等编著,《当代法国翻译理论》,南京大学出版社,1998年。
6. 许钧、王克非主编,"Theory and Practice of Translation in China"(《中国翻译理论与实践》),META 1999年第44卷第1期。加拿大蒙特利尔大学出版社,1999年。
7. 许钧主编,"杜拉斯文集"(十六卷),春风文艺出版社,2000年。
8. 许钧主编,"外国翻译理论研究丛书",湖北教育出版社,2000年。
9. 周宪、许钧主编,"现代性研究译丛"(三十种),商务印书馆,2000年。
10. 周宪、许钧主编,"文化与传播译丛"(二十种),商务印书馆,2000年。
11. 许钧主编,《夏多布里昂精选集》,山东文艺出版社,2000年。
12. 张柏然、许钧主编,《面向21世纪的译学研究》,商务印书馆,

2002年。

13. 许钧、唐瑾主编,"巴别塔文丛"(十二卷),湖北教育出版社,2002年。

14. 周宪、许钧主编,"知识分子译丛"(八种),江苏人民出版社,2002—2003年。

15. 周宪、许钧主编,"终结者译丛"(八种),江苏人民出版社,2002—2003年。

16. 许钧主编,"法兰西书库"(六十种),广西师范大学出版社,2002—2004年。

17. 许钧著,《译事探索与译学思考》,外语教学与研究出版社,2003年。

18. 许钧著,《翻译论》,湖北教育出版社,2003年。

19. 许钧、刘成富主编,"法语阅读理解书系"(八卷),上海译文出版社,2003—2006年。

20. 许钧主编,"雅卡尔科学人文系列",广西师范大学出版社,2004年。

21. 许钧主编,"西方文明进程丛书"(六种),广西师范大学出版社,2005年。

22. 许钧主编,"日常生活译丛"(第一辑十二种),山东画报出版社,2005年。

23. 许钧、户思社主编,"西方文明溯源丛书"(共八种),广西师范大学出版社,2005年。

24. 许钧、张柏然主编,"译学新论丛书"(共八种),上海译文出版社,2005年。

25. 许钧著,《译道寻踪》,文心出版社,2005年。

26. 许钧主编,"日常生活译丛"(第二辑八种),上海人民出版社,2005年。

27. 许钧、宋学智著,《二十世纪法国文学在中国的译介与接受》,湖北教育出版社,2007年。

28. 许钧著,《生命之轻与翻译之重》,文化艺术出版社,2007年。

29. 许钧主编,《解读杜拉斯》,作家出版社,2007年。

30. 许钧主编,《法汉翻译教程》,上海外语教育出版社,2007年。

31. 许钧著,《翻译概论》,外语教学与研究出版社,2009年。

32. 许钧、穆雷著,《翻译学概论》,译林出版社,2009年。

33. 许钧、穆雷著,《中国翻译研究(1949—2009)》,上海外语教育出版社,2009年。

34. 许钧主编,《傅雷的精神世界及其时代意义——"傅雷与翻译"国际学术研讨会论文集》,中西书局,2011年。

35. 许钧著,《文字·文学·文化——〈红与黑〉汉译研究》(增订本),译林出版社,2012年。

36. 许钧著,《从翻译出发——翻译与翻译研究》,复旦大学出版社,2014年。

37. 许钧著,《翻译论》(增订本),译林出版社,2014年。

38. 许钧著,《历史的奇遇——文学翻译论》,南京大学出版社,2015年。

39. 刘云虹、许钧主编,《翻译批评研究之路——问题、方法与途径》，南京大学出版社，2015年。

40. 谢天振、许钧主编，《外国文学译介研究》(《新中国60年外国文学翻译之考察与分析》卷五)，北京大学出版社，2015年。

41. 王文融、许钧、许渊冲、罗新璋等著，《推石上山者——〈柳鸣九文集〉评论集》，海天出版社，2015年。

42. 许钧、施雪莹主编，《启蒙的光辉与人性的理论——从〈茶花女〉到〈流浪的星星〉》，西苑出版社，2016年。

43. 许钧、宋学智、胡安江著，《傅雷翻译研究》，译林出版社，2016年。

44. 许钧著，《江苏社科名家——许钧卷》，江苏人民出版社，2017年。

45. 《存在与发现——2015秋讲卷（勒克莱齐奥、许钧）》，长江文艺出版社，2017年。

46. 许钧著，《法国文学散论》，南京大学出版社，2018年。

47. 许钧著，《译道与文心——论译品文录》，浙江大学出版社，2018年。

48. 许钧等著，《翻译与翻译研究——许钧教授访谈录》，浙江大学出版社，2018年。

49. 许钧、宋学智著，《二十世纪法国文学在中国的译介与接受》，译林出版社，2018年。

50. 许钧、勒克莱齐奥等著，《文学，是诗意的历险》，译林出版社，2018年。

51. 许钧编，《文学与我们的世界——勒克莱齐奥在华文学演讲录》，译林出版社，2018年。

52. 许钧主编，《改革开放以来中国翻译研究概论（1978—2018）》，湖北教育出版社，2018年。

53. 许钧、李国平主编，《中国文学译介与传播研究》（卷一、二），浙江大学出版社，2018年。

54. 许钧著，《谈译论学录》，浙江大学出版社，2019年。

55. 许钧编，*Quinze causeries en Chine*，法国 Gallimard 出版社，2019年。

56. 宋学智、许钧编，《中华翻译家代表性译文库·傅雷卷》，浙江大学出版社，2019年。

57. Jun Xu. *Dialogues on the Theory and Practice of Literary Translation*. London and New York: Routledge, 2020.

58. 许钧著，《翻译概论》（增订版），外语教学与研究出版社，2020年。

59. 高方、许钧、樊艳梅著，《勒克莱齐奥小说研究》，南京大学出版社，2020年。

60. 许钧著，《关于翻译的新思考》，浙江大学出版社，2020年。

61. 许钧编，《傅雷译作选》，商务印书馆，2020年。

62. 许钧编，《卞之琳译作选》，商务印书馆，2020年。

三、主编书系

1. 许钧总主编，"中华译学馆·中华翻译研究文库"（第一至三辑三十四种),浙江大学出版社,2018、2019、2020年。

2. 许钧总主编,"翻译理论与文学译介研究文丛"(七种),南京大学出版社,2019年。

3. 许钧、吴文智总主编,"中华译学馆·好书阅读工程"之"重读经典:科幻大师作品集"(首辑十四种),大连理工大学出版社,2018年。

4. 许钧、郭国良总主编,"中华译学馆·中华翻译家代表性译文库"(第一至三辑三十种),浙江大学出版社,2019、2010年。

5. 许钧、谢天振主编,"故译新编"译丛(第一、二辑),商务印书馆,2019、2020年。

6. 周宪、许钧主编,"现代性研究译丛"(十八种),商务印书馆,2016—2019年。

7. 许钧总主编,"诺贝尔文学奖得主研究书系"(四种),南京大学出版社,2015—2020年。

8. 柳鸣九主编,陈众议、许钧名誉主编,"国民性人文素质名著函装丛书",中央编译出版社,2019年。

9. 许钧主编,"法国文学经典译丛"(六种),南京大学出版社,2017年。

图书在版编目（CIP）数据

名士风流：许钧译文自选集 / 许钧译著. -- 北京：中译出版社, 2022.1（2022.12重印）
（我和我的翻译 / 罗选民主编）
ISBN 978-7-5001-6770-9

Ⅰ. ①名… Ⅱ. ①许… Ⅲ. ①世界文学—作品综合集 ②许钧—译文—文集 Ⅳ. ①I11

中国版本图书馆CIP数据核字(2021)第209844号

出版发行	中译出版社
地　　址	北京市西城区新街口外大街28号普天德胜大厦主楼4层
电　　话	（010）68359827，68359303（发行部）；68359725（编辑部）
传　　真	（010）68357870
邮　　编	100044
电子邮箱	book@ctph.com.cn
网　　址	http://www.ctph.com.cn
策划编辑	范祥镇　钱屹芝
责任编辑	范祥镇　王诗同
装帧设计	静　颐
排　　版	冯　兴
印　　刷	北京顶佳世纪印刷有限公司
经　　销	新华书店
规　　格	880毫米×1230毫米　1/32
印　　张	10.75
字　　数	210千字
版　　次	2022年1月第1版
印　　次	2022年12月第2次

ISBN 978-7-5001-6770-9　　　　定价：58.00元

版权所有　侵权必究
中 译 出 版 社